当代文艺名家示范效应研究

刘丹丽　汪余礼　主编

WUHAN UNIVERSITY PRESS
武汉大学出版社

图书在版编目(CIP)数据

当代文艺名家示范效应研究/刘丹丽,汪余礼主编.—武汉:武汉大学出版社,2017.5

ISBN 978-7-307-19302-4

Ⅰ.当… Ⅱ.①刘… ②汪… Ⅲ.文艺工作者—人物研究—中国—现代 Ⅳ.K825.7

中国版本图书馆 CIP 数据核字(2017)第 103892 号

责任编辑:王智梅　　责任校对:李孟潇　　版式设计:马　佳

出版发行:**武汉大学出版社**　(430072　武昌　珞珈山)

(电子邮件:cbs22@ whu. edu. cn　网址:www. wdp. com. cn)

印刷:虎彩印艺股份有限公司

开本:720×1000　1/16　印张:14　字数:208 千字　插页:2

版次:2017 年 5 月第 1 版　2017 年 5 月第 1 次印刷

ISBN 978-7-307-19302-4　定价:28.00 元

CHINA LITERATURE
AND ART FOUNDATION
中国文学艺术基金会
中国文学艺术发展专项基金
资助项目

中国文联文艺评论中心资助项目成果
武汉大学中国文艺评论基地项目成果

目　　录

前言　文艺活动的根本使命在于"成人之美"

——关于"文艺名家示范效应"的还原性思考

刘丹丽　汪余礼

文艺活动究竟有没有积极的育人作用和社会意义？推动文艺大发展大繁荣，是否真的有助于培养社会主义新人和建设社会主义精神文明？要回答这个问题，一个重要办法就是看文艺名家能否起到积极的引领示范作用。如果某些领域的文艺名家能带动一大批人提高自我修养，能让人变得更高尚、更有智慧、更有创造性，能一起推动社会精神文明和物质文明的发展，那就说明文艺确实起到了非常重要的作用。然而，有些文艺名家自身(如卢梭、托尔斯泰、约翰·罗斯金、约翰·凯里等)就对文艺的功用表示过深深的怀疑，他们并不认为文艺具有多么伟大的作用，不仅没好处，甚至可能有很大的坏处①。这样一来，关于文艺功能、文艺名家示范效应的问题就变得非常复杂了。文艺的功能、文艺家的职责究竟何在？如果文艺名家确实具有积极的示范效应，那么这种示范效应是

---

①　卢梭认为："我们的灵魂随着科学和艺术之臻于完美而越发腐败……随着科学与艺术的光芒在我们的地平线上升起，德行也就消逝了；而且这一现象是在各个时代和各个地方都可以观察到的。"(见卢梭：《论科学与艺术》，何兆武译，上海人民出版社2007年版，第26页。)托尔斯泰认为："大多数艺术作品都是有毒的或无用的；几乎所有作家都是道德败坏分子，而且大多数是坏蛋。"(见《托尔斯泰散文选》，刘季星译，百花文艺出版社2005年版，第47页。)约翰·凯里认为，"对艺术的崇拜可以把人类牺牲掉"，并以希特勒对艺术的崇拜做了详细论证(见凯里：《艺术有什么用?》，刘洪涛、谢江南译，译林出版社2007年版，第128~132页)。笔者引用这些观点，并不是要证明艺术具有多么大的负作用，而是希望(自己及同仁)充分意识到问题的复杂性。正因为艺术功能问题非常复杂，所以研究"文艺名家示范效应"这个课题更具有重要而切实的现实意义与理论意义。

指他们在创作上建立范式、引领风潮、形成流派呢，还是指其他什么重要意涵？这些是我们投入“当代文艺名家示范效应研究”之前首先需要考虑的问题。

一、重审文艺活动的功能与使命

文艺活动究竟有什么作用？一定的文艺功能观总是跟特定的文艺本质观联系在一起的。那么文艺的本质是什么？是“现实生活的审美反映”吗？如果是，那么文艺主要具有认知功能，让人对现实生活的本质有着具体而深刻的认识。不过，对此很多人不太认同，有的学者就提出“文艺是情感的对象化形式”、“文艺本质上是情感的传达”等观点，着重凸显了文艺传达情意的功能。此外，还有学者提出“文艺是审美意识形态”、“文艺是一种保存伦理经验的形式”、“文艺是白日梦”、“文艺是生命之歌”等命题，在一定程度上强调了文艺的审美功能、教化功能、疏泄功能、感兴功能等。这些观点都有其合理之处，但似应进一步追根探本。在此，笔者拟提出自己的一种文艺功能观：文艺活动的根本使命在于“成人之美”①。

文艺活动(含文艺创作、文艺鉴赏、文艺批评、文艺传播等)是人类一种比较高级的精神活动形式，是具有一定的超越性的。如果人类满足于现状，或只想解决衣食住行之类生存问题，那么不要文艺也是可以的。但事实上几乎各个历史阶段的人总要创造出大量的文艺作品，这是为什

① 这里所谓“成人之美”包含两个要点：一是让人成为人(“成”为使动词)，二是让人达到美的境界(“之”为动词，意为“达到”)。“让人成为人”，就是让人逐渐超越其动物性、劣根性，而成为由高级人性主导的存在，成为能实现出人之类本质的丰富、自由而高贵的存在；“让人达到美的境界”，就是让人首先在心灵上达到美的境界，然后在为人上、在生活上达到美的境界。所谓美的境界，在很大程度上就是“充实而有光辉”的境界。因此，文艺活动成人之美，主要不是说帮助他人实现某些具体的目标，或达成某些具体的好事，而主要是着眼于培养健全的人格，让人成为人并达到美的境界，或活得“充实而有光辉”。“成人之美”的具体过程，可能是一个促其反省、认识的过程，也可能是一个净化、升华的过程，还可能是一个锻铸、炼金的过程，不一定非常愉快，但最终是为了“增益其所不能”和“玉成完整人格”。

么呢？是为了从动物性中超拔出来，活得更像一个人；是为了获得美的享受，活得更有趣味、更幸福；是为了完善自我（让自己变得更美更好），让自己和同胞达到美的境界。纵览古今，优秀的文艺作品往往都是以人为本的，且从来都含有超越性维度，或者说包含有一定的理想主义因素，而不会止于反映现实生活。亚里士多德说：“诗人的职责不在于描述已发生的事，而在于描述可能发生的事，即按照可然律或必然律可能发生的事。”①他认为诗人的职责主要不是反映现实世界，而是要探索、创造、表现可能世界，这可谓震烁千古的真知灼见。康德说：“艺术必须紧紧盯着某种理想。”②黑格尔说：“艺术的使命在于表现理想的世界情况。”③这些都明确主张艺术作品一定要有理想主义因素。如果说艺术（美）是理想（理念）的感性显现，那么艺术应该主要显现什么方面的理想呢？康德说：“美的理想只可期望于人的形象。”④换言之，艺术应该主要表现理想的人或人的理想。当然不能抽象地表现，而“应该寻找引人入胜的情境，在特定情境中显现心灵方面的深刻而重要的旨趣和真正意蕴”⑤。而之所以要表现人的理想或理想的人，是为了让现实中人有更高的追求，或达到更高的境界。总之，所有这些关于艺术职责、使命、功能的论述，如果要用一个词来概括，那就是“成人之美”——让人真正成为人，并达到美的境界。

在中国古代，孔子提出：“诗，可以兴，可以观，可以群，可以怨。”又说：“兴于诗，立于礼，成于乐。”⑥此论看似平常，但正如陈伯海先生所说，“诗兴的功效在于借助情意的感发以促成生命的感通，并由此感通以推进人们之间的相互了解与齐心协力，进而造成和谐、合作的社会群体与整全充实的人类生活”⑦，而“生命与生命的感通，一方面表现为作者与读者、表演者与观赏者相互间的情意沟通，另一方面又体现出每个

① 亚里士多德：《诗学》，罗念生译，人民文学出版社2002年版，第24页。
② 康德：《判断力批判》，邓晓芒译，人民出版社2002年版，第202页。
③ 黑格尔：《美学》第一卷，朱光潜译，商务印书馆1997年版，第251页。
④ 康德：《判断力批判》，邓晓芒译，人民出版社2002年版，第71页。
⑤ 黑格尔：《美学》第一卷，朱光潜译，商务印书馆1997年版，第254页。
⑥ 杨伯峻：《论语译注》，中华书局2006年版，第208页、第93页。
⑦ 陈伯海：《中国诗学之现代观》，上海古籍出版社2006年版，第142页。

人的个性生命与他所属的群体生命乃至宇宙生命‘大化流行’之间的渗合交会”。① 这就超越了个体的局限性，而逐步接近于人的理想。“乐”较之于“诗”，显得更抽象、更接近于无限，更契合于孔子“以德配天”、“天下归仁”的理想，故“成于乐”。质言之，诗、乐等艺术活动在孔子那里最终是为了“成人”（让人成为人）的。将孔子诗学发扬光大的王夫之，在“成人”的基础上进一步申述了艺术的重要功用：“（世人）终日劳而不能度越于禄位田宅妻子之中，数米计薪，日以挫其志气，仰视天而不知其高，俯视地而不知其厚，虽觉如梦，虽视如盲，虽勤动其四体而不灵，唯不兴故也。圣人以诗教以荡涤其浊心，震其暮气，纳之于豪杰，而后期之以圣贤，此救人道于乱世之大权也。”②在他这里，艺术在感发志意、“兴”起人的生命元气、激发人的生命活力方面有着独到的功能，不仅能净化人心、提振人气，还能让人逐步成为“豪杰”、“圣贤”，成为大写的人、理想的人。

在中国近现代，蔡元培提倡以美育代替宗教。在他看来，宗教于现代社会不仅无益反而有害，可以去掉了，而艺术美育能“陶养感情”，具有普遍性和超脱性，是绝不可少的。且尤为重要的是，艺术通过陶养人的感情，能让人产生“伟大而高尚的行为”：“当着重要关头，有富贵不能淫、贫贱不能淫、威武不能屈的气概，甚且有杀身以成仁而不求生以害仁的勇敢；这种是完全不由于知识的计较，而由于感情的陶养，就是不源于智育，而源于美育。”③此论确有深刻之处，其指出艺术美育不仅成人，而且能让人达到高尚的境界，是为难得的洞见。宗白华先生是另一位充分肯定艺术价值、艺术功能的大师。他在《略谈艺术的“价值结构”》一文中说：“艺术至少是三种主要价值的结合体：（一）形式的价值，就主观的感受而言即‘美的价值’；（二）抽象的价值，就客观而言为‘真’的价值，就主观感受而言为‘生命的价值’；（三）启示的价值，启示宇宙人生之意义之最深的意义与境界，就主观感受而言为‘心灵的价值’，心灵深

① 陈伯海：《中国诗学之现代观》，上海古籍出版社 2006 年版，第 138 页。

② 王夫之：《船山全书》第十二卷，岳麓书社 1992 年版，第 479 页。

③ 蔡元培：《精神与人格：蔡元培美学文选》，安徽文艺出版社 2015 年版，第 261 页。

处的感动，有异于生命的刺激。"①这里所说的"启示的价值"，往往被忽视，其实尤为值得珍视。艺术必然是创造，是作者在诗性智慧引导下自觉或不自觉的创造；诗性智慧引导作者或"于天地之外，别构一种灵奇之境"，或"以意象暗示人类不可言不可状之生命律动"，或"借幻境表现宇宙人生最深的真境"，这些或"引人精神飞跃，超入幻美"，或让"我们鉴赏者周历多层的人生境界，扩大心襟，以至于与人类的心灵为一体，没有一丝的人生意味不反射在自己心里"②。这样的活动(含审美创造与鉴赏)，其实是可以成人之美和涵育创造性人格的。人只要有一点精神追求，莫不希望从俗物中超拔出来，领略到只有人才能看到的美景与艺境，感受到充实而有辉光的生命之乐。除了大自然，特别能给人这种快乐的便是艺术作品了。优秀的艺术作品不仅特别关爱人心(一流艺术对人心的观照、爱护可谓无微不至)，而且最能引人超临美境，沐浴清辉。如果说有生命的艺术品也有自己的憧憬，那么其憧憬绝不是给人低级娱乐，而是"成人之美"——让人成为人并达到美的境界。

在中国当代，李泽厚也提倡以美育代替宗教。但李泽厚提倡以美育代替宗教，不是因为宗教在现代社会不重要了，而是因为他认为宗教中的上帝无法证实，尼采已宣称"上帝死了"，真正的宗教信仰在中国缺乏生根的土壤，而艺术美育则可以起到类似宗教信仰的作用。在他看来，在现代社会，尤其是在深深浸润着实用理性、乐感文化的中国，人们"不是在孤独荒野中呼喊超验的上帝——耶稣，而是就在这无所凭依的物质世界和人际关联的艰难跋涉中去创造形式，寻得家园。"③换言之，现代人已不相信与现实生活世界不同的另一个超验世界，但基于个体情感，却可以逐步进入审美性的"天地境界"。他所谓"天地境界"，是指"由理性的神秘所开出的一种不执意于世间事物的广阔、稳定、超脱的感情、心境、状态……它开展为对世间人际的时间性珍惜，展开人的内在历史

① 宗白华：《艺境》，北京大学出版社1999年版，第75页。

② 宗白华：《艺境》，北京大学出版社1999年版，第77页。该句中引号中的话均引自《艺境》。

③ 李泽厚：《哲学纲要》，北京大学出版社2011年版，第394页。

性，由眷恋、感伤、了悟而承担……它更着重于理性和感性之间活泼泼的现代紧张关系和永远前行的生命力量。它是通由历史感悟的时间性珍惜，有意识和无意识地对生命的紧紧把握和展开。"①这样的"天地境界"，是每个人都可以达到的，具有普世意义；它完全可以代替宗教给人灵魂的安顿，并引导人逐步超越自我的现状，扩展自我的历史性内涵，最终达到新的"天人合一"。但让人进入"天地境界"，绝不是一蹴而就的事，而是需要教育(李泽厚认为教育学可能成为未来社会最主要的中心学科)，尤其是艺术教育。在他看来，艺术美育"关系到每一个人，关系到每一个人怎样去追求和建构自己的人生，不仅是追求灵魂的完美，而且是超过这种完美的'天人合一'"。② 尽管他把艺术美育的功能推到了极致，但他并不把艺术美育视为通神的媒介，而是将其视为培育人性情感、提升人性能力、造就整全人格的必备"功夫"。因此，正如刘再复先生所说："李泽厚的美学是以人为本、以人为中心的美学。他以人为目的、以人为尺度、以人为本源，讲的是人与人性的真理。"③与他类似，新时期另一位著名学者也是从人本主义角度看待艺术功能的。谭霈生先生在《以人为本的戏剧使命》一文中指出："戏剧以人自身为目的，指的是超越从属于政治和经济之类的短视的功利观，承担起重新塑造人的感觉方式与构成，人的情感方式与构成，也就是参与人格与素质的重建，以此达到对人的全面的人格与素质能力的培育。"④此诚为慧见。他的呼吁，也就是希望戏剧艺术以人为本、成人之美。

综上所述，古今中外的众多贤哲其实已经把艺术的功能、使命界定为"成人之美"，或至少是寄厚望于艺术美育，希望它能够起到"成人之

---

① 李泽厚：《哲学纲要》，北京大学出版社 2011 年版，第 382 页。李泽厚对于"天地境界"还有一个解释："即使空无也乐生入世，何况有那个协同共在的天地，人生便并不空无而是充满了历史的丰富。……此谓空而有，看似平平淡淡、无适无莫，甚至声色犬马、嬉戏逍遥，却可随时挺身而出、坚韧顽强、不顾生死、乐于承担。"(见《哲学纲要》第 380 页、第 386 页)

② 李泽厚：《论教育·人生·美》，华东师范大学出版社 2011 年版，第 1 页。

③ 刘再复：《李泽厚美学概论》，三联书店 2009 年版，第 65 页。

④ 谭霈生：《"以人为本"的戏剧使命》，《光明日报》2007 年 4 月 23 日。

美”的作用。然而，文艺活动的功能是否能确定为“成人之美”，文艺名家能否通过“成人之美”产生“示范效应”，这不只是美学家、文论家期待、坚信或呼吁的问题，而更是一个现实的问题。仅当有确凿的事实表明，有的文艺活动确实能够“成人之美”，有的文艺名家确实在“成人之美”的过程中产生了示范效应，笔者提出的这个命题才具有现实的根基。那么，在现实生活中，究竟有没有一些文艺名家、文艺活动确实起到了“成人之美”的作用，并产生了一定的示范效应呢？如果有，那么其发挥作用的路径与机制是怎样的呢？

二、“成人之美”的形式与文艺名家发挥示范作用的路径

在现实领域，文艺名家、文艺活动“成人之美”的事实是丰富多样的，且具有不同的形式。如果说“成人之美”跟文艺名家的示范作用紧密相关，那么厘清“成人之美”的形式也就能在一定程度上阐明文艺名家发挥示范作用的路径。而通过阐明文艺名家、文艺活动“成人之美”的形式与发挥示范作用的路径，也就能反过来更具体、更切实地证明“成人之美”与“文艺名家示范效应”之间的内在关联。

文艺名家“成人之美”的形式，大致有三：一是文艺名家用优秀的文艺作品(尤其是作品中善良高尚、有智慧、有光辉的人物形象)感染人、激励人、提升人，让人变得充实而有光辉；二是文艺名家以自身的人格魅力感召人、引导人，或以切实行动帮助人、成全人，让人更上一层楼或达到美的境界；三是文艺名家在创作与表演、鉴赏与批评、传播与推广等方面创立范式、引领风潮、形成流派，让很多人的艺术生命焕发光彩，进入一种新的生命境界(掌握一种新的方法，进入一个新的创作阶段，攀上新的艺术台阶，发挥更大的积极作用，等等)。作为一名艺术家，如果实现了以上三个方面的任何一点，都是非常了不起的；如果他(或她)的积极影响不是惠及一两个人，而是成就、提升了一批人，那么我们就必须承认其发挥了积极的示范效应，可以尊之为“伟大的艺术家”。由此可见，文艺名家“成人之美”的形式，在很大程度上就是文艺名家发

挥示范效应的路径①。

首先，通过作品来感染人、激励人、提升人，是文艺名家“成人之美”、发挥示范作用的一条重要路径。虽然并非所有优秀作品能够“激励人、提升人”，但确实有一部分作品是能够让人自新、成人之美的。在历史上，不少文艺名家善于塑造贴近人心而又正直高尚、智慧超群而又鲜活真实的人物形象，这种人物一旦引起读者(或观者)深深的共鸣，便很容易进驻其心灵深层，成为其精神偶像，或一生为人处世的楷模。比如，程婴本是司马迁在《史记·赵世家》中塑造出的一个人物形象②，但这一形象却感动、激励了无数人，有的甚至像程婴一样为了正义事业献出了宝贵的生命。宋末文天祥，在南宋王朝倾覆之后，本可在元朝出将入相，但他一心想光复宋朝，且常常以程婴自励。其《无锡》诗云：“英雄未死心为碎，父老相逢鼻欲辛。夜读程婴存赵事，一回惆怅一沾巾。”其《北使》诗云：“廷争堂堂虽直声，飘零沙漠若为情！程婴存赵真公志，赖有忠良壮此行。”显然，程婴形象给了文天祥很大的力量，使得他最终宁死不屈，壮烈殉国。在宋末元初，像文天祥这样，以程婴为榜样，抱着“万死存赵孤”的心志赴死的仁人壮士约有十万以上，堪为中国历史上惊天地泣鬼神的一幅壮丽画卷。赵氏孤儿的故事不仅激励着中国人为争取国族独立与强盛而浴血奋斗，还走出国门，在世界范围内产生了很大的影响。在18世纪中后期，美国独立战争时期的重要领导人本杰明·富兰克林对程婴救赵的故事很感兴趣，倡议在美国费城、纽约等地上演此剧，结果影响极大。事实正如美国作家、历史学家菲利普·瓦伦提所说：“《赵氏孤儿》反抗暴政、献身正义的主题，引起了独立战争时期美国人的共鸣，鼓舞了他们反抗英国压迫的斗争。”③直到今天，程婴救赵的故事仍在不断被

① 文艺名家有没有可能发生消极的示范效应呢？当然有这个可能。但这种可能性不是本文讨论的重点。

② 现在历史学家已基本考证清楚，“所谓‘赵氏孤儿’云云，纯属子虚乌有”，程婴救孤事件只是司马迁创造出来的艺术张力很强的一个故事，而非历史事实。详见郝良真、孙继民：《“赵氏孤儿”考辨》，《中国史研究》1991年第2期。这也说明，《史记》确实是“无韵之离骚”，其文学性是无可置疑的。

③ 菲利普·瓦伦提：《〈赵氏孤儿〉——美国独立战争的启示》，载《对流》2015年第1期。

改编和上演，其中思虑深长胆识过人、颇具大智大勇大仁大义的程婴形象更是深入人心，感动、激励着一批又一批观众。在当代文艺名家名作中，路遥《平凡的世界》及毛卫宁执导的同名电视剧，也感动了无数读者与观众，激励着他们在平凡的生活中锻铸出高贵的人格，成就不凡的事业。

其次，在现实生活中以实际行动感召人、帮助人、提升人，也是文艺名家发挥示范效应的一条重要途径。精心培养出高素质的人才，可以说就是文艺名家能够创造（或造就）出来的最重要的一种作品；如果其培养出来的人才再去培养更多的人才，如此薪火相传，逐步拓展，自可形成示范效应。这样的文艺名家，古今中外都有。在中国古代，有成就、有胸怀的文艺名家一般都注意培养弟子，有的对待弟子视同己出，竭心尽力，倾注大量心血。在这方面，孔子最为典型，可为万世师表。孔子在诗、乐方面有很深的造诣，可以说是当时的文艺名家（尽管他还有其他重要身份）。其一生“悦于学而乐于教”，自觉践行“成人之美”的人生旨趣①，因材施教，适时启发，乐此不疲。弟子颜回家贫，箪食瓢饮于陋巷，却特别好学且自得其乐，孔子深赞不已，视同知己。但孔子并不以颜回同声相应为满足，而是鼓励他独立思考：“回也非助我者也，于吾言无所不说。”②这显然是激使颜回独立发声以便砥砺思想，由此可见孔子胸怀之博大。他主张“己欲立而立人，己欲达而达人”③，平时则在充分了解学生的基础上，让可雕者都能成才，在不同的领域发挥重要作用。他并不以“圣人”自居自期，亦无意于通过弟子扩大自己的声名，毕其一生只是在默默耕耘而已；但在孔子仙逝之后，受其教诲深恩的弟子们辑录其言以成《论语》，渐成不朽之功业。《论语》传之后世影响日盛，遂有孔门学派，甚至形成举国笃信的儒教。多少知识人，以孔子为师法之典范，毕生践行仁道，为中华文化大厦之建构添砖加瓦。就孔子个人而言，其肉体生命虽然短暂，但其精神生命，借由“成人之美”之言传身教，延

① 《论语·颜渊》：“君子成人之美，不成人之恶。”见杨伯峻《论语译注》，中华书局2006年版，第145页。

② 杨伯峻：《论语译注》，中华书局2006年版，第126页。

③ 杨伯峻：《论语译注》，中华书局2006年版，第72页。

展二千余年，于今仍可见出强劲之力度。就其徒子徒孙而言，因闻道而开蒙，复又到处开馆布道，合力创造出中华数千年光辉灿烂之儒家文明，堪为一世界奇迹。今之国士，虽广受西学，但骨子里不失儒学底蕴。比如著名文论家王宁教授，不仅自己勤学深思、不断精进，已受聘为欧洲科学院院士，还大力扶植后学，精心培育英才，目前已将其博士生何成洲培养为欧洲科学院院士。再比如著名文学评论家孙绍振教授，他一辈子潜心研究“文学创造之秘”，以培养文学方面的“世界冠军”为志业；在现实生活中他特别关爱学生，特别乐于成人之美，近于“俯首甘为孺子牛”。经过几十年的辛勤培育，他的不少学生或已成为著名作家，有的还获得诺贝尔文学奖(如莫言)；或已成为著名文学评论家，有的还被评为青年长江学者(如谢有顺)。无论是从事创作、评论还是研究，他们都是在共同为国族乃至人类的文化事业贡献力量，在“成人之美”的道路上继续前进。

最后，通过在文艺创作、文艺批评、文艺传播等方面创立范式，引领风潮，间接地引导越来越多的人投入共同的精神事业，是文艺名家发挥示范作用的又一条重要路径①。尽管文艺创作强调独创性，一般作家们不太愿意承认受过他人影响，但文艺创作受人影响几乎是无法避免的；换言之，只要写出真正具有典范性的伟大作品，那么其开辟新路、影响他人会逐渐成为客观的事实。在文艺批评方面，如果一位评论家能创立一种确实行之有效的批评理论、批评方法，那么其引领风潮、形成流派，也是很有可能之事。比如，在中国，自元人王实甫自铸伟词，写出了“中国古典戏剧情节艺术的孤独高峰”《西厢记》之后，后世学其笔下言辞、体制、人物者便不可胜数，绵延数百年而不绝。王实甫的《西厢记》虽然也受过他者影响(如元稹《莺莺传》、董解元《西厢记诸宫调》)，但其对后世影响之大，却非后者可比。在王实甫之后，南曲戏文、明清传奇与小说

① 第三条路径与第二条路径的主要差异在于：第一，前者主要靠作品的艺术力量发挥示范作用，后者主要靠名家的人格力量发挥示范作用；第二，前者的示范作用主要体现在艺术领域，名家“成人之美”主要体现为间接引导人取得艺术上的成功；后者的示范作用主要体现在现实领域，名家“成人之美”主要体现为培养出杰出人才，或助人取得现实方面的成就。

多有受《西厢记》影响者；而且其影响不限于情感、思想层面，还渗透到文体、结构层面。据蒋星煜先生考证，明清两代的《西厢记》刊本有160余种；除此之外，还有各种改编本、演出本。可以说，在中国古代戏曲、小说领域，自《西厢记》诞生之后，确有大量作家、文人(写杂剧的、写南戏的、写传奇的、写小说的)的创作深受其影响，其中最著者可推汤显祖之《牡丹亭》与曹雪芹之《红楼梦》。近百年来，仍然有大量作家、学者、艺人钟爱《西厢记》，创作、搬演了多种改编本。在很大程度上，王实甫《西厢记》提升了中国传统戏剧的艺术水准，并以其杰出的艺术成就在无形中培养了一大批剧作家和演员，具有实实在在的示范效应①。在国外，莎士比亚、易卜生、契诃夫在戏剧创作方面，都创立了各自的艺术范式，且影响深远，让后世的剧作家们“仰之弥高，钻之弥坚”，不以学其为耻，而以得其神髓为荣。整个一部世界现代戏剧史，可以说基本上是在他们三位的影响下展开的——即便不全是正向的、直接的影响，也难免受到间接的或反向的影响。因此，如果说他们在戏剧创作方面产生了实实在在的示范效应，应无异议。而尤为重要的是，他们产生的示范效应，同时也是可以“成人之美”的。因为，他们的作品就像一座座宝藏，只要用心钻探，真学到家，就一定能提升学习者的创作能力，让其在戏剧创作上攀上一个新的台阶。曹禺、阿瑟·米勒就是在学习他们的过程中成为举世闻名的剧作家的。像莎士比亚、易卜生、契诃夫这种戏剧大师，具有“成人之美”的巨大潜力，后人只要真正愿意领受其精华，就有可能让自己“成为人”并逐渐达到“美的境界”。在文艺批评领域，北欧的勃兰兑斯、苏俄的巴赫金、美国的韦勒克，皆建树惊人，创立了各自的批评范式，对同时代人和后世学者影响巨大，也成就了一批又一批作家与批评家，亦可谓确有示范效应的文艺名家。

综上可见，文艺名家发挥示范效应，在很大程度上是与他们及其作品“成人之美”联系在一起的。“成人之美”正是文艺名家能够做且做得最

① 在此顺便说一句，《西厢记》本身就是一部以“成人之美”为主旨的作品。不仅红娘乐于成人之美，老夫人也用她独特的方式充分发掘出张生的潜能，让其生命的光辉得到最大限度的显现。作为剧中的“隐性艺术家”，老夫人的“成人之美”更为重要，其艺术智慧也更值得总结。

好的事情。真正做到或实现了“成人之美”的文艺名家名作，往往具有相对持久、广泛的示范效应，其精神生命也会相应地得到延展。这一点在当代尤其具有启示意义。

三、深入研究“文艺名家示范效应”的重要意义

经过以上分疏可知，文艺名家能否产生示范效应，能否在广袤的时空中具有比较持久的生命力，在很大程度上跟名家自身及其作品能否“成人之美”有深度关联。可以说，艺术家的天职就是“成人之美”；一个有抱负、有情怀的艺术家应该真正以人为本，把“让人成为人并达到美的境界”作为自己安身立命之根本与神圣使命。这是我们透过文艺名家的示范效应可以觉知的一个要义。此外，通过深入研究“文艺名家示范效应”，我们发现这项研究还具有其他极为重要的理论意义与现实意义。

第一，深入研究“文艺名家示范效应”，可以引人去探索、领悟文艺经典创制的奥秘和形成的规律，进而探明当代文艺经典如何生成的问题。能够产生示范效应的名家名作，往往与“经典”二字联系在一起，或至少已进入“经典化旅程”。研究这类作品为什么能产生示范效应，对于探索、解决文艺作品的“经典化问题”显然是有启发意义的。比如，易卜生中晚期的戏剧确实产生了广泛而持久的示范效应，但这是如何发生的呢？其原因至少有三：一是易卜生这个人，一直自觉地把“唤醒越来越多的人实现独立自由的人格”、“实现我们每个人真正的自由与高贵”①作为自己的使命；二是他的戏剧确实是能够成人之美的，能让一代又一代的读者、观众受到感染、启发与净化；三是他的剧作写的是人类的性格与命运，是面向全球、面向未来的，具有审美普遍性。易卜生写戏，最为关注的是人本身，他总是很用心地、用各种巧妙的形式让读者、观众通过看戏来反思自我，看清内心深处积淀的残渣与污点，从而进一步认识自我、净化自我、重建自我。而且，易卜生思想深邃，眼光长远，很善于通过

① 易卜生说：“实现我们每个人真正的自由与高贵，就是我所希望、我所期待的未来图景；为此我一直在尽力工作，并将继续付出我整个的一生。”见《易卜生书信演讲集》，人民文学出版社 2012 年版，第 371 页。

回溯、反思、自审来参与文化创造，在一定程度上为未来而写作，这使得他的作品能够与时俱进，让不同时代的剧作家都能够从他那儿学到很多东西。当然，这些只是粗略言之；如果深入研究，必能获得更多的启示。比如，出版、演出、评论、宣传等环节对易卜生戏剧成为经典的作用，青年剧作家学习易剧走上新道路所产生的效应等，都值得研究。如果当代大多数文艺名家都缺乏示范效应，那么也需要从多个方面去认真反思。

第二，深入研究“文艺名家示范效应”，有助于探清我们时代究竟需要什么样的文艺作品、文艺批评、文艺理论，进而重建中国文论话语体系。重建中国文论，不能脱离现实，仅仅停留在象牙塔里自言自语，而需要面向中国当代文艺现实，看看哪些作品是真正经得住时间检验、确实具有示范效应和实践力量的。是否具有示范效应，在某种程度上是考验作家作品的一把试金尺。真正有力量、契合时代深层需要的作品，一旦出版(或发表、播出)往往引发广泛的共鸣，而后向其借鉴、学习者可能绵延不绝。这类经得住时间检验、辐射力度强大的作品，可谓之典范性作品。而研究当代文艺理论者，尤需重点关注这类作品。研究文艺理论，其实并不是要从所有文艺作品中抽绎出它们的“共相”①，而是要重点研究典范性作品并直观其本质。正如钱钟书先生所说：“夫物之本质，当于此物发育具足，性德完备时求之。苟赋形未就，秉性不知，本质无由而见。此所以原始不如要终，穷物之几不如观物之全。”②而文艺作品是否“性德完备”，可从其示范效应来观察。越是具有持久广泛的示范效应，就越能说明其“性德完备”。比如，如果要建构中国戏曲表演理论体系，就需要深入研究梅兰芳的表演艺术及其示范效应。如果撇开这样的典型个案，是注定不可能建构起有效的理论的。再比如，如果要建构有中国特色的文艺批评理论，就不应该绕过金圣叹、李长之这样具有示范效应的批评大家。仅从理论到理论，多半只能造就空中楼阁；只有扎根于已被时间证明具有典范性的名家名作，才可能建构出切实有效的文论

① 抽绎出古今中外所有文艺作品的“共相”，一是凡人无法做到，二是即使做到，得出的那个“普遍共相”之内涵必然极度稀薄，对于文艺创作与批评几乎无意义。

② 钱锺书:《谈艺录》，中华书局 1984 年版，第 37 页。

话语。

第三，深入研究“文艺名家示范效应”，有助于探索、建构真正契合国族和时代需要的人生哲学。这一点与研究“文艺名家示范效应”，好似风马牛不相及，但在笔者看来，却是最关紧要、意义最大的一点。我国当代文艺作品，数量很多，但高峰很少，真正具有示范效应的经典之作更是寥若晨星。文艺评论界情况亦不容乐观，真正把文艺评论当作一项精神事业，努力推进国人精神成长的评论家同样寥若晨星。个中原因很复杂，我想着重谈一点。我以为最重要的问题，是国人世界观、人生观和思维方式层面的问题。我们民族绝大多数人，只关注现实世界和肉体生命，对于自己的精神生命(灵魂)则几乎是漠视的。对他们来说，只有一个世界，现世的利益是最重要的，至于死后一切皆空，根本不在考虑范围内。殊不知，人与动物最大的不同在于，人除了有肉体生命，还有精神生命；肉体生命是短暂易逝的，精神生命却是有可能持久存在的。那些跨越时空具有示范效应的文艺名家，他们的精神生命有的长达数百年，有的长达数千年。他们的心灵、情感、思想，融化在作品里，跨越若干世纪，仍可与现代人对话。时间是最公正的，那些真正致力于“为生民请命，为天地立心，为万世开太平”的艺术家、思想家、实干家，那些真正献身于人类共同福祉的人们，其灵魂是不朽的，会被一代又一代的人所感通、纪念。人不只是生活在当下，也生活在朝向未来的历史中；个人的生命也许很短暂，但如果用于推进人类美好理想之实现，则会融入人类历史的长河中永不枯竭——事实早已证明，那些伟大的灵魂即便相距千年万里，仍然是可以互相感通的，仿佛都生活在当下一般。就像易卜生，他素来不以眼前之利害为趋避的对象，而是坚信“谁最契合未来的发展趋势，谁就是对的”①。他的理想颇类似于马克思的理想——打破民族主义和区域主义的藩篱，由独立、自由、高贵的人组成一个人类共同体，走向全人类的共通、共存与共荣。这个颇具世界主义色彩的理想在今天愈发显出高度的合理性；但在当时，既不为他的敌人认可，也不为他的朋友所认可。这使他与整个挪威都处于紧张的对抗状态，最后不

① 易卜生：《易卜生书信演讲集》，人民文学出版社2012年版，第203页。

得不到欧洲四处流浪。但即便如此，易卜生也不改初衷，始终保持先锋者的姿态，为当世也为未来而写作。他坚信自己的作品“属于未来”，而那些攻击者“会在将来的文学史上受到严格的审判”①。事实也正是如此。显然，易卜生的生命意识、文化眼光跟我国当代很多文艺家是不一样的。正因为具有这种高度超越性的生命意识，他的作品才不只是属于一时一国，而是跨越时空，属于全人类。其运思深远，故其示范效应亦相当持久。而在中国当代，眼光短浅、只为一己之现实名利奔波的“文艺家”太多了，他们能不能停下来“好好想想未来”呢？一个人，是通过铸就自身发光的灵魂而成为不朽者的；而成人之美，正是让灵魂发光的最有效路径之一。

爱因斯坦说：“我非常真诚地相信，一个人为人民最好的服务，是让他们去做某种提高思想境界的工作，并且由此间接地提高他们自己的思想境界。这尤其适用于大艺术家。……个人的生命只有当它用来使一切有生命的东西都生活得更高尚、更优美时才有意义。”②质言之，在他看来，生命的意义就在于“成人之美”——不仅是让其他人活得更高尚、更优美，而且是让整个人类活得更高尚、更优美。在当今这个迫切需要建设全球生态文明的时代，这种人生观不仅适用于艺术家，也适用于我们每个人。确立这一点，才是促使文艺名家产生出积极的示范效应、引导文艺活动发挥出正面能量的根本之道。

2016年12月于珞珈山

① 易卜生：《易卜生书信演讲集》，人民文学出版社2012年版，第211页。

② 爱因斯坦：《爱因斯坦文集》第三卷，许良英等译，商务印书馆2012年版，第49页、第120页。

宽和·忘忧·恤民

——论王蒙文化人格的典型特征与示范意义

王　婧　高文强

具有多重身份的王蒙已然是中国文学史乃至文化史上一颗璀璨的明珠，发出文艺思想与人格魅力的熠熠之光，其影响已成为一种典型的文化现象与存在。因为，对王蒙的研究与批判自始就不乏其著，到今天已经更仆难数，蔚然成风。王蒙的作品振荡着文艺界与学术界，被给予各种各样的评价，赞誉与批评共存。朱寿桐主编的《论王蒙的文学存在》收集了20多篇研究王蒙的论文，该书首次将王蒙定位为一种文学存在。①研究者们深入探讨了王蒙作品的艺术特色和哲学思想，并分析王蒙在中国文学史上的地位与价值。王蒙的文学创作、文化批评和社会活动都已对当代社会产生不可估量的影响，具有巨大的示范效应。因此，笔者借用传播学的术语——传播效果，来审视王蒙文化人格的典型特征，从对王蒙的研究与评价中探讨王蒙文化人格的示范意义。

在传播学中，传播效果旨在研究媒介内容及其传播对社会、文化、群体或个人的影响。带有说服动机的传播行为会使受传者产生一系列心理、态度和行为的变化，传播活动总会对受传者和社会产生有意或无意，显在或潜在的影响和结果。总之，透过传播效果，我们能看到信息传播引起受众在许多方面的变动。一般而言，传播效果的构成包含知识、智能、价值、态度以及行为的变化。② 由此观之，可以清楚地看到王蒙的著作在传播的过程中，形成了学术界对其作品批评与研究的各种声音，对

---

① 澳大出版中心：《朱寿桐主编王蒙研究专著》，载《华文文学》2015年第2期。

② 邵培仁：《传播学》(修订版)，高等教育出版社2007年版，第358页。

王蒙的研究也在随着时间的推移不断深入与创新。总体看来，王蒙著作的传播效果对知识、智能、价值、态度及行为这五个效果层次都有所涉及。尤其是知识与价值层次，前者具体指学者在接受王蒙的作品后，对其产生一定的判断与评价，有助于人们深化对王蒙文学贡献及哲学思想的认知，凸显了王蒙创作的社会文化效应与文学史意义，具有厚重的学术价值。后者指王蒙的著作在传播过程中所引起的受众在价值观上的感受与思考。作者作品中所反映的理智的、道德的，抑或审美的价值以及作品内涵积极向上的引领示范作用，都会对受众即作品接受者在人生观、伦理道德和精神上产生愉悦的体验和“见贤思齐”的愿望。而作品所取得的传播效果正是其具有示范效应的一种重要表现。

王蒙在文学及文化上的贡献是无可比拟的，他在艺术与理论上的双重探索以及充满魅力的文化人格都足以在社会上树立起卓越的典范。从王蒙著作的传播效果来看，王蒙思想的厚重与丰赡，在艺术上的开拓与创新，在人格上的典型与光辉已经获得了绝大多数受众甚至时代的认可，以一种持久的社会文化效应及示范意义参与影响并建构着社会文化自身。1999 年秋，香港某著名周刊以问卷调查方式，评出 20 世纪中国文学的百部经典著作，入选作品即有王蒙 1956 年发表的《组织部新来的年轻人》。王蒙在文学创作上无疑是成就斐然的，他的众多创作表现，如文体革新、叙事方式、反讽艺术等都在不胜枚举的批评文章及学术研究著作中论及。童庆炳认为，王蒙小说中所表现出的时间的文本化，故事的心理化，视点的人物化，言语的情致化，推进了中国当代小说的现代性进程,① 将王蒙誉为中国当代小说艺术的“探险家”，可谓实至名归。而单就王蒙的文化人格来讲，其魅力与价值丝毫不亚于他的文学贡献，王蒙的文化人格具有深刻的中国哲学意蕴，是其著作取得理想传播效果及具有巨大示范效应的前提，王蒙的人格在对中国优秀传统文化的继承中显示出了具有典范性的特征。

---

① 童庆炳：《作为中国当代小说艺术的“探险家”的王蒙》，载《中国海洋大学学报》2003 年第 6 期。

一、宽容中和的审美心胸

“中和”是王蒙著作在传播过程中研究与批评者经常提及的关键词之一。在郭宝亮看来，王蒙在中国当代文坛上具有十分强大的整合能力，而这种整合就是一种具有广泛的包容性的重组，绝非简单的调和。王蒙在整个1980年代就在进行着这种整合。他的小说在整合了西方的意识流手法及李商隐、曹雪芹、鲁迅等人的手法后，熔成了一种属于王蒙的独特个人化色彩的小说文体。既有主观感受和联想，又带有现实主义的客观与理性。除此之外，其反讽艺术的表现也体现了他对艺术的整合能力。在思想上，王蒙80年代初就提出的《论“费厄泼赖”应该实行》以及后来的“宽容”说，都是整合思维的具体表现。① 王蒙宽容的品格不仅表现在创作实践上，还表现在其文化心态方面。随着市场经济的飞速发展和消费主义观念的流行，文化产品越来越成为一种供人娱乐与消费的商品。图像时代的到来和工具理性的视点使艺术祛魅化，当代的审美观念表现出由崇高走向世俗的趋势，文学也不能幸免。其影响也在逐渐削弱，难逃商业化与游戏化的命运。但王蒙早已敏锐地觉察到这些变化，并以十分宽容与理性的心态面对这些新现象。他曾调侃地呼吁，当下的我们已经够紧张了，需要一点游戏性，而且文学有一部分就是心灵的游戏，文字的游戏。在商业化的浪潮席卷着文学领地的背景下，他对以王朔为代表的写作方式和大众文化现象都表现出了莫大的理解与宽容。从而形成自己尊重个性、兼收并蓄的多元文学观念，提倡在“艺术面前人人平等”的精神。

无论其文学哲学的思想精髓被认为具有中庸美，还是其文艺美学思想的核心被总结为“杂多的统一”等，其实质都指归于自身具有宽容中和的审美心胸，而这种审美心胸深得儒、释、道思想之精髓。“中和”一向为儒家秉持的为人与为文的基本原则，孔子便强调过犹不及，追求执两

① 郭宝亮：《论王蒙的文化心态及其传统认同》，载《文学评论》2004年第2期。

而用中的中庸之道，曾说："中庸之为德也，其至矣乎！"①并且，虽然他并不反对狂者和狷者，但最为推崇"中行"这一气质类型，因为这种人格方能调和人性中的各种矛盾。而王蒙视文学为心灵游戏的观点则又秉承了庄子"游心"的境界及佛教所崇尚的游戏精神。"游心"是在摆脱感性欲望与知性观念遮蔽后心灵达到无所待的高度自由之境。若能"乘天地之正，而御六气之辩，以游无穷"(《庄子 · 逍遥游》)，便可以不为外物所累，无所羁绊。《庄子 · 人间世》云："且夫乘物以游心，托不得已以养中，至矣。"②顺着事物之自然而悠游自适才是最好的状态，以此才能获得心灵的开阔与自由。因此，文学家用悠游的精神对人生和社会进行审美观照才能获得至美而意义深刻的作品。佛教把这种游戏的心称之为"游戏三昧"或"游戏神通"。"游戏三昧"指"神通自在、游化众生而无缚碍。《祖堂集》、《景德传灯录》等记唐代禅师普愿：'南泉(普愿)扣大寂(道一)之门，顿然忘筌，得游戏三昧。'"③"游戏神通"则谓"菩萨以如幻智，出入自在，变化如意，示现化导众生。《维摩诘经 · 文殊师利问疾品》：'降服众魔，游戏神通，其慧方便皆已得度。'鸠摩罗什注：'神通变化是为游，引物于我非真，故名戏也。复次，神通最大，能者易之；于我无难，犹如戏也。亦言，于神通中善能入、住、出，自在无碍。'"④文学家把文学创作视为心灵的游戏，不正如佛菩萨把度化众生视作自娱一般？其共通的精神也在于心灵的高度自由，出入无碍，游刃有余。六祖慧能的《坛经》亦云："见性之人，立亦得，不立亦得，去来自由，无滞无碍。应用随作，应语随答，普见化身。不离自性，即得自在神通，游戏三昧，是名见性。"⑤禅宗的"游戏三昧"强调了内心的自由自在和无所畏惧，这样才能认识自己的本性。的确，如果执著于自己固有的思想观念，就会出现故步自封或走向偏执的弊病。"一曲之士"的世俗之辈往往会囿于一隅而不能看清世界之全。既然真理无穷无尽，不如随缘自适，超越固有

① (宋)朱熹著：《四书章句集注》，中华书局 2011 年版，第 88 页。

② 陈鼓应：《庄子今注今译》，商务印书馆 2007 年版，第 146 页。

③ 任继愈主编：《佛教大辞典》，江苏古籍出版社 2002 年版，第 1222 页。

④ 任继愈主编：《佛教大辞典》，江苏古籍出版社 2002 年版，第 1222 页。

⑤ 魏道儒译注：《坛经译注》，中华书局 2010 版，第 149 页。

观念的牵累与束缚后去探求。由此看来，庄子追求高度自由的精神境界——“游心”以及佛教自在无碍的“游戏”观念都在王蒙的思想中得到鲜明体现。

此外，在洛杉矶举办的第二届尼山国际讲坛中，王蒙以《中华文化基因》为题进行演讲，并与南加州大学美中关系学院院长杜克雷进行对话。王蒙谈道：“通过唐诗宋词可以看出中国文字独有的特点，可以表达声音、形状、意义、结构和逻辑，现在很难找到这种文字了。汉字本身包含了太多的意义，非常伟大，透露的是超人间的终极智慧，透露的是永恒的真理。正是因为有了这样一种富有综合性思维方式、整体性思维方式的文字，才有了中国的统一；也造就了‘一切的一’和‘一的一切’这样一种思维方式。中华文化就是由这样一种文字承载、承传的。”①这些现象都说明了王蒙对传统文化的接受与认同，从而内化为一种独特的文化人格和高贵的心理品质，使之具有宽容中和的审美心胸。因此，王蒙的创作从不剑走偏锋，走向极端，而是秉持主流文学的大气与丰赡，以不异于时代的主流审美价值尺度为创新的准则。一些有影响力的作家难免以犀利的言辞和毕露的锋芒吸引并提醒着受众对时弊的注意，使作品的接受建立在受众的刺痛与无奈的情绪之上。虽然这种策略更容易使作品的传播效果具有当时的热效应与轰动性，但我们对这种热效应的持续性表示怀疑。而王蒙对文学的突破与创新始终建立在主流文学的大气与厚重之上，这样的作品才能够经得起历史的考验，具有普适而永恒的审美价值。

二、“乐以忘忧”的人生态度

从对王蒙著作的诸多研究与评价中可以看出，王蒙文化人格特征的另一表现在于“乐以忘忧”的人生态度上。王蒙虽然经历了1957年“反右扩大化”、“大跃进”和1966年的“文化大革命”，身心受到了巨大的打击，但他却能够在《这边风景》这部作品中为人们展示着时代的合理性与进步

① http://www.huanqiunet.com.cn/sh/view? id=1121。

性，对未来的美好仍抱以期许及乐观。欣明的《王蒙：新疆乐观生活十六年》一文更是集中体现了王蒙乐观的生活状态与精神。

王蒙这一乐观的文化人格在当今时代无疑具有典范性，因为这正是中国传统文化精神的认同与继承。中国传统文化崇尚“乐感”精神，正如李泽厚先生所言：“《论语》首章首句便是，‘学而时习之，不亦乐乎；有朋自远方来，不亦乐乎。孔子还反复说，‘发奋忘食，乐以忘忧，不知老之将至云耳’，‘饭疏食饮水，曲肱而枕之，乐亦在其中矣。’这种精神不只是儒家的教义，更重要的是它已经成为中国人的普遍意识或潜意识，成为一种文化—心理结构或民族性格。”①因此，在这种稳定的民族性格及历史传统的作用下，“中国人很少真正彻底的悲观主义，他们总愿意乐观地眺望未来……”②而王蒙正是继承了这一优秀的乐感文化，拥有了“乐以忘忧”的人生态度。

从王蒙自己的言说中也可看出他这一典型的文化人格。《王蒙自传》的第3部取名叫《九命七羊》，从书名的由来便可窥见一二。王蒙说：“猫有九条命，狗有九条命……我也有九条命啊……九条命就是九个世界，东方不亮西方亮，堵了南方有北方。而不论走到哪里，总有朋友，总有相助，总有好人好心，总有真理之光……总有光明在前，快乐在前，意义在前。七羊，就是吉祥，岂止七羊，七祥，到处是希望，到处是吉祥，到处是快乐，到处是健康！只要国家好，人民好，社会好，生产好，王蒙就永远不会吃瘪，王蒙就永远不会形影相吊，仓皇无主张！”③这是多么乐观与积极的人生态度，正是他这种高昂的精神和打不垮的坚强形象为我们树立了光辉的人格典范。

王蒙称自己的快活是次生性快活，就像土壤分析上有所谓次生盐碱化一说一样。王蒙认为他的快乐与老子说的如婴儿般的快乐不同，而且

---

① 李泽厚：《中国古代思想史论》，生活·读书·新知三联书店2008年版，第328~329页。

② 李泽厚：《中国古代思想史论》，生活·读书·新知三联书店2008年版，第329页。

③ 王蒙：《王蒙自传·第3部·九命七羊》，花城出版社2008年版，第138~139页。

“专气致柔，能婴儿乎”里的一个“能”字，有能出来、做出来，努力努出来之嫌。在王蒙眼中，他婴儿时代的万岁般的青春快乐早已逝去。“我面对着、正视着所有的苦难与凶险，面对着正视着所有的坎坷与曲折，面对着正视着所有的明枪与暗箭，我努力做到泪尽而喜，努力做到却道天凉好个秋，努力做到一笑了之，努力做到‘小楼一夜听春雨，深巷明朝卖杏花’。”①他的快乐建立在沧桑与苦难之上，是历经痛楚后的诗意与超脱，这种快乐更具有完整性与深刻性。由此看来，“乐感文化”所追求的乐并非是动物式的自然产物，而是后天修养的某种成果。王蒙这种“乐以忘忧”的人生态度是一种充满辩证思维的文化人格。因为这种快乐并不是否定不快乐与负面情绪的存在。各种情绪都会出现，关键是不能在负面的心态中沉没。在王蒙看来，这个世界总会有路可走。“今天不快，明天就一定要快起来；这条命不快，另一条命一定要快起来；这个角落不快，另一个角落里一定要快起来亮起来。我从小受的影响是历史是在前进的，明天一定、终究会比今天好，坏事是代价，付出了代价就会得到收获。生命是开阔的，事业是阔大的，祖国是辽阔的，世界是雄浑的，历史是丰富的，你有什么可忧愁难解的呢？”②

王蒙之所以具有如此乐观的心态，源于他内心的光明与坦荡。因为他坚信“君子坦荡荡，小人长戚戚”。他说：“我喜欢这个世界。我喜欢正常的一般的生活琐事。我喜欢的太多。我不喜欢的太少。我最不喜欢的是装腔作势、卖友求荣、乖戾恶毒。我不明白为什么那么多人以自身为标尺为剪刀，试图以之剪裁与否定丰富的大千世界，剪裁与否定磅礴的历史进程。我相信生命的意义在生活之中而不是生活之外。我相信，只能用光明战胜阴暗，而不能用阴暗去与阴暗作斗争，只能用乐观战胜悲观消极，而不能用一种悲观替代另一种悲观……我手中的武器只能是正直、光明、坦荡、宽阔、实干、出活儿，而不是相反。”③他非常喜欢在王阳明故居看到的一句名言：“吾心光明。亦复何言？”这与王蒙的心理气

① 王蒙：《王蒙自传·第3部·九命七羊》，花城出版社2008年版，第139~140页。

② 王蒙：《王蒙自传·第3部·九命七羊》，花城出版社2008年版，第139页。

③ 王蒙：《王蒙自传·第3部·九命七羊》，花城出版社2008年版，第148页。

质与人格理想十分吻合，也正是王蒙文化人格的一种真实写照。

从学者的评价以及王蒙的自我表达中，我们可以看出王蒙文化人格中极为乐观、极为阳光的一面，这得益于中国优秀传统文化中“乐感文化”的滋养和熏陶。王蒙文化人格的这一特征也为人们树立了榜样，启示我们在人生中要有直面挫折的勇气与克服困难的信心。

三、肠热黎民的政治情怀

从王蒙著作的传播效果中还可以看出，“政治”与王蒙的经历、思想与人格密不可分。诸多学者的研究都指向了王蒙与政治的关系，显示出了王蒙文化人格的又一特征，即肠热黎民的政治情怀。蔺春华指出：“政治信仰是走进王蒙精神世界路途上的一座必然经过的界碑。王蒙对政治的投入和深切的结缘，是中国新民主主义革命运动进程中知识分子的必然选择与他本身的内在要求遇合的结果。”①温奉桥认为，“在中国当代文坛上，王蒙是个复杂的存在。王蒙既是一种‘现象’，更是一种本质性、‘寓言性’的存在形式，他是一个时代的‘标本’，他标志着中国文学的一种永远挥之不去的潜在‘情结’——政治意识。”②的确，王蒙的创作实践打下了共和国各个时期的政治烙印，他的作品被学者称为“共和国事业的一面镜子”。但他的创作从来不是止于政治，而是以文学和艺术的视角对政治进行审视和观照，对社会问题进行艺术的考察与剖析，从而给人以深刻的警醒与思考。

冯友兰曾提到过中国哲学的问题和精神，他认为中国哲学的主要传统是既入世又出世的，中国哲学的任务在于把像入世与出世这样对立的反命题统一成一个合命题。中国哲学把能在理论上和行动上完成这个统一的人视为圣人。中国圣人具有“内圣外王”的人格。他既包含一个人的修养，又涵盖其社会功用。照中国的传统，圣人的人格既然是“内圣外王”的人格，那么哲学的任务就是使人具有这种人格。哲学讲的是“内圣

① 蔺春华：《王蒙文化人格论》，中国社会科学出版社 2010 年版，第 4 页。

② 温奉桥：《论王蒙小说的政治意识》，载《山东省青年管理干部学院学报》2004 年第 3 期。

外王”之道，所以哲学必定与政治思想不能分开。尽管中国哲学各家不同，各家哲学无不同时提出了它的政治思想。并且，所有哲学都以这种或那种方式与政治思想联系着，就像柏拉图的《理想国》既代表他的整个哲学，同时又是他的政治思想。而王蒙的人格与其政治思想及情怀有着紧密的联系。

王蒙很早就表现出对于政治的关切与热情。他在自传的第 1 部中叙述到：“此后，父亲随李新同志去了解放区，到父亲的老师范文澜任校长的北方大学去了。而我，也立即跟随何平走上了一心要革命的道路。”① 在自传的第 2 部中，王蒙自己在问：“我究竟是谁?”他回答说：“王蒙其实很简单，他自幼参加了革命，他对待革命充满理想主义的憧憬，他的理想有时碰壁，但是他并不因为理想主义的不完全成功而干脆否定革命的初衷与实践。……王蒙经历了考验，一次次付出了代价，他从来与中国的老百姓中国的贫瘠而又亲爱的土地在一起，与中国的知识分子、干部、中国社会的中坚力量，实实在在地干事业、办好事的人在一起，也是和对于中国怀有善意的理解与祝愿的朋友们在一道，有福同享，有难同当。”②

王蒙对人民和社会的极大关心，对政治的高度关注在他的一段自述中表达的淋漓尽致：

> 听着阔别十年以后又唱起了“洪湖水，浪打浪……”我悲从中来。听着“一道道山来一道道水，咱们中央红军到了陕北……”我痛苦失声。看着电视屏幕上的京剧《蝶恋花》，听到李维康扮演的杨开慧唱到“爱晚亭”，唱到了“橘子洲头”，我热泪横流。听到了常香玉唱郭沫若的词：“大快人心事，揪出‘四人帮’，揪出‘四人帮’啊吭啊吭啊……”我笑声咯咯响。我都奇怪，我怎么还是这样关心政治？做一个文人雅士，做一个遗老遗少，做一个世人皆浊我独清，世人皆醉我独醒的独善其身的高人，岂不更好？然而我已经不可救药，我已

① 王蒙：《王蒙自传·第 1 部·半生多事》，花城出版社 2006 年版，第 42 页。

② 王蒙：《王蒙自传·第 2 部·大块文章》，花城出版社 2007 年版，第 227 页。

> 经入世极深，我仍然感情炽烈，我仍然爱憎分明。不论我怎么样地收缩再收缩，认命再认命，矮小再矮小，难得糊涂，装傻充怔，养猫养鸡，做饭烧鱼……我仍然心系中国，心系世界，心系社会，关切着祝祷着期待着中国历史的新的一页。①

王蒙对自己的政治情怀作了酣畅淋漓的情感性表达，这种情感的真实流露也印证了学界对王蒙的评价。

另外，值得注意的是，王蒙的作品《这边风景》获得了第九届茅盾文学奖，这也是其著作传播效果的反映，作为具有官方性质文学奖项的茅盾文学奖，王蒙能够获此荣誉也说明了其作品的内涵是与主流价值相符合的。这从他作品的颁奖辞中便可以体现：

> 在王蒙与新疆之间，连接着绵长繁茂的根系。这片辽阔大地上色彩丰盛的生活，是王蒙独特的语调和态度的重要源头。《这边风景》最初完稿于近四十年前，具有特定时代的印痕和局限，这是历史真实的年轮和节疤，但穿越岁月而依然常绿的，"是生活，是人，是爱与信任，是细节，是倾吐，是世界，是鲜活的生命"。在中国当代文学中，很少有作家如此贴心、如此满怀热情、如此饱满生动地展现多民族共同生活的图景，从正直的品格、美好的爱情、诚实的劳动，到壮丽的风景、绚烂的风俗和器物，到回响着各民族丰富表情和音调的语言，这一切是对生活和梦想的热诚礼赞，有力地表达了把中国各民族人民从根本上团结在一起的力量和信念。②

从这段对王蒙《这边风景》的评价中即可看出王蒙对政治的关心以及对人民的关怀与大爱。温奉桥说："王蒙代表了一种传统，一种永远心怀天下、心系人民的伟大的人道主义传统，王蒙是一个伟大的人道主义者，是人民作家。他所有的作品都与人民同呼吸、共命运，因此，他又是文

① 王蒙：《王蒙自传·第1部·半生多事》，花城出版社2006年版，第378页。

② http：//blog. sina. com. cn/s/blog_ 597233ce0102wdmq. html

学上的人民的代言人。"①王蒙还被温誉为这个时代文学的良知和代表，是个体制内作家，而且是一个具有强烈"执政心态"的作家。

在第二届尼山国际讲坛上，王蒙在主题演讲中从中国菜和中国汉字说起。他认为喜欢中国菜和喜欢唐诗宋词，说明了有中国心，是一种爱中国的表现，对中国的爱是一种心腹之爱。爱国是中华文化的一个基础。对于文化是从哪里来的，王蒙说，中国人的解释是从人性当中来的。我们说的善良、美德和仁爱，按儒家的说法是天性，从天那里来的。天是什么？天是自然，天就是"上帝"。在老子的《道德经》中，"道"出现了78次，"天"出现了92次，老子的思路是独一无二。在老子的思想中可以归纳出：自然就是上帝；上帝就是人性；人性就是文化；文化就是道德；道德就是仁政；仁政就是理想国、仁政就是理想的政府。② 王蒙视爱国为中华文化的根基，将文化的起源归于人性，表明了他对国家和人民都有深厚的感情。

四、结语

既然中国哲学的任务是使人有"内圣外王"的人格，王蒙做到了。从王蒙著作的传播效果，这一示范效应的表现之一中看出，王蒙的人格将中国传统文化中的出世与入世精神做到了和谐统一，他不仅重视内在的修养，也关心人民疾苦，关注社会与政治动态。宽容中和的审美心胸，"乐以忘忧"的人生态度以及肠热黎民的政治情怀，三者是王蒙文化人格的具体表现，它们与中国哲学的精神相契合，凸显了中国哲学所讲的"内圣外王"之道。仁与智的统一，情与理的渗透，内圣外王的圆满传统塑造了王蒙文化人格光辉的整体。这也正是王蒙文化人格具有示范效应的前提。

在众多对王蒙的评价中，澳门大学致王蒙先生的赞词最为全面、中肯，一位令人瞩目和敬仰的大家形象跃然纸上：

---

① 温奉桥：《王蒙文艺思想论稿》，齐鲁书社2012年版，第3页。

② http：//www. huanqiunet. com. cn/sh/view？id=1121

中国当代卓越的文学家，文化界杰出的领导人，世界著名的文化活动家——王蒙先生，以突出的创作才华、深厚的学术功力，丰富的领导经验，成为一个时代以及共和国一代人文化创造精神及其应有辉煌的个体体现。

卓著的文学成就使得王蒙在世界文化格局中取得了代表中国人民呐喊的资格，不懈的精神追求使得面对文化历史长河取得了代表现代中国发言的权力。

王蒙博士的文化创造力像天堂之火在他周边的世界无可遏制地燃烧、蔓延。他的古代文化研究和现代思想研究同样淬发出智慧的灼热，他轻松自如地转换着作家与学者的身份，在深味文学之甘甜的同时又深得学术之三昧。

堪称卓越的领导才能又使得他在一个特定的时代成为中国文化界的良心。①

王蒙在文学界的地位是如此之高，贡献是如此之大，以至学界还不能完全认清王蒙意义的全部。在朱寿桐看来，王蒙研究一般还停留在文学批评层次，停留在批评本体论的意义上，而体认学术研究层面和学术本体意义上的王蒙研究在汉语新文学研究乃至在中国当代文学研究中，尚处于较为薄弱的环节。② 但也正如王蒙自己在《深的湖・自序》中所言："生活是一个谜，艺术也是一个谜，人们在追求、在接近，却永远也不可能穷尽它的谜底。生活是深的湖，艺术也是深的湖，人们生于斯，长于斯，游于斯，却谁也不可能贯通它的所有的层次。"③诚然，王蒙作为一个独特的文化存在，一个无法绕开的社会现象，他的文化人格也需要人们深入开掘，因为作家在人格上的光辉会使其作品发出更加夺目的光彩。无论我们的认识多么局限，但可以预见的是，王蒙在历史及社会上都势必有一种持续的社会文化效应及示范效应，吸引着更多学者去探索和发掘王蒙的意义与价值。

① 朱寿桐主编：《论王蒙的文学存在》，南京大学出版社 2015 年版，第 217 页。

② 朱寿桐：《探讨王蒙研究的学术理路》，《理论学刊》2010 年第 1 期。

③ 转引自：丁玉柱：《王蒙简论》，中国海洋大学出版社 2003 年版，第 320 页。

参考文献

[1]丁玉柱：王蒙简论[M]. 青岛：中国海洋大学出版社，2003.

[2]黄晓钟等：传播学关键术语释读[M]. 成都：四川大学出版社，2005.

[3]邵培仁：传播学(修订版)[M]. 北京：高等教育出版社，2007.

[4]李泽厚：中国古代思想史论[M]. 北京：生活·读书·新知三联书店，2008.

[5]蔺春华：王蒙文化人格论[M]. 北京：中国社会科学出版社，2010.

[6]朱寿桐：探讨王蒙研究的学术理路[J]. 理论学刊，2010(1).

[7]温奉桥：王蒙文艺思想论稿[M]. 济南：齐鲁书社，2012.

[8]冯友兰：中国哲学简史[M]. 涂又光译. 北京：北京大学出版社，2013.

[9]朱寿桐：论王蒙的文学存在[M]. 南京：南京大学出版社，2015.

(作者简介：高文强，武汉大学文学院教授、博士生导师，武汉大学中国文艺评论基地工作委员会委员，主要研究中古文学与文艺理论)

论阎连科小说创作的示范效应

陈竺羿　刘春阳

引　　言

阎连科在中国当代文坛乃至世界文坛都是一位标杆性的作家，其小说创作在海内外形成的示范效应令人瞩目。具体到学术界对于阎连科的研究状况，从总体上看，相较于对其小说创作的思想内容、语言风格以及文体探索等方面的研究而言，其示范效应受到的关注度并不高，研究也比较薄弱。涉及阎连科小说创作所取得的成就和影响的言论，最常出现在阎连科创作年谱的罗列中，或散见于一些立足个别文本的论文、评论和新闻报道里，或见于有关阎连科的小说创作在法、韩、德等国翻译和接受情况的研究论文中，而宏观把握其示范效应的总体研究较少。目前最新最全面的关于阎连科小说创作示范效应的研究应该是浙江师范大学刘江凯老师的研究论文《“胀破”的光焰：阎连科文学的世界之旅》①，该文详细论述了阎连科作品在海外的翻译接受情况，但遗憾的是，对国内的影响略语而过，而且没有把阎连科小说创作的特色和意义与其示范效应的动态形成过程联系起来。本文立足于前人的研究成果，将从其独特的“乡土边缘书写”出发，尝试分析阎连科的小说创作在海内外之所以引起墙里墙外遍地开花的示范效应的因由。

① 刘江凯：《“胀破”的光焰：阎连科文学的世界之旅》，《当代作家评论》2016年第3期。

一、书写乡土边缘地带，文坛崭露头角

纵观中国“五四”之后的百年文学史，“乡土文学”无疑是最蔚为壮观的分支之一。与众多前辈作家一样，山沟地谷孕育而出的阎连科，其最初的小说创作也是贪婪地汲取着乡土资源。只是，阎连科并没有延续鲁迅的“国民性批判”和沈从文“田园牧歌”的温情基调，也不似后来左翼作家艾芜等人描写的农村阶级革命，丁玲、周立波的农民翻身解放的土改运动，赵树理、柳青、浩然的社会主义乡村建设，更不同于韩少功等寻根作家在乡土中寻找民族文化的生命力，而是立足自己所处的时代，勇敢地直面乡土残酷的生存现实，把笔尖指向“乡土边缘”地带，展示乡土疑难怪病，披露乡土基层权力①，逐渐在内地文坛收获了一些褒赞的声音，开始崭露头角。

1. 展示乡土疑难怪病

阎连科小说书写的“乡土边缘”，不是指地理意义上的“边缘”。事实上，作为文学豫军的一员，阎连科笔下的乡村恰恰位于中原腹地。这里的“边缘”是指阎连科小说所描写的乡村大多不仅仅发展落后，生存环境恶劣，而且还与现代中国的“主流”社会呈现出一种隔绝、断裂的状态。无论是早期小说的“瑶沟系列”还是稍后的“耙耧系列”，村庄都位于偏僻的沟涧深皱之中，都被国家现代化进程的高速列车所抛弃，仍然处于贫困和封闭状态。例如《日光流年》的三姓村，是一个几乎被世界遗忘了的角落。县里的地图上没有这个村，也不知道它属于哪个县哪个公社，甚至几十年间从来没有外人通知过村里开会。

这样一片封闭隔绝的“乡土边缘”地带，不是黄发垂髫皆怡然自乐的桃花源。生活在这片土地上的人们，承受着疑难怪病的肆虐。三姓村的

① 对乡土疑难怪病和基层权力的书写构成了阎连科小说的筋骨血肉。从成名作《两程故里》《瑶沟人的梦》《耙耧天歌》《乡间故事》《黑猪毛，白猪毛》《日光流年》到《受活》《丁庄梦》，再到近两年的《炸裂志》《日熄》，阎连科几乎每一部小说的内容都离不开疾病和权力。

村民身患“喉堵症”，没有人能活过四十岁；《耙耧天歌》的尤四婆家隔代遗传生下了一窝痴呆傻；《受活》的村庄里住着上百个聋哑瞎瘸的残疾人；《丁庄梦》更是描写了让坟墓如雨后春笋般冒起的世纪绝症——“热血病”。这些村庄由此更加不被外界接纳，最终彻底被外界抛弃，自生自灭。

即便如此，村人们也没有放弃与疑难怪病的不懈抗争。只是，在抗争的过程中，三姓村人男的卖皮女的卖淫；耙耧的尤四娘挖坟取头骨熬汤，最后自杀献出自己的脑浆为子女治病；受活庄人以残缺的身体为噱头巡回演出；丁庄人大规模卖血以治血病。通过出卖生命从而换取生命的苟延残喘，与疑难怪病进行的反抗也不过是一出充满悖论的宿命惨剧。

2. 披露乡土基层权力

然而，阎连科对“乡土边缘”地带的书写，并没有流于对各种怪病的展示，而是将笔触更进一步对准了乡村基层权力的爪牙，而正是后者抓出了整个乡村的生命伤痕。在“乡土边缘”地带，当基层权力和贫穷、疾病狼狈为奸时，人性扭曲了，道德沦丧了，生存的苦难和绝望在生命的血泊中进一步滋生。《乡间故事》中名叫“阎连科”的主人公为了进入乡村的基层权力系统，先是追求村长的三姑女，而后哄骗即将上任的副乡长之女。《黑猪毛，白猪毛》中，镇长不小心撞死了人，吴家坡的村民却绞尽脑汁替镇长受牢狱之灾。《日光流年》的村人为了翻新土地，献上面容姣好的蓝四十去侍奉公社的卢主任。这似乎非常荒谬，但只有这样才能和权力拉上关系，才能在这块贫困的土地上为自己、为家人乃至为全村村民占有更多的生存资源。生存的绝境陷入了伦理的绝境。因此，在疾病和权力的双重压迫下，阎连科的小说人物总是被推到生死临界点，与疾病、权力进行不懈的斗争，但这种斗争又注定了是一种西西弗斯式的努力，充满了悖论和荒谬不经。

3. 文坛崭露头角

与阎连科同时代的大多数乡土作家的小说，“对于乡村世界所出现的问题，它们采取的是一种温和的而不是批判性的立场，它们要维护现实秩序的合理性。所以……它们只能以转喻的方式，居高临下地给出一个表面的解救，以一种模棱两可的方式给现实困难一个象征性的解决。"①甚至那些影响力较大的作品，例如陈忠实的《白鹿原》，余华的《活着》、《许三观卖血记》，莫言的《红高粱家族》，王安忆的《长恨歌》等，在阎连科看来，也对当下的乡土现实采取了绕道而行的回避或暧昧含糊的态度。阎连科则相反，他更勇于承担当代文学的责任，以严峻冷酷的批判姿态，诉说着"乡土边缘"生存的残酷，并在残酷中表达着对人的生存本质这种具有终极关怀意义问题的理性思考。这显示了他的批判和独立精神，在中国当代作家中显得难能可贵。

也正是阎连科的"乡土边缘"地带的书写，才真正为他引来了中国当代文坛的注意。1988 年，他发表了《两程故里》，这是他的作品中第一部带有明显的乡土"边缘"地带书写色彩的小说。同年，《两程故里》获"《解放军文艺》优秀作品奖"，阎连科本人获"昆仑青年作家奖"。《昆仑》编辑部和《小说选刊》编辑部特意联合召开了一场"阎连科作品研讨会"。阎连科此前数十年的写作都没有获得如此多的荣誉和优待。此后阎连科开启了小说一旦见刊就会被多家刊物转载，见刊后立即有出版社签约购买版权，发行单行本，甚至被一版再版，以及在内陆文坛频频开花拿奖的时代。如 1997 年发表的中篇小说《年月日》创下了同时被六家报刊转载的记录，并获得第二届鲁迅文学奖，第八届《小说月报》百花奖，第四届上海"长中篇小说优秀作品大奖"等。1998 年发表的《日光流年》几乎每隔两三年就要被不同的出版社再版一次，市场销售火爆。

其作品的"乡土边缘"地带的书写，也成了文学界和批评界越来越绕不过去的重要话题。在 1998 年《日光流年》发表之前，关于阎连科的小说创作只有一些零碎的论文评论，数量也不多。到了本世纪，学界于《当代作家评论》这样的重要刊物上一再以大版面发表有关阎连科的评论专辑。以王德威、陈思和为首的多位重量级批评家，针对阎连科"边缘乡土"的疾病和基层权力的小说创作，纷纷撰文发表评论，给予多角度的讨论和充分的肯定。其中，王尧站在文学史的高度上，对阎连科的"乡土边缘"书

① 刘复生：《历史的浮桥：世纪之交"主旋律"小说研究》，河南大学出版社 2005 年版，第 56 页。

写意义给予了高度概括："阎连科对乡土中国的书写，发现了现代化叙事遮蔽了的'边缘'地带，也完成了他作为写作中的'劳苦人'的身份确认，因而改变了'现代中国'叙事的构成。这样的写作，让阎连科和'主旋律'乡土小说家相区别，有了这一区别，'乡土中国'的叙事呈现出不同面貌。"①

二、保持创作生命力，盛名得以久负

崭露头角后的阎连科，在万花筒一般色彩斑斓的现代商品社会，并没有眼花缭乱，迷失创作方向，依旧蘸着伤痕累累的生命渗出的血迹，坚持书写着那片"乡村边缘"土地上的苦难、美丑和一切的不可思议，展示出独立执著的写作姿态，并且不断摸索、创新写作文体，使得"乡土边缘"的书写如虎添翼。最终，他避开了昙花一现，流星一闪的创作命运，一路高歌猛进，直至今天，也依然保持着旺盛丰沛的创作力。时有新作，如投湖之石荡出圈圈波纹那般漾起出版界、学界和评论界一波又一波热切的关注和赞誉，持续扩大着自己小说创作的示范效应。

1. 独立执著的写作姿态

有意思的是，阎连科小说创作的初衷带有极强的功利心。十八岁那年，他偶然看到了张抗抗的《分界线》，得知这是一位北大荒的知青，因为创作这篇小说而被抽调到哈尔滨工作，离开了农村。深受启发的阎连科第一次产生了依靠写作逃离这片"乡土边缘"地带的念头，继而想要住进城里的高楼大厦，娶城里的漂亮姑娘。正如那篇小说的题目一样，这件事也成了阎连科人生的分界线。

可是，凭借小说创作成功逃离"乡土边缘"的阎连科，却在愈发喧嚣浮躁的写作氛围中，一如既往地关注着那片苦难的大地。即使那些和他一样是"进了城的农民作家"，一个个都活成了贾平凹笔下的"庄之蝶"，阎连科也不为所动。他清醒地知道，就像福克纳对"邮票之乡"、马尔克

① 王尧：《一个人的文学史——阎连科小说及相关问题平议》，载《当代作家评论》2007年第5期。

斯对马孔多镇、大江健三郎对峡谷的坚守那样，“我只有守在这里，写作才有希望；我只有在这里坚守，写作才不会枯竭，才有可能达到彼岸，才有可能(仅仅是可能)写出真正具有世界意义、人类意义的作品来”①。至于那些今天充斥着图书市场的下半身写作，高居于网络榜首的暴力文学，最后都将如《炸裂志》中的超级大都市一样，一切终于一场荒诞的大爆炸。所以，也许在中国当代文坛，阎连科不是最优秀的一个，但他在商品经济的浪潮中，在写作姿态的坚守上，他一定是独立执著、一以贯之的。

2. 不断创新的写作文体

不仅如此，阎连科还为这片“乡土边缘”地带的书写，摸索、寻找着最合适的文体。寻找“文体”的支持，源于阎连科“讲故事”的困厄，源于创作的生命力出现了衰竭的苗头。他意识到：“在21世纪，我们不能用18、19世纪的写作方式去讲21世纪的故事。”②作家的角色就应该像川剧的变脸，可以变幻出的每一部小说，其文体都具有差异性和唯一性。

阎连科便站在“乡土边缘”地带的土地上，一边汲取着民间传统文学的养分，一边将目光投向了西方的现代主义文学。他在小说的文体结构上，“尽可能用一种新的方式去表达的，尽可能吸收中国以外更先进、更新鲜的东西”③。于是，《日光流年》就像西方的“倒带小说”那样从死向生追溯，在苦难和绝望的生存处境中追问生命的原初意义。《受活》的注释絮言占据了一章又一章的篇幅，参与着小说文体结构的构建。采取现代地方志结构的《炸裂志》，以及让人想起萨拉马戈的《失明症漫记》的最新作《日熄》，则具有高度的荒诞和寓言色彩。阎连科在每一部小说的文体形式上都实现了创新和突破，避免落入局限于某一种叙述方式或某一种结构形式的窠臼。

3. 热议不减，盛名久负

于是，评论界沸腾了。王一川给《日光流年》的文体命名为“索源体”，

---

① 阎连科：《一派胡言：阎连科海外演讲录》，中信出版社2012年版，第168页。

② 阎连科：《阎连科文论》，云南人民出版社2013年版，第245页。

③ 阎连科、姚晓雷：《“写作是因为对生活的厌恶与恐惧”》，《当代作家评论》2004年第2期。

并评论说，在文体创造的意义上，“这部索源体小说完全可以列入中国现代长篇小说杰作的行列”①。《受活》中用“注释体”打破了文体的完整和封闭，却在零碎中诡异地达到了故事的统一，无疑是乡土写作的一种文体实验。陈晓明对其开创意义给予了高度评价，认为在《受活》之前的乡土中国的写作，总是投靠于“现实主义”这棵大树，现代主义或后现代主义的文体嵌入总是力不从心。“现在，阎连科抛出了《受活》，它一本正经地嘲弄了现实主义的乡土中国，它把我们所认为的后现代之类的去中心、历史祛魅、文本开放与黑色幽默的多样性元素卷进了它的小说叙事，如此纯粹的乡土，却又显示出如此强大的文本内爆力，它使乡土中国以其自在的形象反射出后现代的鬼火。”②换句话说，阎连科给其他乡土作家做出了用西方现代、后现代的小说文体契合书写乡土中国的成功示范。同时，《受活》发表当年，因为影响巨大，香港凤凰台“名人面对面”栏目与阎连科进行了访谈并播出。2004 年它入选“年度中国小说排行榜”，2005 年 2 月获得第三届老舍文学奖，拿走了唯一一个优秀长篇小说奖，3 月获第二届“二十一世纪鼎钧双年文学奖”，并于 2010 年入选《南方周末》评选的“三十年十大好书”。

而阎连科近两年越来越荒诞化、狂想化的“寓言体”小说《炸裂志》、《日熄》等，则进一步超越了“现实主义”。最终，阎连科在文体探索的基础上，开创出“神实主义”的创作道路。“在创作中摒弃固有真实生活的表面逻辑关系，去探求一种‘不存在’的真实，看不见的真实，被真实掩盖的真实。”③他的“神实主义”用看似不可能、不真实的荒诞情节，展示了在乡土“边缘”地带，疑难怪病和基层权力践踏下的残酷真实。发表当年，《炸裂志》就被新浪网、搜狐网、凤凰网等网站和《亚洲周刊》、《中国日报》、《济南时报》等报纸评为“2013 年度十大好书”，阎连科本人也获得了《中国新闻周刊》“影响中国”2013 年度文化人物。

最终，阎连科保持了自己的创作生命力，延续着在当代中国文坛的

① 王一川：《生死游戏仪式的复原——〈日光流年〉的索源体特征》，《当代作家评论》2001 年第 6 期。

② 陈晓明：《他引来鬼火，他横扫一切》，《当代作家评论》2007 年第 5 期。

③ 阎连科：《发现小说》，人民文学出版社 2014 年版，第 154 页。

盛名。他的个人文集越来越丰富，从1997年吉林人民出版社的五卷本到2007年人民日报出版社的十二卷本，再到今天的十七卷本。学界的关注热度不降反升，几乎阎连科每发表一部小说，学界就会召开一次研讨会，讨论他的创作态度和文体创新。评论的文章和论文越来越多，一再汇成专辑出版见刊。

同时，对书写“乡土边缘”地带的坚守，向西方现代主义小说借鉴的文体创新，阎连科踏上了一条独具个人风格的“神实主义”的创作道路，就像福克纳走出他的“邮票之乡”，马尔克斯离开马孔多镇那样，从自己的“乡土边缘”地带走向了世界。在这个过程，阎连科“乡土边缘书写”中的批判性与荒诞性，受到了海外读者的认可，逐渐在海外形成了遍地开花的局面，示范效应令人瞩目。

三、批判与荒诞并行，海外遍地开花

2006年，《为人民服务》在法国出版，阎连科的小说正式踏上了世界之旅。不可否认，阎连科小说在推开世界大门之初，离不开西方对中国政治的窥探欲。但是，最终阎连科的小说能够形成海外遍地开花的示范效应，绝不是因为满足了西方的政治猎奇这么简单。正如阎连科的版权代理人陈丰所说：“在世界各国，没有一个作家可以长期靠对政治的关注而被其他语种所长期喜爱和关注……阎连科的作品在法国出版后，无论是书评、媒体采访还是与读者见面，中国政治最多只是一个引子，大家关注的还是文学本身、文本本身……他们试图读懂作品揭示的深层的社会问题。”①

事实也是如此，有不少西方学者和评论家在不断阅读阎连科的过程中，逐渐抛开最初的政治猎奇，从小说文本出发，注意到了始终笼罩在阎连科小说世界的疾病和权力，而这两者完成了阎连科对中国“乡土边缘”现实的批判，揭示了金钱和政治背后的非理性与荒诞。例如，面向大众读者的《华尔街日报》在评论《受活》时就指出：“人生就是一场杂耍。

① 陈丰：《阎连科作品在法国的推介》，《东吴学术》2014年第5期。

这是阎连科的荒诞主义之作《列宁之吻》的主旨。一个发生在当代中国的政治疯狂和贪婪的故事……《列宁之吻》嘲讽了资本主义行为与共产主义意识形态相混杂的方式……《列宁之吻》尖刻地讽刺了一个盲目崇拜金钱和权力、阿谀奉承的社会。"①面向高校学者的《亚洲研究期刊》在评论《丁庄梦》时指出："在一系列离奇的事件(描述政府如何利用艾滋病的牟利潜力)和对农村艾滋患者的苦难现实主义描写的交替中，《丁庄梦》既是一个有关中国心脏地带道德真空的强有力的讽喻，也是有关道德缺失(即血液感染丑闻)如何摧毁了一个社群这一例证的一种历史记录。"②因此，阎连科的小说在海外获得成功，究其根本，还是在于其小说内容所具有的批判和荒诞性受到了西方读者的肯定。

1. 多语种翻译出版不断

近年来，阎连科的小说在出版社、策划人、经纪人等组成的运作团队的策划下，以张弛有度的译介模式，掀起了一场多语种翻译出版的高潮。其中，韩国是海外出版翻译阎连科小说作品最多的国家，目前为止一共有八部，比最先译介其作品的法国还多出一部，其中"《为人民服务》一书已经印至第6版"③，韩国子音母音公司甚至从2013年开始策划出版《阎连科全集》。就连在一向冷落中国作家的日本，阎连科的《丁庄梦》也销售火爆，而且还出版了盲文版。此前中国作家中只有鲁迅、老舍的作品在日本被译成盲文。2014年底上市的《受活》，则"创造了中国作家作品在日销售的奇迹，四个月之内再版三次，此前在日再版过的中国小说仅有贾平凹的《废都》。"④除了在亚洲国家，阎连科的小说还被翻译成英语、德语、意大利语、西班牙语、葡萄牙语等二十多种语言，其翻译语

---

① Clarissa Sebag-Montefiore, "Absurdist China", *Wall Street Journal*, Nov. 8, 2012.

② Julia Lovell, "Finding a Place: Mainland Chinese Fiction in the 2000s", *The Journal of Asian Studies*, 2012(71): 7-32.

③ [韩]金炅南:《中国当代小说在韩国的译介接受与展望———以余华、苏童小说为中心》,《中国比较文学》2013年第1期。

④ 罗皓菱:《阎连科〈受活〉日文版上市热销》,《北京青年报》2015年3月26日。

种之多，传播范围之广，受欢迎程度之高，在中国当代作家中并不多见。

为了方便一览阎连科小说在海外的翻译出版情况，我们按照语种、数量和时间，列出几个具有代表性的译本，具体如下：①

语种	中文名	外文名	译者	出版社	出/再版年份
韩语（8部）	为人民服务	인민을 위해 복무하라	김태성	웅진지식하 우스	2008年
	丁庄梦	딩씨 마을의 꿈	김태성	아시아	2010年
	四 书	사서	문현선	자음과모음	2012年
	坚硬如水	물처럼 단단하게	문현선	자음과모음	2013年
	夏日落	여름 해가 지다	김태성	글누림	2012年
	风雅颂	풍아송	김태성	문학동네	2014年
	日光流年	흐르는 세월	暂缺	자음과모음	2015年
	炸裂志	작열지	暂缺	자음과모음	2015年
法语（7部）	为人民服务	Servir le peuple	Claude Payen	P. Picquier	2006/2009年
	丁庄梦	Le rêve du village des Ding	Claude Payen	P. Picquier	2006/7年
	年月日	Les jours, les mois, les années	Brigitte Guilbaud	P. Picquier	2009年
	受 活	Bonsbaisers de Lénine	Sylvie Gentil	P. Picquier	2009年
	四 书	Les quatre livres	Sylvie Gentil	P. Picquier	2012年
	日光流年	La fuite du temps	Brigitte Guilbaud	P. Picquier	2014年
	炸裂志	Les Chroniques de Zhalie	Sylvie Gentil	P. Picquier	2015年

① 此表在浙江师范大学刘江凯老师的表格基础上有所修改补充。原表可见刘江凯：《“胀破”的光焰：阎连科文学的世界之旅》，《当代作家评论》2016年第3期。

续表

语种	中文名	外文名	译者	出版社	出/再版年份
英语(6部)	为人民服务	Serve the people!	Julia Lovell	London：Constable Melbourne：Text Publishing Berkeley：PGW NY：Black Cat	2007年 2007年 2008年 2008年
	丁庄梦	The Death of Ding Village/ Dream of Ding Village	Cindy Carter	London：Constable Melbourne：Text Publishing NY：Grove Press	2009/2011年 2011年 2011年
	受 活	Lenin's Kisses	Carlos Rojas	NY：Grove Press Melbourne：Text Publishing London：Chatto & Windus	2013年 2012年 2013年
	四 书	The Four Books	Carlos Rojas	London：Chatto & Windus NY：Grove Press Melbourne：Text Publishing	2015年 2015/2016年 2015年
	耙耧天歌	Marrow	Carlos Rojas	Penguin Books China	2016年
	炸裂志	The Explosion Chronicles：A Novel	Carlos Rojas	NY：Grove Press Melbourne：Text Publishing	2016年 2016年

续表

语种	中文名	外文名	译者	出版社	出/再版年份
日语（6部）	为人民服务	人民に奉仕する	谷川毅	东京：（株）文藝春秋	2006年
	丁庄梦	丁庄の夢	谷川毅	东京：河出書房新社	2007年
	受 活	愉楽	谷川毅	东京：河出書房新社	2014年
	四 书	四书	桑岛野夫	东京；（株）岩波书店	2015年
	年月日	年月日	谷川毅	东京：（株）白水社	2016年
	炸裂志	炸裂志	泉 京鹿	东京：河出書房新社	2016年

2. 国外文学大奖青睐有加

除了多语种翻译出版火热，阎连科的小说创作还频频受到国外文学大奖的青睐。不过，和翻译出版不同的是，并非第一部翻译的《为人民服务》而是后来的《丁庄梦》开启了阎连科的海外获奖时代。2007年《丁庄梦》被日本网站评为当年的“最佳翻译作品”，并于2012年入围“英仕曼亚洲文学奖”决选奖。

从阎连科小说已获的奖项和入围提名看，分量较重的有，《炸裂志》2013年获“花踪世界华文文学奖”，该奖项由马来西亚发行量最大的报纸《星洲日报》主办，专门颁发给在海外文学成就较大的华文作家，此前中国大陆作家只有王安忆获此殊荣。2014年《炸裂志》获“弗兰茨·卡夫卡文学奖”，这一次，阎连科成为了第一个获得此奖项的中国作家，也是继村上春树之后第二位获奖的亚洲作家。从已有的十四届获奖名单看，得奖者都是具有世界影响力的作家，例如获得诺奖的哈罗德·品特和艾尔弗雷德·耶利内克。

2015年《受活》获得了由日本读者票选的“Twitter文学奖”，阎连科成为首次获得该奖的亚洲作家，“Twitter文学奖”是民间发起的文学奖，至2015年已举办过第五届。“在评奖规则方面，作家和文学评论家不能参加投票，投票的都是文学爱好者，通常情况是发起人发出‘今年最有意义的小说是哪一部?’的倡议，读者在Twitter上转推一条，就是一票。”①可见阎连科不仅在同行眼中，而且在读者心中也是很有影响力的作家。

2016年，阎连科的小说继续接受着国际大奖的垂青。《四书》入围“布克国际文学奖”，这是英语小说界最重要的国际奖项。布克国际文学奖的官网推荐道：“《四书》分为四个故事，呼应着儒家思想的文本和新约的四部福音书，讲述了一个中国最具有争议的时期。它给我们展示了友情、爱和信仰在反抗压迫和最黑暗的境遇中的力量。”②此外，阎连科还入选了2016年诺贝尔文学奖候选名单，被中国媒体称为继莫言之后最有希望获诺奖的中国作家。

结　　语

扎根中原大地，立足耙耧山脉的阎连科，以冷峻绝望的笔调，勇敢书写生于斯、长于斯的乡土“边缘”的疑难怪病和基层权力，向外界传递乡村残酷的生存真相，丰富了“乡土中国”的叙事面貌。凭借于此，阎连科的小说创作在国内屡屡获奖，一版再版，销售火热，评论也越来越多。但文坛崭露头角后的阎连科，在商品经济的浮华中，却保持着独立执著的写作姿态，依旧在那片苦难的大地上笔耕不辍，并向西方现代文学汲

① 张中江：《阎连科获日本twitter文学奖 系亚洲首位获奖作家》，《南方都市报》2016年3月26日。

② 布克国际文学奖官网：http：//themanbookerprize. com/books/four-books-by-yan-lianke.

取养分，不断创新写作文体，充溢着旺盛的创作力，延续着在中国当代文坛的盛名。与此同时，阎连科小说创作的示范触角伸向了海外，批判性和荒诞性受到了海外读者的认可，被翻译成二十余种语言出版，多次问鼎国外文学大奖，以强势的姿态形成了海外遍地开花的示范效应。

参考文献

[1]刘复生：《历史的浮桥：世纪之交“主旋律”小说研究》，河南大学出版社，2005年版。

[2]阎连科：《一派胡言：阎连科海外演讲录》，北京：中信出版社，2012年版。

[3]阎连科：《阎连科文论》，昆明：云南人民出版社，2013年版。

[4]阎连科：《发现小说》，北京：人民文学出版社，2014年版。

[5]王一川：《生死游戏仪式的复原———〈日光流年〉的索源体特征》[J]，《当代作家评论》，2001年第6期。

[6]阎连科、晓苏：《文学·生活·想象》[J]，《读写天地》，2001年第9期。

[7]阎连科、姚晓雷：《“写作是因为对生活的厌恶与恐惧”》[J]，《当代作家评论》，2004年第2期。

[8]王尧：《一个人的文学史或从文学史的盲点出发——阎连科小说及相关问题平议》[J]，《当代作家评论》，2007年第5期。

[9]陈晓明：《他引来鬼火，他横扫一切》[J]，《当代作家评论》，2007年第5期。

[10][韩]金炅南：《中国当代小说在韩国的译介接受与展望———以余华、苏童小说为中心》[J]，《中国比较文学》，2013年第1期。

[11]陈丰：《阎连科作品在法国的推介》[J]，《东吴学术》，2014年第5期。

[12]罗皓菱：《阎连科〈受活〉日文版上市热销》，《北京青年报》2015年3月26日。

[13]张中江：《阎连科获日本twitter文学奖 系亚洲首位获奖作家》，《南方都市报》，2016年3月26日。

［14］刘江凯：《“胀破”的光焰：阎连科文学的世界之旅》［J］，《当代作家评论》，2016年第3期。

（作者简介：刘春阳，武汉大学文学院副教授，主要从事文艺美学与文艺批评研究）

论王安忆“城市书写”的示范效应

李雅欣　李　立

引　　言

自1978年王安忆发表第一篇报告文学作品《我的脸火辣辣的》至今已经有将近40年，几十年间，王安忆一直活跃在文坛上并以其风格多样、富有深度的文学作品一次次获得读者和批评家的关注与好评，其文学成就和对中国当代文坛做出的贡献值得充分肯定。为此，已有许多文学研究者对王安忆的文学历程的方方面面做过细致深刻的分析和总结，比如说南帆的《城市的肖像——读王安忆的〈长恨歌〉》、张新颖的《坚硬的河岸流动的水——〈纪实与虚构〉与王安忆写作的理想》、王德威的《海派作家 又见传人——王安忆论》和陈晓明的《身份政治与隐含的压抑视角——从〈新加坡人〉看王安忆的叙事艺术》等，这些研究论文从不同方面剖析了王安忆的作品，对我们研究王安忆这位作家给予了很大的帮助。除此之外，还有大量的关于王安忆的研究资料以书籍的形式系统地向我们展示这几十年间对作者和文本的研究成果。

本文不同于以上的针对具体作家作品的分析，而是站在历时的视角，对王安忆的作品在当代产生的示范效应做层层剖析。王安忆的文学作品中有许多的特色，就其城市日常生活题材的一系列小说（城市故事，以上海为主，故也可以叫上海故事）中的选材和视角来说，她的作品中涉及的地域和事件大多是上海和日常生活琐事，尽管王安忆在她谈话录中提到过她不愿被视为上海作家，不想被称作上海的代言人，但是不得不承认王安忆的“上海故事”的的确确起到了它在文学圈乃至社会圈的影响。因此，我们有必要探讨一下这种影响是如何产生和发展的，以及这种影响究竟起到了何种效果。本文以“城市故事”为重点，重点研究这些小说本身的特点与意义以及这些特点和意义产生的对他人、对文学圈、对社会圈的多样影响，以此论证王安忆以其细腻而深刻的作品对中国当代社会产生的积极向上的示范效应。

在开始分析之前，让我们先来了解一下王安忆的上海故事的产生和发展的大致情况。1981年《本次列车终点》可以说是王安忆上海故事初露端倪的文章，在这之后，她又在《流逝》《鸠雀一战》《69届初中生》《逐鹿中街》《悲恸之地》《好婆和李同志》《流水十三章》《悲恸之地》《米尼》《纪实与虚构》《“文革”轶事》《长恨歌》《我爱比尔》《妹头》《富萍》《上种红菱下种藕》《新加坡人》《桃之夭夭》《天香》等二十余篇小说中以上海故事为题材，其中，《长恨歌》的影响力最大。除此之外，王安忆还在《“上海味”与“北京味”》《上海和小说》《上海影像》《寻找上海》等多篇随笔或是散文短文中论说上海的景象和她的思考。由此可见，王安忆以上海为题材的文学作品数量之多，因此，她也形成了自己书写城市故事的特点，并以自身为中心形成了自己的影响圈。

一、对城市日常生活的细腻描写

(一)琐碎的日常生活

城市故事描写日常生活化是王安忆这一类小说的最重要特点，王安忆曾经说过，《长恨歌》是“一部非常非常写实的东西。在那里面我写了一个女人的命运，但事实上这个女人只不过是城市的代言人，我要写的其实是一个城市的故事”①。其实不只是《长恨歌》，或者说是《长恨歌》之后的城市故事，王安忆大体上是沿着细碎化叙事路线书写的。因为在她看来，日常生活能够突破时空的限制，具有顽强的生命力，从而保持自己的特色，因此作者也力图挖掘出日常生活的内在性。

① 王安忆：《重建象牙塔》，上海远东出版社1997年版，第191~192页。

《长恨歌》从细小琐碎的生活细节入手展现城市五十年间的变迁，文字看似理智冷峻，实则字里行间都体现着作者对生活、对城市的关注和浓厚的情感。小说写到弄堂、闺阁，写到邻里间的闲言碎语、充满油烟气味的地板和家具，以及王琦瑶世俗生活的种种细节，以小体验反映大变化。《富萍》讲述主人公农村姑娘富萍“海漂”的历程，刻画一位普通劳动者进城的劳动与生活的故事，淮海路、弄堂、烂菜皮、垃圾场，城市光鲜变化背后隐藏的巨大落差也被王安忆捕捉到，小细节背后的大问题将她引入更深入的思考。小说《新加坡人》同样是将重点放在了繁华都市的生活边缘，放在了人与人之间的微妙关系之中。

果戈理说过“日常围绕我们的，和我们须臾不分离的，普通平凡的东西，只有深刻的伟大的出类拔萃的才能才能注意到。可是，难得发生的、例外的、在严密匀称的环境中因为特别陋恶和杂乱在引起我们注意的东西，却被庸碌无能的人双手紧紧抓住。”①王安忆就是这样捕捉到日常生活的细节处，她是这样认为的：“我个人认为，历史的面目不是由若干重大事件构成的，历史是日复一日，点点滴滴的生活的演变。”②她对待历史的态度决定了她在写作时取材的倾向，“每一日都是柴米油盐，勤勤恳恳地过着，没一点非分之想，猛然间一回头，却成了传奇。上海的传奇均是这样的。传奇中人度的也是平常日月，还须格外地将这日月夯得结实，才可有心力体力演绎变故”③。王安忆就是这样完成了她的上海故事书写的第一步。

（二）细腻的女性视角

王安忆在写城市日常生活的时候不可忽略的一点就是她多采用女性视角来叙述故事。从女性视角来叙述故事在王安忆之前有张洁、张辛欣等作家，但不同于之前作家触摸到的女性主义问题，王安忆更多的是在

① 果戈理：《1836 年彼得堡札记》，转引自王元骧《审美反映与艺术创造》，杭州大学出版社 1992 年版，第 372 页。

② 王安忆、徐春萍：《我眼中的历史是日常的——与王安忆谈〈长恨歌〉》，载《文学报》2000 年 10 月 26 日。

③ 王安忆：《寻找苏青》，载《上海文学》1995 年第 7 期。

小说中通过用女性视角来展现城市琐碎的日常生活。《“文革”轶事》、《流逝》、《长恨歌》、《富萍》、《妹头》等小说都是以女性为主人公的，小说以女性视角写各个阶层的日常生活，不屈不挠的“妙妙”面对的是生活的种种困窘琐事，灵活应变的“王琦瑶”应对的是生活的起起伏伏和磨难，能干善良的“富萍们”忍受的是底层生活的贫困、粗俗。此外，《长恨歌》不仅通过描写“王琦瑶”的一生来刻画城市几十年间的变化，同时也展现女性几十年间的变迁。琐碎的城市生活和细腻的女性视角，两者相互补充又相互见证。

王安忆的女性视角描写的作用主要体现在两个方面，一是文学写作方面，突出强调了女性视角的重要性，用王安忆的话来说是：“我总是觉得世界是男女共有的，这是很平衡的生态，偏哪一方都不行。但是有一点也许和女性主义有关联，我觉得我写的那么多女性，就是因为我觉得女性比男性更具有审美性质，可能是男性在社会上活动久了，社会化了。”①“我喜欢写女性，她有审美的东西；男性也写，但是写得很少，而且不如写女性，我觉得女性更加像一种动物。”②二是女性主义理论方面，不同于张洁、张辛欣等作家展现的女性主义意识，特别是女性角色困境和感情困境的问题，王安忆表现的更多的是对女性主义意识和理论的思考和怀疑和判断，因此在她的女性视角的小说中更多的是强调女性审美性质和细腻情感，较少涉及两性对立的矛盾和冲突，王安忆在对于女性主义问题研究这一点上做出了自己的贡献，“她确乎是当代文学女性主义链条中不可或缺的一环”③。

(三)对城市现代化的思考

如果说王安忆对于日常生活的描写是她写作方式上的特点，那么她在细腻刻画城市故事的背后是想要表达对与城市发展变化更加深刻的思考。“1999 年春天，她以《寻找上海》为题写了一篇短文，直截了当地表

---

① 王安忆、刘金东：《我是女性主义者吗?》，载《钟山》2001 年第 5 期。

② 王安忆、刘金东：《我是女性主义者吗?》，载《钟山》2001 年第 5 期。

③ 陈虹：《中国当代文学：女性主义 · 女性写作 · 女性本文》，载《文艺评论》1995 年第 4 期。

示对上海现状的迷惑：从大批印刷精美的老上海的故事里，她‘看见的是时尚，不是上海’；‘再回过头来’看现实，‘又发现上海也不在这城市里’，‘新型建筑材料为它筑起一个壳，隔离了感官。这层壳呢？又不那么贴，老觉得有些虚空。’①”②也就是说，王安忆不仅只是描绘城市的表象，同时她还透过看似琐碎的日常捕捉到了它们隐藏的问题和意义。

正是基于这种迷惑，王安忆笔下的上海并不只是穿着光鲜的国际化大都市，更多的是市民化的小弄堂和窄街道，和经济迅猛发展的上海与之俱来的是城市贫富差距的明显拉大，大城市和小弄堂的对比既鲜明又让人唏嘘，王安忆就是要在这繁华都市的进步与日俱增的时候用日常生活的描写来展现自己的思考，向社会描绘一个时尚女郎的另一面。其实，王安忆看似在写上海，实际上她的创作早就已经跳出上海，代表着许多在现代化道路上飞速发展的城市，她在讲述着这些城市的共同命运。“王安忆的上海书写并不仅仅是对海派文学的一个继承和发展，它同时具有自己的时代特征，即一个后革命时代的中国语境的产物。上海的今昔与其旧日的时光对接的时候，却要穿过一个革命的中国的隧道，所以王安忆的上海怀旧和上海记忆就在双重的岁月折射中闪光，一个是前革命时代的上海摩登，一个是革命时代的上海风情。”③

二、从城市故事到城市文学

王安忆城市故事描写的日常生活化特点和她的现代化思考体现在她的多数作品中，而这些特点和意义也在读者和评论家的一次次阅读和传播中开始产生影响和作用，最先受到影响的便是文学领域。在文学领域的影响主要分为以下三点，即对于城市话题的解放、再度掀起“张爱玲

① 王安忆：《妹头》，南海出版社2000年版，第198~199页。

② 王晓明：《从“淮海路”到“梅家桥”——从王安忆小说创作的转变谈起》，载《文学评论》2002年第3期。

③ 马春花：《叙事中国——文化研究视野中的王安忆小说》，中国海洋大学出版社2007年版，第159页。

热”以及与外界接受的相互作用。

(一)城市话题的解放

在当今的文学语境中，后现代主义分解了宏大叙事、英雄叙事和传统的长篇小说，此时，王安忆又将细腻琐碎的城市日常生活带入文学圈，而“城市故事”一系列作品的成功也引起了文学圈对城市的关注和重视，使得城市这个话题重新回到文学观察和创作的聚光灯下，其对于“城市书写”的解放意义和推动作用不容小觑。

在中国现当代文学史上，“至少在相当长的一段时间内，城市在中国文学之中成为一个令人反感的符号。许多人已经形成了这样的共识：乡村是革命的发源地，乡村的简朴、穷困、贫苦、辛劳均成为先进思想的保障；相反，城市天然地具有反面涵义，城市在灯红酒绿和纸醉金迷之间布满了邪恶的诱惑，城市的商业气氛、拜金主义以及各种享乐场所无一不是滋生剥削意识的温床。显而易见，王安忆彻底地将城市从这样的文学传统之中解放出来。她把城市视为现代文明的一个必然阶段。”①王安忆也在2000年、2006年和2008年分别发表《探视城市变动的潜流——王安忆谈长篇新作〈富萍〉及其他》、《城市与小说》和《市井社会时间的性质与精神状态》等创作谈或文学评论来谈论文学与城市的关系。

“但我仍然要说，至少在整个当代文学的范围内，王安忆近来的小说创作的转变是一个非常重要的事情。它所显示的‘浪漫主义’的想象、批判和创造力量，包括它所暗含的潜在的创作障碍，都明显拓宽了人们对于当代文学、社会和精神生活的感受。而从王安忆的一些优秀的同行笔下，正有一些与‘梅家桥’和‘华舍镇’不同、却同样打动人心、引人深思的人物、故事和场景，已经和将要诞生。”②随着现代化进程的一步步加快，以及其他作家的共同推动，越来越多的创作者和评论家开始重新审视“城市”这个曾经被搁置的地域话题，关于城市故事的文学作品也逐

---

① 南帆：《城市的肖像——读王安忆的〈长恨歌〉》，载《小说评论》1998年第1期。

② 王晓明：《从“淮海路”到“梅家桥”——从王安忆小说创作的转变谈起》，载《文学评论》2002年第3期。

渐崭露头角。

(二)“张爱玲热”的再度掀起

王安忆对于城市故事的大量写作无疑是文学界“张爱玲热”较大的推动力，其促进文学圈市民化写作、远离宏大叙事、远离政治的写作潮流，从而从不同层面上影响了其他作家将城市市民化的生活体验作为写作的中心，并能够洞见社会生活的巨变且深入地回应这一变化。

在20世纪的中国文学史上出现过两次张爱玲热，一次是在20世纪40年代，另一次就是在20世纪的80、90年代，《长恨歌》也就是在这个时候发表的。文学界再次掀起的“张爱玲热”也就是将关注点再次放在写城市的日常生活上，写普通人的情感体验上，这股“张爱玲热”与其说是张爱玲影响的再次显现，不如说是当代文学史上的一次新的进展，我们为了便于熟知这种现象，便给予这种潮流以第几次“张爱玲热”命名。实际上，王安忆的“城市书写”赶上了这股潮流也推动了这股潮流。

王安忆既不是写城市故事的第一人，也不是写城市故事最出色的作家，因此很难说因为王安忆《长恨歌》《富萍》等作品的问世就将城市文学重新带入文学圈，一个人恐怕难有这么大的力量，但是《长恨歌》的成功以及受到广泛的关注，推动了城市故事或是都市文学的发展，推动许多写地域文学都市日常化生活的作品纷纷展现却是无可厚非的。获得了第九届茅盾文学奖作品《繁花》是金宇澄在2012年出版的一部长篇小说，描写的同样是上海的日常的市民化生活，小说描写了大量的生活场景，试图利用小细节展现上海20世纪60年代至90年代，几十年间的大变化乃至日常生活史，值得一提的是小说使用上海方言写作，在语言形式上更加贴近老百姓的日常生活。《收获》杂志主编程永新认为：“《繁花》建立了一个文学的博物馆，多少年以后你要回过头来看上海，到小说里找就行了。”由此可见《繁花》描写之细腻，思考之深刻。除此之外，还有很多作家譬如像严歌苓、张辛(六六)等都将笔触伸向普通人的日常生活。这些作家作品的面世，让我们看到中国当代文坛有许多作家能够观察并刻画出蕴含丰富的日常生活，把握个人的情感体验和时代的发展的细微变化，能够洞察现代化背后的忧患，向更深一层面的含义思考和挑战。我们或许不能下定论他们都是直接受到了王安忆的影响，但是可以说王安忆《长恨歌》的成功，以及她在这之后写的《富萍》、《上种红菱下种藕》等多部城市故事作品确实给当时文学圈的"张爱玲热"推波助澜。

(三)与外在接受圈的相互作用

如果说以上两点都是王安忆的城市故事对于文学界的影响作用的话，那么，任何作用都的相互的，受力的一方必然会给予施力方一个反作用力，在这里受力方就是由读者、批评家、评论家等组成的文学界的外在接受圈，外在接受圈会给予城市故事以反作用力继续推动其影响不断扩张和蔓延。

城市故事书写带来的文学层面的效应可以说是王安忆日常生活描写和现代化思考引起的良好影响，它推动其他作家、读者乃至文学圈开始将注意力转移至城市，关注市民化的生活以及城市在现代进程中的种种困境，发现其中的问题并进行自己的探索和思考。但换一个角度思考，上海在当今经济发展十分迅速，成为了一个热点，是读者或是文学圈推动城市故事逐渐进入人们的视野，因为无论是读者还是批评家都在期待或者渴望着能够有描写现代化进程中的日常生活的文学作品出现，王安忆的城市故事书写恰好符合了这种趋势和潮流，于是在外界的包围和推动下，王安忆自身的特点和价值被进一步放大，又反过来给予外界以更大的影响力。这样，作者本身的意义和外界的接受效应在相互的作用下都被放大，作品的价值得到更多的关注，作品对于其他作者或是文学圈产生的影响也逐渐扩大。正如王安忆本人所说："其实我在80年代写作初就写了上海，比如说《流逝》，但那时候谁都不把它当作写上海，因为上海不重要，重要的是寻根。他们看到《小鲍庄》，就把我归到寻根里面去了。现在上海变得那么重要，所以我写农村的大批东西又被忽略不计，就变成专门写上海的了。上海变成那么一个热门的话题，他们更加不愿意放弃我了。"①但无论如何，这种影响的确切实蔓延在我们的文学圈中，

① 王安忆、张旭东：《理论与实践：文学如何呈现历史?》，载《文艺研究》2005年第1、2期。

并且逐渐扩大至更大的包围圈，那就是社会圈。

三、从城市文学到社会热点

城市故事的书写在文学圈产生较大的反响和影响，这其中有作家和批评家的推动，也有读者的积极接受，而读者则也属于另外一个领域，那就是社会领域。当作家的写作价值走进包容更加宽广的社会，当文学遇到市场经济和商品经济，当文本被大众文化吸收、被商业化运作，它能够产生什么样的影响？

（一）影响范围之广

据不完全统计，王安忆的《长恨歌》自1995年发行之后曾先后被出版或再版5次，《虚构与纪实》《富萍》《上种红莲下种藕》等多篇小说也被先后再版3次之多，这些作品在港台也受到较大欢迎，《长恨歌》就先后在台湾麦田出版社、港台天地图书等出版社出版，《流逝》在2005年还被翻译成英文版发行，《香港的情与爱》在2001年被翻译成法文版发行，《本次列车终点》被翻译成德文版发行，《长恨歌》在2006年先后被翻译为法文版和越南文版发行，此外，《长恨歌》还以电子听书形式借助传媒公司继续传播。

王安忆作品的获奖情况也相当可观，1981年《本次列车的终点》获全国优秀短篇小说奖；1985年《小鲍庄》获全国优秀中篇小说奖；1998年《长恨歌》获第四届上海文学艺术奖；2000年《长恨歌》获第五届茅盾文学奖，并获选90年代最有影响力的中国作品；2001年获第一届马来西亚花踪世界华文文学奖，获马来西亚《星洲日报》“最杰出的华文作家”；2001年《富萍》获中国时报开卷十大好书中文创作类奖2001年获第一届星洲日报花踪世界华文文学奖；2002年《上种红菱下种藕》获中国时报开卷十大好书中文创作类、联合报读书人最佳书奖文学类奖；2004年《发廊情话》获第三届鲁迅文学奖优秀短篇小说奖；2005年《遍地枭雄》获亚洲周刊中文十大好书；2008年《启蒙时代》获第二届红楼梦奖评审团奖；2008年《启蒙时代》获华语文学传媒大奖年度小说家奖；2011年获提名布克国际文学奖；2013年获法兰西文学艺术骑士勋章；2016年《纪实与虚构》获纽曼华文学奖。此外，长篇小说《长恨歌》除了在文学界广受好评和赞赏外，还由香港知名导演关锦鹏拍摄成电影，由郑秀文、梁家辉等人主演，在这之后还被拍成了35集电视剧，并且排演《长恨歌》话剧，都受到了观众的关注和好评。

王安忆以对城市故事的细腻书写和对城市现代化的思考为自身写作的特点和价值，随着书籍的出版发行，越来越多的作家或是评论家感受到她的写作方式和特点，并且受到她的影响的推动，逐渐将城市日常生活这一题材重新放置于文学作品的中心，文学界还掀起了“张爱玲热”。“张爱玲热”在文学界再次掀起后，由于张爱玲积淀的文学传统，再加上王安忆城市故事的较大影响力，这股潮流并没有很快消散，而是朝着更大的圈子扩散其影响，那就是社会圈。在社会层面上，这股潮流的影响便主要表现为在文化消费市场的大受欢迎和追捧，我们从以上列举的王安忆小说的出版和再版次数和之后被改编为电影、电视剧和话剧等都可以明显地感受到她的作品传播影响的范围之广，许多小说还被翻译成各种外文版本出版发行。因为王安忆的城市故事书写符合了大众文化求新求奇、关注个人俗常生活的要求，再加上市场需求的不断扩张，市场经济和商品经济利用日渐发达的传媒技术不断吸收着王安忆的城市故事，加快它的传播速度，扩大它的影响范围。

（二）影响含义之深

王安忆影响的范围之广，那么她实际影响的结果是什么呢？她影响到我们社会生活的哪些方面呢？孔子在《论语·阳货》中说：“小子，何莫学夫《诗》？《诗》可以兴，可以观，可以群，可以怨；迩之事父，远之事君；多识于鸟兽草木之名。”孔子在这里说的是诗歌的社会作用，其中所谓“群”，孔安国注为“群居相切磋”，朱熹注为“和而不流”，“群”是孔子从人的社会属性出发谈诗歌抑或是文学的社会作用。人是社会性的动物，存在于伦理关系当中，要想让我们的社会成为一个仁人爱人的社会，就要使得人与人之间和谐互助，保持良好的人际关系，要使人具有社会责任感，孔子认为，读《诗》可以起到以上的作用，认为读《诗》可以帮助人陶冶性情，帮助人成为一个知道如何协调与他人关系的人，能与人和谐交往，从而达到凝聚社会力量，团结和谐的目的。

王安忆的城市故事或许起不到《诗三百》那样伟大的作用，但是前文说过，王安忆写城市故事，写上海的市民化生活和现代性思考都是饱含着对城市、对上海的关心和关爱，这样的情感融入进小说中也传达给阅读文学作品的读者和接受者。小说当中涉及的人与人之间关系的问题和矛盾、繁华都市和奢侈欲望包围下的人性心理的变化，日常琐事和生活细节铺陈后的人们的社会情感等都能在我们的现实生活中找到影子，读者在享受阅读体验时也在小说中找到了情感上的共鸣，产生对社会的、对国家的认同感、归属感和使命感，无形当中也起到了交流、培养人们的社会情感的作用。这就是文学作品可以带给我们的社会作用，她传达着一种情感，一种信念，由作者始而终于解读者，好的文学作品能够推动群体更加团结，从而最终促进全社会的发展。

批评家韦勒克说："同造型艺术一样，同马尔罗的沉默的声音一样，文学最后也是一种声音的合唱贯通各个时代的声音，这种合唱说出人类对时间和命运的蔑视，说出人类对克服暂时性、相对性和历史的胜利。"①希望王安忆在今后的文学旅程中可以成长为能够谱出如此合唱旋律的作家，写出更多更加优秀的作品！

总的来说，王安忆以自身城市故事的市民化日常化写作以及对现代化的思考为特点，自成一派，独树一帜，具有与众不同的风格和价值，正是因为这一闪光点，她的价值被文学界的同行和批评家认可，随着研究性的文章不断涌现，她的这种写作风格也在文学圈掀起一股"张爱玲热"，正如南帆所说"王安忆彻底地将城市从这样的文学传统之中解放出来。她把城市视为现代文明的一个必然阶段"②，越来越多的作家开始将城市放置于写作材料的中心，关注日常化细节化的生活点滴，关注大背景下的小体验等，这些都是在文学领域引起的影响，王安忆以其独特的写作方式在文学领域起到了引领和示范的作用。影响的波纹并没有停止，

① 雷内·韦勒克：《批评的概念》，中国美术学院出版社 1999 年版，第 18 页。

② 雷内·韦勒克：《批评的概念》，中国美术学院出版社 1999 年版，第 18 页。

它继续向外扩散至社会圈，当文学遇到市场经济，王安忆的城市故事被更多的读者或是观众所接受，传播发行量与日俱增，并且受到好评，而透过这些华丽的数据的外表背后，是王安忆对城市的热爱，因为热爱着她生活的这座城市，所以她观察它的细节，担忧它的困境，这些情感融入进她的书中，进而传达给阅读书籍的接受者，无形中形成一种关注生活，热爱生活，发现生活和思考生活的氛围，这就是王安忆通过她的小说传达给我们的“诗可以群”的示范效应。也许，在包容更广的社会圈中，她的影响不及其他作家广泛和深刻，但是王安忆作为中国当代一名出色的女作家，她的作品无论是文学领域还是社会领域都足以起到示范效应，是十分值得我们敬仰和学习的，如今这种示范效应还在继续，让我们期待新的景象的出现。

参考书目

[1]王安忆：《长恨歌》，作家出版社 1999 年版。

[2]王安忆：《富萍》，上海文艺出版社 2005 年版。

[3]王安忆：《纪实与虚构》，人民文学出版社 2013 年版。

[4]张新颖、金理编：《王安忆研究资料》，天津人民出版社 2009 年版。

[5]王庆生、王又平主编：《中国当代文学》，华中师范大学出版社 2011 年版。

[6]南帆：《城市的肖像——读王安忆的〈长恨歌〉》，《小说评论》1998 年第 1 期。

[7]张新颖：《坚硬的河岸流动的水——〈纪实与虚构〉与王安忆写作的理想》，《当代作家评论》1993 年第 5 期。

[8]王德威：《海派作家 又见传人——王安忆论》，《读书》1996 年第 6 期。

[9]陈晓明：《身份政治与隐含的压抑视角——从〈新加坡人〉看王安忆的叙事艺术》，《当代作家评论》2007 年第 3 期。

[10]王晓明：《从“淮海路”到“梅家桥”——从王安忆小说创作的转变谈起》，《文学评论》，2002 年第 3 期。

[11]陈虹:《中国当代文学:女性主义·女性写作·女性本文》,《文艺评论》,1995年第4期。

(作者简介:李立,武汉大学文学院讲师,主要从事中国文学批评与中西诗学比较研究)

新时期贾平凹作品的乡土意识及其影响

孙盼盼　李　松

贾平凹是商洛乡土的经典作家，其作品带有渲染三秦大地的朴实观念；甚至是当代文坛的闪亮旗帜，通过对新、旧时期乡村社会的描述，在创作上带动系列的乡土思考和乡土探索，显示出波澜壮阔的批判意识。他紧扣结构层面来阐释乡村意识，在立体人物的丰富性上提供乡土写作的成熟范例，在社会伦理的客观性上塑造乡土写作的影响效果。贾平凹在当代文坛的乡土呐喊，将乡土概念的思考积极融入写作过程，乡土声音的振聋发聩，乡土启蒙的严肃认真，即是经典作家对故乡与生俱来的血脉情感以及其对乡土文化的尊重和信仰。他在主流意识之外掩藏了其对乡土意识的精神审视，从乡土系列去思考新时期"离开"和"回去"的选择，从孤独前行的道德困境去思量新时期的集体记忆。他让受众领略到乡土文化的真实观念，让群体寻找到乡村生活的集体情结，这就是贾平凹对新时期文化建设的重要示范，释放出经典的显著效应。

一、乡土叙事的主流意识

乡土意识在贾平凹作品中可谓是不可绕离的关键情结，其在乡土小说中树立起"萌芽"、"过渡"、"回归"的创作路径，直接带动乡土系列概念的系统研究与乡土书写，给当前的乡村建设提供了不可多得的文化设想。他以双重身份站在客观的叙事高度，不再是单单追求故事的圆满或情节的缓急，而是在众多人物构成的嘈杂日常活动的演绎中，在残缺的叙述中寻找乡土的灵魂和乡村精神的坐标。① 贾平凹的乡土小说作品选择商洛系列题材，通过自己和乡村以及城市的疏离远近，在主流意识的叙事结构中流露出某种警醒与担忧，紧扣"集体无意识"的创作倾向，呼吁民众重新认识眼前乡土概念，探讨乡土叙事或家国记忆的综合语境。这种乡土叙事的主流意识，对于贾平凹的乡土情感而言，其在文字中追忆过往则是一种审视态度，其在作品中抚慰乡村人物的心灵。贾平凹《废都》的叙事框架对作家高建群产生了重要影响，将之带到传统的历史背景与宏大的叙事模式，其《最后一个匈奴》就是对陕北高原多元文化相互交融的记录描述。众多风潮的作品都在强调如实表现乡村社会的现状，充满城乡结构的二元对立和意识冲突，这些生活、感受和样式在贾平凹的乡土作品中则独树一帜，影响到陕西作家群体的创作倾向和乡土认识，甚至塑造出新时期对乡村社会的集体记忆。

贾平凹的乡土小说中对乡土意识表现非常显著，《秦腔》《高老庄》《土门》是其乡土意识的典型作品，这样特点也表现于陕西作家王蓬《水葬》及京夫《八里情仇》等乡土作品。在乡土小说创作中，他不断尝试突破新的路径，将广阔的社会世界植入乡土意识，探索乡土叙事的主流意识，审视主流意识之外的乡土语境，其在小说中建构起认识主流意识的乡土语境，或批判，或重组。陕西的地理环境造就了贾平凹乡土作品的风格，蕴藉深远而又余味悠长的乡土印象，但其又将作品的乡土思考馈赠于陕西的作家群体。贾平凹阐释了乡土小说对乡村社会的个体性书写，也就是如何把握乡土文明和乡土观念的平稳，这种对主流意识的叙事看法影响到集体书写的乡土印象。贾平凹对乡土家园的理性思考，以及对家园意识、群己关系、代际价值的批判认识，源于其对陕西文化的了解，源于其对乡村社会的认识，在意识层面上叙述乡土印象的集体无意识。贾平凹在《废都》中回答了都市文明对乡土文明的冲击，对颓废观念和两性关系有意"物化"处理，直接击碎了社会的病态气息，表现出知识分子群体精神沉沦和灵魂失落的生存状态。同时，当代陕西作家围绕乡村人物、乡村伦理、乡村意识等关键词，叩问其存在的现实问题和病态现象，他

① 牛秋实：《贾平凹小说创作中的乡土文化意识》，载《作家》2012年第12期。

们在20世纪80年代掀起引人注目的创作者集体亮相，比如路遥、陈忠实、贾平凹、高建群等乡土作家的异军突起。

经济社会的快速发展，都市文明的主流意识，既是贾平凹乡土意识的衍生思考，又是知识分子群体的耀眼书写，集中于20世纪80—90年代在全国普获文学评选奖项。他们多数从贾平凹作品获得丰富的乡土经验，在乡土叙事的主流意识中反思坚守的家园观念，这是作家释放出的积极思考，也是经验总结的沉重回答。贾平凹选择从乡土语境的模式去对抗都市文明的主流意识，从乡土概念的探讨去解构集体经验的民众心态，触动了作家批判道德伦理的敏感神经。贾平凹时代的陕西作家形成一个集体创作的爆发状态，显示出群星璀璨的乡土印象，特别是其《废都》即使遭禁，依然创造出长篇小说发行的头号新闻，首版开印就是几十万册，其后一再加印，但不止一地出现个体书商盗印，据估计，盗版印数达数百万册之巨。① 如称《废都》是一颗乡土“惊雷”，而《秦腔》就是一次乡土“革命”，一次比一次的呐喊更为强烈。他的乡土语境综合了陕北风格、关中风格和陕南风格的创作因素，完全推翻了乡土小说技法的创作规则，积极释放出对乡土意识的自我诠释。贾平凹创作活动就是新时期乡土文学的“异类”，其在内容结构、乡土叙事到主题立意，由己及人，树立起具有示范效应的乡土风范，始终积极影响着特定群体、特定地域，甚至影响着特定时代，挑战着读者的阅读习惯和接受心性，颠覆着作家的乡土传统和创作技法。

贾平凹在乡土写作中不负众望地探索到陕西文学的乡土道路，这是陕西作家的乡土路径，也是西部文学的乡土路径。由贾平凹的个体书写而至集体写作，乡土作品的精神空间，厚重积蓄的乡土情结，散落段落的集体意识，悲天悯人的现实关怀，苍茫寂寥的审美情愫等，这些乡土因素则是贾平凹作品释放出的积极信号，连同陕西作家集体树立起乡土文化的精神丰碑。他尝试在乡土书写中实践新的结构思维，其“追忆式”和“批判式”的叙事笔法在当时群体里焕然一新，这在新时期小说批评史上也是璀璨夺目的理论创见。阅读贾平凹乡土作品，常常让受众不禁发

① 张志忠：《1993：世纪末的喧哗》，山东教育出版社1998年版，第100页。

出“什么是乡土小说”或“乡土意识怎么表达”疑问，这种疑问往往就是贾平凹作品蕴含的启蒙意识，他会带着不同的作者、读者一同亲临乡土语境寻找心中的乡土答案，同时这种探索的涟漪持续于当代文坛的乡土写作。贾平凹的乡土小说似乎赢尽了赞誉，作家群体也获得了较多的乡土研究与评价，乡土概念的革命性与创新性，乡土意识的批判性与思考性，共同实现了乡土文学在文化建设中的重要地位。通过贾平凹乡土语境和作家集体的乡土印象，这些由之而来的系列作品开始彰显出非同凡响的文学史意义，在影响层面开始超越单一的乡土文本，营造出中国西部文学的集体性阐释，紧扣当代农村问题的特殊性和复杂性，渲染出有识之士对道德观念的自我追问，自我守望。乡土写作的广泛社会影响，并非来自某个作家的偶然想法，而是贾平凹和有志之士的集体意识的经典言说，表述其乡土情结和乡土观念，刻画其乡村社会的精神结构，探讨其乡村文化的道德规范，总之汇聚于新时期的乡村社会建设进程。

这种乡土意识的新时期呐喊，既是贾平凹的个体性书写，又是作家群的集体性阐释与精神性觉醒，这归之于贾平凹作品对乡土文化观念的启蒙精神。真正经得住时间淘洗并能留驻人心的，往往是那些被时代主流精神边缘化的异数，他们惊世骇俗的艺术创造，正曲折接通更为深厚宏远的时代精神。① 由贾平凹至高建群，甚至到王蓬、京夫，这种大而统一的乡土叙事得到如火如荼的乡土实践，比如贾平凹《老生》将乡土背景聚焦于典型人物与典型环境，这是很具有创作通性的，通过唱师(外在因素)而知晓中国百年的朝代变迁与人事变革，讲述新时期城乡文明之间的潸然故事与现代反思。贾平凹时代的乡土实践，无疑给当时的作家群体打开了新天地，这是对新时期文艺创作的时代馈赠，带来寓意丰富的乡土叙述，阐释含蓄不尽的乡土忧愁，融进朴素简单的民间文化。自从贾平凹乡土作品开始，乡土意识无时无刻不跳跃于充满灵性的文字，以小村庄寓意民族、国家的历史文化，并通过人物的兴衰展示文化冲突中的宏阔社会历史图景。② 通过集体的创作实践来凝缩现代中国的缩影，传达

① 周燕芬：《文学观察与史性阐述》，人民文学出版社 2012 年版，第 321 页。

② 罗关德：《乡土记忆的审美视阈》，天津社会科学院出版社 2005 年版，第 20 页。

出他们对新时期乡土背景的自我思考与自我呐喊，使得这些有识之士产生“家国一体”的传统道德和守护情怀，这是当代文坛的乡土收获和集体经验。

贾平凹的《浮躁》、冷梦的《黄河大移民》、冯积岐的《村子》、高建群的《统万城》等乡土探索，这些作品在当时算是一种“讲述体”，也是一种“追忆体”，文字承载着时代的激荡，情感阐释着乡土的结构。由贾平凹开始，其乡土示范和乡土影响达到了浑融一体的创作阶段，当代乡土作品获得了较多的创作经验，从乡村社会上升到地域意识，转移到文明状态的现代反思，这类集体释放的乡土作品在文体层面上丰富了艺术经验与审美经验。贾平凹将乡土叙事的主流意识置于具体真实的生活现象，回答了文艺理论的问题，解决了生活经验的难题，富有创见地探索到经验和故事的统一，这种创作特征也影响到乡土作家的宏大叙事，郑重回答了“文学与历史的统一”。新时期的乡土小说的创作经验获得了长足的发展，实现了文学叙情与历史叙事的统一，也是乡土规则与时间节点的排序，积极响应到了西部乡村的文化建设事业。

二、乡土结构的寻根文化

中国社会转型的阶段性进程，使得寻根文化悄然已是乡土文学的主体选择，这种特定的寻根结构不同于陈忠实、路遥之类的乡村主题，而是贾平凹在乡土文学中的独特探索与创作收获，甚至这就是贾平凹时代的乡土寻根意识。当我们审视乡土文学和寻根文化时，贾平凹和陕西作家的关系是绕不开的重要话题，也是回答乡土语境和现实困境的现代言说。这种群体间的关系被当代学者当成其与现代性概念链在一起的文化现象。在陕西文学的乡土作品中，现代性的寻根叙事和乡土情结是乡土意识的重要内涵，经由贾平凹和系列作家的寻根引导，实现了“乡土系列”创作目的和现代思考的“缘情而制”。由贾平凹而起的寻根写作，既是强调陕西地域的乡土问题，也是寻找城市返回乡村的精神道路，在乡土文学系列中出现了“城市—乡村”的逆向路径。事实上，从乡村走向的城市的特定阶层，渐渐失却乡土家园的意识，而表现出城乡双重身份的意识迷茫，这是寻根文化的精神特点，也是知识分子的真实写照。通过贾平凹和众多作家的寻根强调，从《五魁》到《白朗》《晚雨》等，陕西作家的文学寻根思潮是个人经验与集体经验的结合，是乡土文明和都市文明的折射，这不是某种“文学复古”或“精神复古”的思维引导，而是重新认识价值观念出现危机时的乡土结构。随着“乡村—城市”的社会性流动，“离开”是一个时代的缩影，不可避免的现象。但这种“离开”的概念多是厌弃、疏离、逃避。告别乡土意识时，在切断血脉相连的“乡村纽带”，满足充当城市文明的“统计数据”。

贾平凹在西部文学中实践出“离开”与“回去”的乡土关键词，诠释了作家集体的乡土疑问和寻根迷茫，也回答了知识分子自我反思的现代性概念。陕西作家的寻根意识，得益于贾平凹乡土作品的启蒙意识和呐喊精神，触动乡土情感的涟漪，批判乡土道德的遮掩，挑战乡土社会的眼光，这不仅书写陕西作家的寻根系列，也在说明中国农村的现代现象。乡土叙事到寻根文化，这是贾平凹给出的乡土结构，属于陕西作家的集体思考，探讨这种寻根结构，需要在系列乡土作品中进行现代性阐释。乡土作品的寻根结构就是贾平凹和陕西作家的集体性书写，对乡土意识的现代性转换，这种阐释路径自延安时期就有着丰富的言说基础，如《保安延安》到《在和平的日子里》《翻身记》等乡土作品。贾平凹的《秦腔》就是对乡土结构的真实写作，真实还原了农村百态在社会激荡中的风雨飘摇。这些是贾平凹作品的乡土示范，也是其乡土影响，但其开始影响到杨争光、叶广芩、冯积岐、冷梦等陕西作家，书写出新时期陕西文学的寻根高度。面对传统价值观念的挣扎与消逝，就不难理解贾平凹的乡土关键词“离开”与“回去”，与此同时，陕西作家的乡土系列也是对其乡土关键词“泥土味道”的自然挥发。

陕西作家的乡土系列，其饱蘸浓情的乡土结构维持其间，始于贾平凹的乡土寻根探索，体现出这种寻根模式如同精神空间虚拟返乡。贾平凹在寻找什么，或者陕西文学在寻找什么，这是研究文学批评的重要问题。前赴后继的寻根写作，响应到贾平凹的乡土呐喊，寻找在城市文明的统计数据中淹没或失却的内心渴望，因都市生活浮躁而缺少的安静与平和，以及传统的精神道德。这种在写作上实现了寻根作家对乡土文化的依恋，对寻根意识的渴望，在现代化的进程中寻找遗忘的精神基础，即便“离开”或“回去”也只是文学史意识的历史性阐释。寻根作家的自身表述，与其看作是一种文学史描述，不如说这是特定历史意识的呈现。①贾平凹的乡土写作和寻根意识，在激荡的社会转型中树立起乡土家园的精神丰碑，通过他和柳青、陈忠实、路遥的乡土经验，影响到吴克敬、马仁华、杨则纬等陕西作家对寻根文化的集体意识，使得陕西文学成为当代寻根文化的重镇。通过对乡土经验的总结，乡土结构的寻根文化在陕西作家的写作活动中得到妙笔生花的再现，这条旨在通往乡土经验的寻根路径就是当前文化建设探讨乡土意识的真正缘由。新时期探索乡土结构的寻根文化，恰是“离开”对“回去”的自问自答，其寻根起点就是“返乡”的渴望，其寻根终点是“返乡”的执念，也就是寻根者对“返回不可能回去的乡土”的寻根情结。

陕西作家对贾平凹关键词“离开”与“回去”的追寻，使得乡土语境中个人经验和集体经验获得了前所未有的总结，这种心理结构开始衍生出系列的乡土寻根作品，这是对贾平凹作品乡土结构的再诠释和再生产，接触了陈年旧事的吟唱，抚平了狂飙激荡的余波，回答了精神迷茫的困境。沿着贾平凹时代的乡土路径，探讨经典寻根意识是当前文化建设的重要内容，其叙事结构和美学态度，其乡村性格和寻根意识，这是陕西作家沿着贾平凹作品乡土结构总结审美经验而必不可少的关键因素。按照文学批评的理论框架，这种来自个体寻根和集体寻根的创作路径，影响到新时期社会浪潮中寻根者的写作状态，在众多的有识之士心里激起乡土概念的层层涟漪。贾平凹作品的乡土意识是绕不开的重要内涵，提供了不可多得的审美经验和精神传统，这是作家群体从事寻根写作的创作借鉴和情感借鉴。与此同时，陕西作家的集体经验就在继承与超越间实现了对寻根意识的审美取舍，在历史性的继承与超越中以同情性的态度揭示了中国传统文化更为丰富深刻的意义价值。② 由贾平凹而至集体性

① 贺桂梅：《“新启蒙”知识档案/80 年代中国文化研究》，北京大学出版社 2010 年版，第 169 页。

② 赵录旺：《〈白鹿原〉写作中的文化叙事研究》，陕西人民出版社 2009 年版，第 84~85 页。

寻根态度显示出较强的审美意向，回答了知识分子在乡土文学路径上的迷失问题，以及传统道德的现实困境。由此来看，关键词“离开”与“回去”的合理性，转折点“城市”与“乡村”的现象性，在陕西作家的集体性书写中实现了陌生化效果。

商州系列是贾平凹乡土写作的寻根之作，其树立起熟悉的乡村蓝本，提供了真实的乡土模式，这就是陕西作家从事乡土书写的借鉴来源，也是秉持文学道德的经典案例。贾平凹作品率先阐释了“离开”与“回去”的乡土关键词，引导有识的作家迎向新时期潮流站在“现在时刻”思考“经验时刻”，在日渐疏离的态度中体会乡土结构的寻根框架。贾平凹乡土作品的暴露和批判，在社会框架内实现了对乡土概念的审美总结，他开创了乡土意识的人情事理，百态纠葛，意识冲突等具体结构。他对农村问题的暴露和批判，从“习以为常”的乡土意识形态中抽离出去，去接受和正视寻根文化的陌生意识，甚至打破约定俗成的旧观念、旧意识，这是贾平凹乡土意识对乡土作家的寻根影响。在乡土作家的寻根意识中，如果没有出走，就不可能有这样诗意的精神皈依，不可能有这样充满寻找、背叛、苦难和自我救赎的感人的写作。① 沿着贾平凹时代的乡土经验，这种地域性的寻根文化实践了其一贯的“文学与历史跨界统一”的叙事结构，前赴后继的乡土作家在大而统一的主流意识上终结了乡土社会的旧文体、旧意识、旧观念，而寻找到返回传统道德和精神母体的乡土路径。这是有识之士的乡土选择和虔诚祈祷，渴望内心安静，吮吸乡土味道，也是他们“精神返乡”的自我救赎。

随着传统农村的激荡变化，生活经验在社会冲击中变成不同的个体存在，乡土寻根的创作活动出现了陌生感和疏离感。沿着贾平凹时代的乡土关键词，这种“离开”和“回去”注定是不可调和的矛盾，意念故乡不再是逃离的最佳场所，反而竟趋于都市文化的焦虑气息，于是红柯、朱鸿、寇挥、孙浩辉等作家在贾平凹的启蒙语境中产生了自我救赎的精神渴望，在“离开”中寻找“回去”路径，在“回去”中体会“离开”情结。陕西

① 张清华：《中国当代先锋文学思潮论》，中国人民大学出版社 2014 年版，第 94 页。

作家的寻根意识在文学态度上突破了传统模式，在文学思维上也带来重大突破。① 乡土思维有“起点”和“终点”的双向路径，寻根文化有“回去”和“离开”的双重主题，受到贾平凹乡土意识的影响，陕西作家的集体心态的深沉转变，创作笔法的千百锤炼，影响到当代文坛对传统型和现代型寻根文化的整体书写。

三、乡土情结的伦理忧患

乡土叙事到乡土结构，再到乡土情结，贾平凹作品都在尽力诠释乡土概念以及确定乡土结构，这是他留给同时期、新时期乡土文学的道德思考。按照作品结构的由表及里，乡土情结的伦理忧患就是当代中国发展的文学纪实，也将是当代文学发展的批评话语。乡土作家的创作活动，既是属于一个传统村落，也是属于整个国家民族。新时期贾平凹、陈忠实等作家始终都在透过世俗的生活场景梳理乡村的伦理忧患，在国家、民族的书写高度上提供文化建设的乡土纲领，这是有益于时代，有益于社会的。通过贾平凹乡土意识的示范和影响，乡土文学是乡土人物的情结凝聚，乡土人物是乡土文学的活动主体，这些现实生活的点点滴滴以及群己关系的综合再现，就是新时期乡土作家的审美情结。结合贾平凹和陕西作家的关系，探讨乡土情结的伦理忧患，既在言说传统乡村社会的结构框架，又在阐释当代中国社会的价值观念，突出知识分子的道德关怀与人文意识，这是他们一贯传承贾平凹乡土意识的经典风格。单一村落汇聚复杂社会，简单生活再现真实性格，精神返乡的乡土书写洞悉到国家、民族的现代性反思，传达出有识之士对社会转型、经济先行的伦理性批判。费孝通提出“差序格局”概念，通过公、私的传统意识来探讨群己关系，重新看待社会关系。这是理解陕西作家乡土意识和乡土情结的“不二法门”，他们将不同时期的乡土叙事连缀成紧密相连的社会网络，开创了乡土文学的精神高度和道德丰碑。费孝通旨在描述平凡简单

① 丁锡满、徐俊西：《文艺秩序的宏观构造》，上海文艺出版社 1990 年版，第 204 页。

的群己关系和远近疏离的人际格局，提供不可多得的集体性乡土经验，如同水面泛起的细微涟漪，围绕中心逐层辐射而建立关系网络，按照距离的远近疏离来确立格局。“差序格局”的乡土思考也是贾平凹保持乡土意识的伦理特征，其示范性和影响性体现在新时期乡土作家对乡村社会的结构性思考。

贾平凹对乡土小说的书写把握，除了影响到乡土文学的发展，还奠定了乡土语境的格局。受到贾平凹影响的乡土作家，如高建群、红柯、朱鸿、寇挥、孙浩辉等，他们的集体性书写已经超越单一村落或片面聚焦的狭隘状态，指向乡土家园的传统意识以及道德代际的群体差异，指向在传统文化中形成的历史惰性以及在现代文明冲击中所产生的精神恶果。① 受到贾平凹批判思维的影响，这些乡土作家对乡土情结的反复酝酿，产生了乡土美学的审美意识，饱含忧患意识的伦理态度，乡土意识的现代性批判，阐释乡土美学的伦理性思考，这在当代文坛上则显得弥足重要。乡土意识、审美意识、忧患意识等意识形态体现出贾平凹对乡土小说的创作原则，也是其示范性和影响性的重要内容，使得新时期乡土作家紧扣乡村社会的新旧冲突、二元对立、土崩瓦解的问题困境，批判人与社会、人与自然、人与土地的保守态度和丢弃观念。通过多样化的伦理叙事，贾平凹作品传达出了新时期的乡土呐喊，影响到一系列的乡土作家的伦理结构和伦理意识，书写城乡破碎的乡土美学，书写精神返乡的个体情感，在影响层面上推动了乡土意识的创作发展，折射出乡村社会的意识变迁和伦理困境，以及道德意识的风向转变。贾平凹的乡土意识造就了示范效应，其示范效应渲染了乡土意识，其乡土意识结合了道德批判。通过对贾平凹乡土作品的阅读和接受，他们的乡土书写饱含着“海德格尔式”的存在思考，在“存在者”的“差序格局”中重新认识眼前的乡村社会，思考眼前的大地和世界意象。这些贾平凹时代的乡土作家对伦理性故事、意象性叙述的强调，以及写作者的悲悯意识和神秘悲壮，体现出某种自省意识和超越观念，抒写对大地静穆的赞美，抒写对

① 吴一梅：《关怀与忧患 批判与催生——读贾平凹〈高老庄〉》，载《济宁师专学报》1999 年第 20 卷第 5 期。

荒原野性的吟唱，书写对心灵温情的救赎，逃离城市、撤离浮华、逃避喧嚣是乡土作品的理想意趣，也是文本以情感、理想、伦理超越现实秩序的审美表现。①

当社会转型趋于完成，就是乡土文学退居边缘，其对现代性的反思，对伦理性的思考，对社会性的阐释，就是经典作家或经典作品在当代文坛的示范效应。贾平凹乡土情结的伦理忧患，指向乡村社会的道德困境和现实问题，这是市场经济浪潮而引发出现代性思考。新时期的乡土作家呼吁乡土生活的纯粹、纯美、自然，批判乡土生活的愚昧、无知、迷茫。经由贾平凹的审美判断，在他们的乡土小说中，呈现出一条缓缓流淌的河流，滚动着失望、惋惜，在弥漫着的这种氛围中，还透出尖锐的反讽；人性里的自私冷酷，人以自我为中心所建构的功利行为模式，让人感到了寒冷。② 这条“批判之河”的意识源头就是贾平凹作品的乡土意识，其示范性的乡土影响可见深远和复杂，《秦腔》对土改事件和权利意识的道德批判，《高兴》对社会底层和个体尊严的精神批判，《浮躁》对农村改革和人心腐化的审美批判，《土门》对城乡破碎和精神迷茫的主体批判。贾平凹乡土作品的群己结构和关系网络，指向于具体的代际道德以及生活事件，由此开创出陕西文学的乡土性格和乡土人物。新时期的乡土作家站在贾平凹的乡土高度，继续探索乡土性格和乡土人物的衍生性和现代性，具体表现在父子矛盾与冲突、婆媳友好与冷漠、夫妻爱情缺失、兄弟手足情深、妯娌功利世俗、祖孙相互关爱、叔侄打斗与和谐、邻里和睦与关怀等。③ 柳青、贾平凹、陈忠实等作家的乡土意识得到了得天独厚的审美总结，他们关注且不遗余力地描写乡村社会的伦理忧患，只有贾平凹的乡土作品实现了国家、民族的道德批判高度。黄土高原集聚着典型的乡村社会，乡土情结在新时期的当代文坛得到反复提笔与经典酝酿。新时期的乡土作家得益于贾平凹乡土情结的伦理忧患，总结其不曾言明的现代性反思以及对国家、民族集体经验的审美取舍，重新思

① 黄轶：《中国当代小说的生态批判》，北京大学出版社 2014 年版，第 61 页。

② 韩鲁华编：《〈高兴〉大评》，陕西人民出版社 2008 年版，第 140 页。

③ 李伟：《论近年来贾平凹乡土小说中的家庭伦理——以〈秦腔〉〈高老庄〉〈土门〉为例》，载《文艺争鸣》，2014 年第 3 期。

量当前社会现代化的自然关系和社会关系，直接为文学的转型发展而提供了充实的精神资源。

自20世纪90年代，贾平凹转变了其描写“纯粹乡土”的叙事风格，这种转向也是陕西文学的叙事转向。由贾平凹开始的转向特征越来越明显，陕西作家就书写沉重的伦理批判和道德审视，注重对差序和群己、审美的重点体现，集中于婚姻道德、代际伦理等乡村结构，阐释乡土意识的多元化、多样性。乡土作家的成长经历多少有些乡村色彩，出身农村也是许多作家的创作经验和审美经验，在系列的乡土作品中出现了复杂的双重认同，他们在拥有知识分子先锋意识时，依然坚守平民立场的原则。贾平凹就多次表达自己的书写立场和情感路径，其因缘就是他的乡土美学和伦理态度，对新时期乡土作家的道德立场提出了异时异地的要求，这也是在乡土语境理解乡土作家的伦理批判的重要基础。贾平凹乡土意识提供了不可多得的经典范例，而新时期乡土作家的集体书写就验证了贾平凹伦理批判的乡土情结。通过对乡土意识的离去、寻根、返回的叙事，他们在乡土作品中呈现出知识分子对乡土意识和审美情结的阐释性思考；通过对婚姻模式的异化、扭曲、偏离的叙事，他们在乡土作品中展现出乡村社会对婚姻意识和传统道德的重现性确立；通过代际群己的失衡、对立、争议的叙事，他们在乡土作品中刻画出乡村人物对价值选择和伦理观念的批判性问答。当代文坛出现“乡土文学”、“寻根文学”、“伦理意识”等结构思潮时，现实主义批判精神从政治性批判逐渐深入到伦理批判和文化批判。① 贾平凹作品的乡土意识传统是对国家、民族的集体启蒙，其新时期的呐喊实现了新时期有识之士的“启蒙机制”，启蒙知识分子的家国关怀和先锋意识，启蒙乡村社会的土地观念和民间立场，这在乡土结构的框架内显得弥足珍贵。由伦理忧患而阐释道德困境，由纯粹乡土而寻觅现实乡土，由生活经验而总结集体经验，这就是贾平凹作品和乡土作家的因缘逻辑。随着创作倾向变化，新时期乡土作家的乡土牧歌、乡土挽叹、乡土批判等审美意识，经历作家群体对乡土经验

① 徐俊西：《略论新时期文学中现实主义的深化和发展》，载《学术季刊》1987年第3期。

的批判、留恋和建设，提供乡村建设的愿景蓝图。时至今日，贾平凹作品的乡土意识依然具有精神启蒙的重要作用，其经典性和示范性也得到当代文学史的价值认同，闪耀着“陕军东征”的乡土魄力。

四、结语

贾平凹的乡土作品是对社会转型和文学转型的生动再现，实现了乡土概念在当代文坛的批评和接受，其示范性和影响性彰显出经典作家的时代价值。新时期乡村建设需要重温传统的伦理经验，需要紧扣浪潮的批评主题，需要反思固有的家园观念。通过乡土作家的创作活动，能够发现贾平凹乡土意识的重要影响，其乡土取舍和乡土判断，指向具体的现代性批评和自我性思考，从农村立场至平民观念，再到先锋意识，影响到陕西文学和西部文学的新时期发展。乡土作家的审美意识在洞悉乡土意象时，逐渐“按图索骥”还原乡村社会文化，呼吁新时期的乡村建设，渴望回到“纯粹乡土”的自由境界。乡土叙事的主流意识，乡土结构的寻根文化，乡土情结的伦理忧患，吹散了“返乡者”的精神迷茫，重筑了“寻根者”的指引灯塔，对新时期的乡村文化建设具有重要影响。新时期的文化建设需要“贾平凹式”的乡土作家，需要他们敢于直言的批判精神，需要他们振聋发聩的启蒙精神。乡土书写始终都是当代文坛的关键话语，在“启蒙”与“反启蒙”之间促进当代文学的批判性反思。时至今日，贾平凹乡土意识的经典作用在乡土文学系列得到业内的一致认同，翻开了新时期乡土文学的书写篇章，确立了新时期乡土经验的文学总结，响应了新时期乡土社会的建设思想。

（作者简介：李松，武汉大学文学院副教授、博士生导师，主要从事文艺理论与当代文艺研究）

想象造就“文学中的现实”

——余华的小说创作及其示范意义

朱晓骢　黄水石

因20世纪80年代所写一系列短中篇小说而被冠以“先锋作家”称号的余华，在90年代凭借《在细雨中呼喊》《活着》和《许三观卖血记》三部长篇小说饮誉文坛，直至21世纪，这位小说家仍在《兄弟》和《第七天》中不断探寻写作之路。不论以作品出版数量，还是在全球范围内受欢迎程度来衡量，余华都毋庸置疑可称为中国当代的著名作家。

在创作的同时，余华也非常关注写作本身。自20世纪90年代起，余华在访谈、论文、杂文中陆续发表对写作的反思和理解。当代作家中，毕飞宇、王蒙等也显示出写作理论上的自觉，但与他们散落在访谈杂文中细碎的文学讨论不同，余华更倾向于系统、单纯地讨论写作问题。其中尤为引人注目的是余华关于“想象”的关注与讨论。受博尔赫斯、马尔克斯等西方作家的影响，余华非常注重写作中想象的运用。虽然批评家们普遍认为，90年代的风格转向使余华从先锋文学的旗手摇身变为现实主义的拥趸，但观照他的创作历程，我们会发现，即使作品风格经历了明显转向，80年代短中篇小说中从博尔赫斯等名家那里继承的想象与新奇仍旧被余华游刃有余地运用在之后的长篇小说里，他一直将对想象的理解贯穿于写作之中。

余华既通过反思写作来反思想象，也将对想象的反思贯彻到小说创作之中，并且最终实现为独特的、带着“余华”印记的作品。从这一角度而言，他对想象的反思与其说是文学理论，不如说是一种写作姿态。虽然作为论者，余华的理解不如文学理论家系统深入，但作为敏锐的读者和优秀的作者，余华的论述浅显易懂并具有实用性。作为读者的他学习大师们如何构筑“想象”，是为了写作；作为论者的他试图研究“想象”，也是为了写作；作为作者的他将对“想象”的理解以小说成型的方式展现出来，更是为了写作本身。一部小说的成功，虽说会受到理论的无形指导，但始终需要作家将其活用到每一处细节、每一个技巧上。余华的小说不但成型，而且被读者广泛认可，可以说他对写作技巧的探索与实践是非常成功的。就此而言，余华既在反思自身的写作，并以独特的方式成就他的文学作品，同时通过对作品的反思又进一步阐释对“想象”的看法，这显示出他在文学上的高度自觉，可以成为当代作家的表率。更重要的是，通过对想象的探讨，余华将写作与对写作的反思融为一体，使写作本身的含义变得更为深广，这对当代文学作品的创作具有示范效应。现今学界的余华研究多集中于作品主题、风格的探讨，对余华的写作论着墨甚少，本文拟从“想象”入手，探讨余华对写作的反思。

一、“文学中的现实”

艺术真实是衡量虚构作品，尤其是小说是否成功的标志之一。传统小说擅长创造丰满的人物形象与曲折的故事情节，读者越是沉迷其中、信以为真，越表明叙述者技艺之高超。与后结构主义、后现代主义思潮紧密相连的“元小说”叙述有意打破传统小说的创作模式，引入叙述者，强调故事的虚构性，但也以接近艺术真实、引起读者情感共鸣为目标。

作为一位有追求的小说家，余华也希望自己的作品能表达艺术真实，他宣称：“我的所有努力都是为了更加接近真实。”①他将“艺术真实”又称为“文学中的现实”，并与“现实中的现实”形成对立。余华选取“卡车相撞”和“跳楼轻生”的新闻故事为例以说明这一对立。他认为，两个细节的描述使这两个常见的新闻事件产生了“文学中的现实”：一个是卡车相撞发出的巨大声响震落了道路两旁树上的麻雀，另一个是跳楼者由于剧烈冲击而崩裂了裤子。余华并没有直截了当地分析细节使现实具有文学特质的原因，而是从读者心理感受的角度揭示了这两处细节的奥秘。他认

① 余华：《虚伪的作品》，载《上海文论》1989年第5期。

为这两个细节使事件“一下子变得与众不同，变得更加触目惊心，变得令人难忘……”，反之，如果没有这两个细节，事件“即便是进入了文学，也是很容易被阅读遗忘，因为它们没有产生文学中的现实，它们仅仅是让现实事件进入了语言的叙述系统而已。……文学的现实应该由这样的表达来建立，如果没有这样的表达，叙述就会沦落为生活和事件的简单图解。”①这么来看，似乎当读者对故事感到新奇难忘，事件就能获得文学上的合法性。但是深究这段话，其实不然。余华强调的不是读者心理上的新奇感受，而是作者如何运用创造使作品产生新奇难忘的效果，换言之，他看重的是作者的创造。如果不能产生“文学中的现实”，文学作品便仅仅只是让“现实世界进入了语言系统”②，依旧不具有文学上的合法性。要让“文学中的现实”产生，作者需要在内容选择与表述上都力求与众不同，在这一过程中，写作绝不是对现实生活的简单摹仿和片段式图解，而应灌注作者对现实有意识地改造与创造。在余华看来，“简单图解”是一种机械摹仿的写作态度，它“窒息了作家应有的才华，使我们的世界充满了房屋、街道这类实在的事物，我们无法明白有关世界的语言和结构，我们的想象力会在一只茶杯面前忍气吞声。”③他认为，“文学中的现实”得以产生的最重要因素是“想象”。

诚如洪治纲所言：“小说作为一种虚构的文体，想象是不可或缺的要素。”④从文学角度回顾事件，我们会发现这两个细节的选取都具有丰富的想象力。在人们的常规思维里，麻雀被震落和车祸原本是两不相干的，但这一细节以想象将两者联系在了一起，从侧面烘托出两车相撞的惨烈。想象力的广阔使惨烈不仅表现为两车之间高速碰撞的声响，更暗含了碰撞一瞬产生的冲击，正是这种令人目眩的震动将枝头的麻雀震下，并与车祸产生了联系。裤子崩裂这一细节很贴近生活现实，可同样容易被人忽略。人们试图用语言去描述跳楼时，多会将关注点放在人死后静态的画面上，或许会如上文所说，沦为对现实的简单图解。但是当裤子崩裂

① 余华：《没有一条道路是重复的》，作家出版社2008年版，第183页。

② 余华：《没有一条道路是重复的》，作家出版社2008年版，第183页。

③ 余华：《虚伪的作品》，载《上海文论》1989年第5期。

④ 洪治纲：《余华小说散论》，载《小说评论》1990年第3期。

的细节展示在读者面前时，读者惊奇的同时会思考，裤子是什么时候崩裂的？或许是人从空中跃起的瞬间，或许是在急速坠落的过程中，或许是在砰然落地的那一刻。这一细节隐藏着大量余韵，想象的广阔使读者联想到整个跳楼过程，包括跃起动作、坠落速度和落地声音。崩裂了的裤子原本是一种静态描写，但因想象的延展，使读者激活了听觉、视觉等一系列的动态感受。读者用全新的角度想象了跳楼过程，并且因为相应联想，使跳楼的想象更加真实可怖——读者似乎能感觉到自己随着跳楼者一同坠落，因此这一新奇的细节描写最终会使读者印象深刻。新奇的想象是作者有意安排的结果，它往往带来读者阅读的迟疑、停滞与思索，逼迫读者调动现实经验与联想进行解读。但是，我们仍需认识到，虚构与虚假，有时候仅有一线之隔。想象须合情合理，才能使读者在惊奇的同时不感到怀疑。如果两车相撞的响声没有震落树上的麻雀，而是震断了路边的树干，如果一个人从高楼纵身跳下，周身的衣服都被风撕裂成碎片，读者或许会怀疑起故事的真实性。那么，即便作者运用的想象再如何天马行空、惊世骇俗，现实都不可能获得“文学的合法性”，因为“文学中的现实”已经不能称之为真实了。

在论述“想象”的重要性方面，余华进一步解释了两种文学改造现实的写作方式，他解释道：“文学的真实是不能用现实生活的尺度去衡量的，它的真实里还包括了想象、梦境和欲望。”①前者将文学理解为对现实生活毕肖的观察与摹仿，即前文所说的“简单图解”，后者强调想象、梦境和欲望应凌驾于单纯的现实描摹之上，作者应积极主动地对现实世界进行文学改造，使之虽形似现实，但又异于现实。

在这句话中，余华透露出了两重信息。首先，他反对单纯机械描述而没有技巧文辞修饰的写作方法，强调唯有作者创作与介入才能产生“文学中的现实”。如果说前者只是纯粹地模仿现实，照着现实生活的尺度书写文学，文学中发生的一切宛如镜子一般反映着现实，这类乏善可陈的文学本身没有了创作者的创造与参与，没有了创作者的痕迹，就不能称之为文学，就更不可能产生“文学中的现实”了。其次，“文学中的现实”

① 余华：《没有一条道路是重复的》，作家出版社2008年版，第106页。

之所以不同于“现实中的现实”，是因为它打上了作者强烈的个性烙印，而这个打上烙印的过程就是“想象”。在创作阶段，“想象”、“梦境”和“欲望”不是来自读者，而是来自作者。作家进行创作活动，对素材进行选择，有意识地异化、改造现实，使之在为文学服务的同时，经由种种创造性活动，使文学世界沾染了作者的个性色彩。因此作者的参与、个性使“文学中的现实”包含了“想象、梦境和欲望”，在余华的小说中尤其如此。洪治纲评论余华对素材的选取时说：“一切客观的、原始的现实生活在余华的笔下已全失去了意义，他所摄取的只是他精神世界存在的种种镜头，然后再根据自己的主观意图进行组合建构。”①以跳楼事件为例，作家需要慧眼识珠，寻找一个最佳细节进行描写。围观群众的尖叫、血液的流动或凝固、跳楼者身体的破碎扭曲、环境描写等都在备选范围。当然，作家所做的并不仅仅只是在材料之间衡量利弊，更多时候，优秀的作家需要运用丰富的想象创造出一个素材，例如将裤子崩裂这一细节加进候选材料的范围。因此，想象决定了素材抉择的可选范围，也显示出作家创作力的高下。想象活动意味着作家有意识地异化、改造现实，使作品成为“想象”的创造品。张卫中指出，余华在写作中“将现实生活变成一种按自己的理解重塑过的生活”，这是一种“幻化”②。余华不满足于描摹纯粹写实的现实，而是根据自己的主观意图对客观现实世界进行组合建构，使文学成为作家内心的反映，这就“意味着达到了作品的绝对真实性，因为它们具现了作家的内在本质”③。

作家通过写作使文本成型，要使文本成为文学，成为“文学中的现实”，即要经历作者的改造与创造。作家运用想象选取与众不同的材料，让选取的材料投射内心，为整个故事服务，使读者对故事细节印象深刻。通过读者的心理反应，作家创作的文本成为了文学，具有文学价值，那么就产生了“文学中的现实”，因此，“想象”对于产生“文学中的现实”的重要性不言而喻。

① 洪治纲：《余华小说散论》，载《小说评论》1990年第3期。

② 张卫中：《余华小说读解》，载《当代作家评论》1990年第6期。

③ 洪治纲：《余华小说散论》，载《小说评论》1990年第3期。

二、有灵魂的想象

余华认为想象必须具有“灵魂”，他说：“有灵魂的想象会让我们感受到独特和惊奇的气息，甚至是怪异和骇人听闻的气息，反过来没有灵魂的想象总是平庸和索然无味。”①有灵魂的想象是作者绞尽脑汁的智慧结晶，是对现实生活的再创造，它与众不同、独一无二，会让读者惊奇难忘，因此，有灵魂的想象会产生“文学中的现实”。

那么，什么是有灵魂的想象？首先，它指想象内容的求新。想象的新奇容易消解，余华以“女人—鲜花”的比喻为例，“鲜花”就是想象的灵魂。美女与鲜花存在的本喻体关系使这一想象成立，但经由反复运用，读者不再感到新奇，从而想象的存在就消解了，作家的任务是去寻找“女性之美”的新比喻。如余华在《许三观卖血记》中形容许玉兰和二乐的关系非常好，他描写道：“一个三十岁的女人和一个八岁的男孩，说起话来就像是两个三十岁的女人或者是两个八岁的男孩。”②余华将许玉兰的天真烂漫比作八岁的孩子，将二乐的成熟世故比作一个三十岁的女人，正因为两者互补，一个三十岁的女人才可以和一个八岁的男孩愉快交谈，这种新颖的想象使得故事显得合情合理。其次，它指写作手法上的求奇。仍然以女人和鲜花为例，这个比喻虽然已用得烂俗，但马拉美形容：“每朵花都梦想着雅丝丽夫人。”③这个形容比“雅丝丽夫人就像一朵鲜花”高明太多。前者的拟人手法暗藏比喻，“思慕”这一动词表明花成为一个有生命的物象，经由拟人手法，每一朵花都像一个生命思慕着雅丝丽夫人的美貌。花这一物象本身又与美人形成比喻，这个句子拿美人的美与雅丝丽夫人的美相比，本喻一体，仿佛博尔赫斯那句著名的形容：“就像水

① 余华：《我们生活在巨大的差距里》，北京十月文艺出版社2015年版，第81页。

② 余华：《许三观卖血记》，作家出版社2012年版，第46页。

③ 余华：《我们生活在巨大的差距里》，北京十月文艺出版社2015年版，第82页。

消失在水里一样。"①这个充满想象的句子形成了多种效果。余华在小说里也尽可能地运用这一想象方式，如许三观发现老婆许玉兰与何小勇有私，许玉兰羞愧得以手捧脸，余华写道："许玉兰双手捧着自己的脸，眼睛也捧在了手上。"②这种陌生化的表达使读者产生了阅读停滞，前半句非常容易理解，后半句中，一个人的眼睛怎么会捧在手上呢？但是读者很快会明白，后半句与前半句是一个意思。那么后半句是否显得多余？许玉兰双手捧着自己的脸，这种捧法可以有很多种，可以托腮，可以掩面，但"眼睛也捧在了手上"的描写将许玉兰低头将脸埋在手心中的样子非常形象地描绘了出来，同时增添了些许喜剧效果。

再以两个例子来分析强劲的想象如何产生"文学的现实"。第一个例子是亚里士多德形容为国捐躯的年轻人时说："就像从我们的一年中夺走了春天。"③青年与春天是本喻体关系，他们都具有"初始"、"新生"的含义，百花绽放的美与年轻岁月的美是一致的，春天的消逝与青年生命的终结共同代表死亡。但是，"夺走"一词充满想象力地提示我们，在这个语境中，不可抗力使美好的春天一去不回，使四季轮回的春天永远消失，这时再去观照本体的死亡，会让读者更加理解年轻生命消逝中美丽的凋零与永不再回的悲哀。第二个例子是余华看见一位在街头哭泣的老人与欢笑的路人形成鲜明对比，余华说，欢笑的人只是暂且遗忘了悲哀的感觉，他形容道："在他身旁那些若无其事获得暂时满足的人，他们难道没有在风中哭泣过？悲哀也会像日出一样常常来袭击他们。"④在这个句子的形容中，主语"悲哀"与动词"袭击"搭配合理，人们对痛苦避之不及，可是总是事与愿违地撞上它们。但是"悲哀"、"袭击"与"日出"又有什么关系呢？日出和悲哀的到来都是不受人力改变，日出原本是一个缓慢的过程，但人们总错觉太阳是一瞬间跃出地平线的，因此"日出"和"悲哀"都具有"瞬间"到来的特性。日出和悲伤经由想象，又被"瞬间发生"这条隐秘的纽带联系在一起，共同具有"袭击"给人带来

① 转引自余华：《温暖和百感交集的旅程》，作家出版社 2008 年版，第 36 页。

② 余华：《许三观卖血记》，作家出版社 2012 年版，第 39 页。

③ 余华：《音乐影响了我的写作》，作家出版社 2008 年版，第 56 页。

④ 余华：《没有一条道路是重复的》，作家出版社 2008 年版，第 67 页。

的猝不及防感。这两个例子都是有灵魂的想象，经由“春天被夺走”带来的想象，读者面对“青年—春天”这个陈旧比喻时，不仅能想到两者相似的美好，更能体会到两者逝去的悲哀。经由“日出”这一形容的想象，读者或许更能意识到，悲哀的降临迅猛急速，而又如日恒常，挣脱不了。

有灵魂的想象会产生“文学中的现实”，更会对小说的创作和接受起到重要作用。首先，从作者创作的角度而言，作者能利用想象重塑现实，使之达到自己理想中的效果。如前文中通过麻雀描写车祸的惨烈，就是运用想象将整个故事的叙述方式进行了重新编排，惨烈的场景描写一笔带过甚至隐去了，而隐藏在读者视野中的麻雀却被作者别有用心地提炼了出来。其次，从读者接受的角度来说，作者的想象能引起读者的联想，使阅读活动也因经历了想象而创造全新的生活体验。余华说：“想象力里面最为朴素也是最为普遍的美德——联想……联想所表达出来的，其实就是想象力的长度。”①上文提及读者因为麻雀联想到两车相撞的声响，通过裤子崩裂联想到落地时的冲击力，这是围绕事物本身展开的边缘联想。而余华更看重另一种可以跨越时间、空间的联想，它是读者的个人经验与文学的契合，使阅读活动变成了想象的历程。余华幼年曾在炎夏夜晚睡在医院的太平间里，长大以后他忘记了这段体验，然而当读到海涅的诗句“死亡是凉爽的夜晚”②时，他将童年经验与海涅的诗句联系在了一起。海涅通过想象的技艺唤起了余华的个人体验，海涅的诗变成了生动的形象，使余华在阅读本身经历了想象的历程，阅读也创造了全新的生活体验。文学的美妙之处在于可以让我们在不同的作品里读到属于自己的感受，这就是联想的作用——“阅读文学作品不仅可以激活某个时期的某个经历，也会激活更多时期的更多经历。而且，一个阅读还可以激活更多的阅读，唤醒过去阅读里的种种体验，这时候阅读就会诞生另外一个世界，出现另外一条人生道路。这就是文学带给我们的想象力的

① 余华：《我们生活在巨大的差距里》，北京十月文艺出版社 2015 年版，第 76 页。

② 余华：《我们生活在巨大的差距里》，北京十月文艺出版社 2015 年版，第 75 页。

长度。”①优秀的作品莫不如此。

三、想象与洞察

作家经由“想象”对现实生活进行文学上的改造与创造，使之产生“文学中的现实”。改造与创造都强调作者的“造文”能力，如果说创造强调天马行空的“创”，那么改造则侧重于“改”，它有一个基础，就是现实世界。余华认为，想象应当有一个基础：“想象应该有着现实的依据，或者说想象应该产生事实，否则就只是臆造和谎言。”②作者在运用“想象”构筑小说世界时，也要运用“洞察”使文学中的想象符合实际，只有两者巧妙地结合起来，才能产生“文学中的现实”：“人们总是喜欢强调想象对于文学的重要，其实洞察也是同样的重要，当想象飞翔的时候，是洞察在把握着它的方向。……只有当想象和洞察完美地结合起来时……才会有我这里所说的文学中的现实。”③

洞察既可以理解为对现实生活的洞察，也可以理解为对作品中现实的洞察。对现实生活的洞察要求作者的想象符合现实，如马尔克斯写雷梅黛丝坐在床单上飞上天空，既充满生活气息，又显得合情合理。又如中国古代传说中神仙利用刮风和下雨这两个自然景象上天入地，既符合神仙飘逸灵动的风姿，也有现实的依据④。对作品中现实的洞察体现在小说人物在小说构筑的世界里的各种行为都合情合理。比如《许三观卖血记》中，许玉兰坐在门槛上，口无遮拦地说出与何小勇偷情之事。在中国传统观念里，讲究家丑不外扬，因此许玉兰的行为对于我们来说极不合理，但是故事设定在20世纪五六十年代，在这个相对闭塞的小城镇里，人与人之间没有秘密可言。因此，我们可以说在故事设定的背景上，这

① 余华：《我们生活在巨大的差距里》，北京十月文艺出版社2015年版，第78页。

② 余华：《音乐影响了我的写作》，作家出版社2008年版，第116页。

③ 余华：《没有一条道路是重复的》，作家出版社2008年版，第185页。

④ 余华：《我们生活在巨大的差距里》，北京十月文艺出版社2015年版，第63~65页。

一行为是合理的。更何况，就人物塑造而言，许玉兰是城里最漂亮的女人，哪怕是在最贫苦的时候，她掉眼泪时也是“先是用手心擦去脸颊上的泪水，再用手指去擦眼角的泪水”①在夫妻关系中，自恃美貌的她从一开始即凌驾于许三观之上，所以她才敢说敢做。再来说故事的主人公，在前半段故事的塑造中，许三观这个虚构人物形象显得有些荒诞。一乐用砖头打伤了方铁匠儿子的头，方铁匠来找许三观要医药费，要钱无果，只好以物抵债。许玉兰泪流满面地看着辛苦经营的家被慢慢搬空，可许三观却让许玉兰为“客人”烧水泡茶。在方铁匠搬东西时，他在一旁冷静地分析利弊，强调：“能搬多少搬多少，就是别把我的东西搬了，一乐闯的祸和我没有一点关系，所以我的东西不能搬。”②他甚至帮助外人把家里的东西搬了出去，使许玉兰评价道：“世上还有这种人，帮着别人来搬自己家里的东西，看上去还比别人更卖力。”③不仅如此，众人拉着板车离去，许三观还向他们笑着点头。故事到此，许三观的形象已经到了荒诞的顶点，读者的疑问也达到顶峰，但是随后，余华用高超的笔法将许三观的形象拉回到正常状态。当许三观看着板车载着十年积累的家当离开巷子，他“眼泪也哗哗地下来了，他弯下腰坐到了许玉兰身旁，和许玉兰一起坐在门槛上，一起呜呜地哭起来了。”④于是读者恍然大悟，许三观也有正常人的情感，之前那些“不合常理”的行为是隐忍的难过，于是想象创造出人物性格上的一时荒诞被符合现实的部分遮掩了过去，甚至焕发了光彩。

由“想象”与“洞察”产生的“文学的现实”还可以体现在故事情节的构筑之中。卖血是故事的主要线索，它贯穿了许三观的一生，也见证了他的衰老与悲伤。那么，这一充满想象的设置必须有值得信服的前提，许三观为什么一定要选择卖血，而不选择工作挣钱来解决人生中的困难？从故事本身来看，许三观最初并没有献血的医学知识，面对阿方和根龙“血里的力气比肉里的力气值钱多了”的理论，他选择相信不足为奇。但

① 余华：《许三观卖血记》，作家出版社2012年版，第127页。

② 余华：《许三观卖血记》，作家出版社2012年版，第71页。

③ 余华：《许三观卖血记》，作家出版社2012年版，第72页。

④ 余华：《许三观卖血记》，作家出版社2012年版，第74页。

随着情节的推进，许玉兰的惊呼、众人的规劝和自己身体感受的变化，都使他明白，献血是有坏处的。但是他并没有停止卖血，甚至次数越来越多，间隙越来越短，而每一次他对卖血意味着身体健康这一想法的相信越来越深入骨髓的情形则不断得到渲染和强调。科学地去看，这件事相当荒谬，但这个荒谬的背后却反映着深刻的社会现实。在这个故事里，卖血是为了换钱，换钱是因为贫穷。贫穷无处不在，没有钱，许三观无法娶妻生子，无法赎回家中物件，无法挽救家人性命。到故事的最后，许三观卖血是为了救命，表面来看是救一乐的命，深层而言更是救自己的命。当我们再来反观许三观不顾生死地卖血时，或许更能理解一个处在求生绝境中的男人渺小的担当，在这个时候，他是一个可亲的父亲，是一个可敬的丈夫，更是一个与命运抗争不肯妥协的男人，这个人物形象因卖血而更加悲壮和真实。

想象不是空泛的理论，落实在文学中，想象力的展现变成了要素的选择、语言的选择以及关联的技巧，现实的洞察也体现在语言的技艺上。也就是说，洞察力使得想象力具备了在语言展开上的判断力，这对于余华写作的语言实现来说也是具备直接决定性的。余华的语言风格别具一格，充满新意。举《许三观卖血记》中的两个例子，第一个是余华形容许玉兰的美丽："她在大街上的行走，使她的漂亮像穿过这座城镇的河流一样被人们所熟悉。"①这一句子充满了想象力，首先它将许玉兰的漂亮比作城镇的河流，两者相同的地方是都被镇上的人所熟知；其次，它讲许玉兰展露自己美貌的过程与河流的流动联系起来，都具有动态的过程。这句子联系现实的地方在于，许玉兰自恃美貌，也特别愿意展露自己的魅力，并且故事所在的地方是一个江南水乡，河道众多。所以这个形容既具有想象力，也非常符合设定的现实。第二个例子是许三观不小心将木桶掉进了井里："木桶掉进了井底，被井水吃了进去。"②余华将想象落实在语言的选择上，"吃"这个动词形容出了木桶落入井水的状态和井水的吞噬性。对余华来说，"想象"与"洞察"密不可分，共同构筑了"文学

① 余华：《许三观卖血记》，作家出版社2012年版，第21页。

② 余华：《许三观卖血记》，作家出版社2012年版，第49页。

中的现实”，他游刃有余地游走在其中，这也构成了他作品的魅力。

受到西方文学思潮的影响，当代严肃的作家实际上都试图将对写作的反思和写作活动结合在一起，甚至对写作的反思成为了作家创作展现的另一种表达方式。作家把对写作的探讨当作写作来呈现，这种探讨不是完备严密的理论，而成为作家的文学作品，余华与小说相关的散论也呈现出他把写作和反思融合一体的特点。作家们不再依凭灵感或读者的喜好写作，写作本身构成了对于作家而言的生活的实现方式，即他想象或者经历，准确说，创造另一个人生，而这一人生却是生活世界的另一种展开，它首先沉淀为记忆，但又在语言的技艺中凝结为可以阅读和观看的而得到切近体验的生活世界。这反映出了现当代写作的一种新趋势，余华在这方面的探索很有代表性。

当代作家中，显示出写作理论上高度自觉的作家，如毕飞宇将自己的文字叙述方式命名为“朴素的现实主义”①。与毕飞宇试图为个人作品下定义不同，余华似乎并不急于给作品打上标签——尽管他被归为先锋作家，他更关注的是结合了学习、思考与运用的整个写作活动，或者说是写作本身。从余华对想象的探讨中，我们看到了他对西方文学叙事技巧的学习，对小说细节技艺的雕琢，更得以窥见一个作家对写作的自觉。余华对写作活动具有清醒认识，他有意识地阅读名家作品，有目的地写作，将思考付诸字句之间。在他这里，阅读本身也成为了“写作”重要的一环，想象运行在阅读过程中，激活了作家的人生体验，使文学真实与生活中的真实融为一体。我们或许会问，作家和作品的价值究竟在哪里？其实，借由想象塑造的作品，作家给了读者一次在想象中重新体验生活的机会，在文学的世界里，生活时而诗意，时而残酷，时而真实，时而虚幻，在阅读作品的过程中，读者能重新体验生活、看待生活，并重新赢得生活。得到体验的生活被凝聚在作品中，使作品也赢得了自己的生命。而作家在创作的过程中，无异于在想象的历程中也重新活了一次。从这一意义上来说，余华对写作的反思与实践既使文学作品具有生命力，也为读者提供了体验生活的机会，更是在想象创造的过程中，为自己赢

① 贺仲明：《毕飞宇创作论》，载《小说评论》2012 年第 1 期。

得了灵魂的自由。

毋庸置疑，余华拥有文学上绝佳的天赋，更为可幸的是他依旧在不断学习、反思写作技巧，写作上的高度自觉促使他阅读前人作品，促使他笔耕不辍、攀越高峰。尽管余华展现的生活世界及其作为文学的真实与现实世界一样令人触目惊心，甚至比实际的现实生活更恐怖，但在当今文学日益世俗化、日益消散自身存在之基础的时代境况中，他的创作是严肃而富于文学自身特质的，不论对写作本身的自觉是深刻或者浅薄，所创作的作品是成功或者失败，都称得上极具成就和示范性的当代文学探索，值得重视和肯定，作为独特的文学现象也值得深入研究。

戏曲形式：完美的困境与余笑予的选择

彭万荣

戏曲，首先是一种形式，如同音乐、美术和舞蹈一样，它的质的规定性是由其形式因素或媒介特性所决定的，而与其表现的内容和人物没有必然关系。同样一个武则天，不同的艺术形式都可以表现她，差别在于，各自的艺术形式表现武则天使用的是其自身独有的媒介材料。这是不难取得的一个共识，可在相当长的时间里，这个问题并没有得到很好的解决。曾几何时，“题材决定论”、“内容决定论”成为艺术创作的金科玉律，也就是赋予内容对形式的优先位置，导致文艺创作出现唯题材论，唯内容论。文艺创作在一种“安全”生产的氛围下，题材和内容进一步收缩，最后只剩下“三突出”的创作模式了。1980 年代初，文艺创作者虽然摒弃了僵化的“三突出”模式，但从尘霾中走出来的人，很难将尘霾从身上完全掸除干净，注定被抛弃的思维方式仍会顽固地制约艺术家们的创作。一时之间，戏曲创作在解除束缚之后，在原汁原味、地道正宗的旗帜下，复古浪潮席卷剧坛。整个社会出现了传统戏曲的断裂，一方面，老观众经过多年的思想改造，已难以欣赏到曾令他们如痴如醉的老戏；另一方面，在新的文化环境中成长起来的新生代，对传统戏曲没有感情，也不懂得欣赏。这给戏曲创作带来了难以估量的灾难性后果，如何薪火相续？既让老观众觉得戏曲光芒依旧，又让新观众领略到戏曲的独特魅力。这确实是一个巨大且急迫的挑战，如何在社会结构调整和思想嬗变时期去适应并引领社会文化发展？余笑予在思索。1986 年，余笑予在《文艺研究》上撰写一篇题为《关于当代戏曲形式美的思考》的文章，他痛切地反思道：“为什么当代戏曲创作的传世之作寥若晨星？戏曲艺术那种使无数观众如痴如醉销魂荡魄的魅力到哪里去了？”他既在问自己，也在问戏曲界。他在思考中发现，出现这种局面的主要症结在于对戏曲艺术形式的严重忽视。这个发现对一个创作者来说，实在太重要了。

余笑予在一篇短文①中这样写道：

为什么在中国戏曲发展过程中，曾经出现过“唐三千、宋八百”的繁荣局面？

为什么在唱、做、念、打、舞诸方面，在生、旦、净、末、丑诸行当中都曾涌现出灿若星河、各显异彩的折子戏？

那种使无数中外观众如痴如醉、销魂荡魄的艺术魅力到哪里去了？

我在长期困惑的思考中，越来越感到，在当代，忽视中国戏曲独特的形式美是极其重要的症结之一。现在，是到了从实践到理论上予以高度重视、深刻地反思的时候了。

从理论上说来，形式固然是由内容决定的，但如果没有特定的形式，那么特定内容便失去存在的物质条件。从这个意义上说，没有特定的形式美，就不可能产生各具鲜明特征的艺术门类。从戏曲史的角度来看，每一次戏曲的兴衰更迭，都是以新的形式美的盛行为其突出标志的，当旧的形式阻碍着表现新的生活内容时，对形式美的革新就成了主要矛盾。形式美对戏曲的发展起了无可置疑的巨大作用。

长期以来，在我们的戏曲艺术实践中，往往只是片面地强调思想内容，把思想内容第一变成了思想内容唯一，而形式美的相对独立性，巨大的能动性和创造性的反作用却被忽视了，遗忘了，甚至被排挤得没有立足之地了。

当前，在周期性的“戏曲危机”有如寒风袭面的时候，迫使我们不得不对此作出严峻的思考。现在戏曲界正在热烈争论的“纵向继承”与“横向借鉴”的问题，“戏曲化”与“现代化”的问题，实际上，争论的焦点仍然主要是戏曲形式的问题。我认为，明确地提出当代

① 余笑予：《创造当代戏曲形式美》，载《长江日报》1986年9月4日。

戏曲形式美这一命题，对戏曲艺术的振兴有着举足轻重的作用，不仅有很强的理论意义，而且也有极紧迫的实践意义。

艺术的形式问题，是20世纪中国文艺界的一个重大的理论与实践问题，这个问题表现为对内容和形式关系的理解：哪一个轻哪一个重？或者说，哪一个第一哪一个第二？在中国，没有谁单纯地否定过艺术形式，但在对作品的最后评价上，在对一个艺术家最终的定位上，在对这个艺术家与另一个艺术家高下的比较上，总是表现出对作品内容更为看重的倾向。如果一个艺术家只是在艺术形式上去探索，如果一个艺术家的作品在内容上比较单薄，或者他作品的内容只是些小事，小我，小情感，那么对这个艺术家的评价便不会太高。这就导致艺术家们去关注重大主题和重大题材，根本无心也无力于自己的创作个性与独特体验，最终导致中国文艺作品概念化、公式化和教条化严重泛滥，作品的艺术形式不再成为艺术家们的创作冲动的源泉，而艺术形式的贫弱导致艺术品不再成为艺术品。中国新时期话剧的复兴是在两个向度上展开的，一是在内容上出现了向现实主义回归的戏剧作品：《枫叶红了的时候》《丹心谱》《于无声处》《报春花》《屋外有热流》《陈毅市长》《血，总是热的》；一是在形式上出现了一批具有探索实验倾向的戏剧作品：《绝对信号》《车站》《野人》《一个生者对死者的访问》《十五桩离婚案的调查剖析》《魔方》《WM》《红房间 白房间 黑房间》。这绝不是偶然的现象，而是戏剧在解除了束缚之后向着她的本体回复的必然结果。

在当代中国戏剧理论界，谭霈生是领悟到戏剧形式之重要性的第一人。早在1981年，北京大学出版社出版他的《论戏剧性》，在书中他在反思，什么是构成戏剧的根本特性？也就是说，什么是戏剧性？戏剧的特性不是内容所能决定，决定一部戏剧像一部戏剧的根本特性，是戏剧的形式，诸如行动、情节、情境、悬念、场面等这些戏剧的形式。在那个人们的思维还没有来得及变更过来的时代，谭霈生以其深邃的历史眼光和过人的理论胆识廓清了戏剧界的迷雾，使理论和创作回归到一条正确的轨道上来。他的论戏剧性归根结底就是论戏剧的形式。谭霈生的理论探索，预示着中国戏剧界新的发展趋向，那就回归到戏剧的形式本体，回归到戏剧的形式探索。

余笑予是改革开放后戏曲界较早领悟到这一时代变革的人，他从自己的切身实践经验中认识到，戏曲离开了形式就无从附丽，戏曲的内容、生命和魅力必须以戏曲的形式去体现，这是由戏曲的本质、特征和规律所规定的。离开了形式，离开了对形式的追求、感悟和征服，戏曲就不是戏曲，而是别的什么东西。当戏曲界在结束了假、大、空的文艺之后，戏曲创作一时还难以对剧烈变动的社会现实进行准确而快速的反映，于是出现了一个全局性的不自觉的重大转折，那就是回归传统，回到旧戏曲和老观众之中去了，这就导致戏曲的当代内容和现实生活严重缺失。青年观众没有传统戏曲文化的滋养，不懂戏也不爱戏，因为他们从戏曲中得不到所喜爱的节奏、旋律与韵味，于是，流行音乐和现代音乐成为年轻人追逐的时尚。

任何一种艺术，失去了青年观众喜爱与痴迷，那是绝对没有希望的。结果戏曲出现了从来没有的尴尬局面：观众不爱看戏、不买账，即使送票也不到戏院去。这其中的原因很多，最重要的原因是戏曲界整体的创新能力贫弱，中国戏曲界没有提供出一种创新的机制，从文艺思潮的把握，到组织结构的调整，到文化素养的积累都没能为创新提供保障，这突出地体现在对外来文化的吸收上，戏曲界没有及时顺应改革开放的大潮，相反有点逆潮流而动，画地自狱、故步自封，复归传统，舞台上尽是才子佳人、帝王将相。在所有的艺术门类里，戏曲是受外来文化冲击最少的一种艺术，这就使戏曲缺少从另外一只眼睛来审视自己，戏曲只是在其内部进行单纯的量的繁衍，或满足于对传统的简单的回归，而中国其他文艺的创造都没有脱离外来文化或文艺的洗礼，或者说，拿来主义是中国文艺获得创造生机与活力的一个重要途径，“拿来”得越多创造的动力就越大，这是中国文艺20世纪的总体的创作经验。总之从“他者”中获得创造，这是中国文化在走向世界的过程中，中国文艺在与世界文艺交流的过程中，必须采取的战略选择和战术调整。

中国戏曲的形式太完美了，太辉煌了，唱念做打、手眼身法步，戏曲角色的一招一式、一举一动、一颦一笑都充满无限韵味，似乎没有外来文化的立足之地，这在整个中国文艺中是一个特例。但从另一个方面来说，中国戏曲缺乏容纳外来文化的准备、胸襟和视野。在中国既懂戏曲又懂外来文化的人太少了，这就使得中国戏曲不能横向地面对世界文化，而是纵向地走进历史。不面对世界文化，就不了解世界文化的发展脉搏，就不会引领观众向前走；走进历史的结果是回复传统，回到过去，回到人们熟悉的审美经验之中去。戏曲丧失了通过整合外来文化或文艺以获得创造力的历史机遇，这不能不说是戏曲的最大遗憾。当然戏曲的整合外来文化的难度比其他的艺术更大，这其中一个重要的客观原因是戏曲有一个形式问题，戏曲家们难以找到把两种异质的文化进行有机融合的角度与方式。戏曲的最主要的形式是程式，而程式是历代的戏曲家们在不断总结前人的经验基础上逐渐形式的，它所凝结和表现的是历史故事和过去生活，当生活从观念、环境、方式和形态上都发生了极大变化之后，这些戏曲程式就难以适应新的处于不断演变或不确定的情势了，而新程式的创造因为积淀未深也没能适时地提供出来。

谁来拯救戏曲？余笑予应运而生。

笔者并不是说余笑予有很深厚的外国文化的积累，他的外国文化的修养是零星的，不经意的，在相当的程度上是当时中国文艺所能传播的有限的一些样式。当然，不一定有很深厚外国文化的修养就能拯救戏曲，这与当时的整个文化环境和时代氛围大有关系。拿绘画来说，同是留学巴黎的徐悲鸿和林风眠，一个学的是传统的现实主义，一个研习的是现代主义，但主宰中国绘画主流的却是徐悲鸿，林风眠则长期受到打击，直至晚年才被人们尊崇，形成大气候的是林风眠的学生同样留学巴黎的吴冠中。同样是外国的绘画形式，但不同的时代有不同的要求，违逆了整个时代的文化情境或文化关系，任何杰出的形式技巧都是不可能产生大影响的。戏曲最重要的质素就是在长期的艺术实践中所形成的以程式为代表的艺术美感，人们可以仅仅从戏曲的程式美感中就能获得高度的艺术认同。然而变化了的时代把程式的享受沦为次要的艺术品格，而且程式如果没有新的创造也会导致审美的丧失，这就需要艺术家们重新估量戏曲形式。余笑予对戏曲形式的一个基本判断是：戏曲已出现了形式危机！这突出地表现为演员演技的退化，演无“绝活”，戏无“绝技”，没有人们常说的“绝玩艺儿”。余笑予说：“大多数现代戏和新编历史剧没玩艺儿。过去一个剧团，或者一名演员，总有几出有‘绝玩艺儿’的剧目作为自己艺术水平的代表，或称之谓‘看家戏’。现在的大多数现代戏或新编古代戏，有几出能作为一个剧团的‘看家戏’而存在的呢？没有了。当代的许多剧目，不再有‘文戏’、‘武戏’、‘唱功’、‘做功’之类的区别，统统是一色大路子的玩艺儿。观众看不到超常人的技艺表演。有的戏别人一看就全会了。老观众认为新戏不如老戏有玩艺儿；新观众认为新戏曲的那几手不如歌舞、武术、体育、电影的技巧高。"①总之是演员表演技能的严重退化，过去的演员讲究"四功五法"，大多从小就受到严格的艰苦的训练，这使他们的表演得心应手游刃有余，举手投足带着那么一股韵味儿。而当今没有学过四功五法的演员赫然出现在戏曲舞台上，他们缺乏"幼功"，也缺少行当训练，什么"唱功戏"、"做功戏"、"长靠戏"、"短打戏"、"说白戏"，对他们而言已显得遥远而陌生。戏曲如何不衰微呢？

余笑予的过人之处便在于，他能根据当时戏曲所能借鉴到的一切来加以综合。他认为综合本身就是戏曲的一个特点，戏曲原来的名称叫"杂剧"，所谓"杂"便是综合。元代艺人综合诸宫调、杂耍、武术等许多民间艺术形成了戏曲。广泛接纳和多方吸收是戏曲在形成与发展的过程中具有的一个显著质素，由此而形成了悠久的稳定的辉煌的传统，人的日常生活与人的阶层的划分都可以在戏曲中找到程式化和角色行当的对应。可是，当生活发生了质的变化之后，传统戏曲优美的程式化动作在表现现代生活时显得十分滑稽可笑，而现代人交往中所形成的复杂关系及人物的心理也不是几种行当所能统摄的。余笑予深深感觉到了古典戏曲程式有限性与现代生活丰富化的矛盾，这种矛盾集中体现在戏曲程式难以表现现代生活。生活已经大变，而新的戏曲程式却没有被适时地创造出来。古代的交通工具是马车和木船，在戏曲表演中便成了以鞭代马、以桨代船的程式化表演，而当代生活中人们的主要交通工具是自行车、汽车、飞机和轮船，这些都没有一套戏曲程式来加以表现。再比如，根据古代服饰特征点化出来的曹靴、水袖和翎子根本不适应表现当代人的生

① 余笑予：《关于当代戏曲形式美的思考》，载《文艺研究》，1986 年 10 月。

活。这些都是表面的，更重要的是，当代人的情感和精神的特征以及由此而来的生活节奏和况味，都无法在传统戏曲程式中得到体现。如果当代戏曲不能创造一套足以表现当代人生活的戏曲形式，那戏曲的式微就只是个时间问题。戏曲形式的创造不外乎从这么几个方面来着手：一是从传统戏曲中去吸收那些仍然有用的程式；二是从当代生活中提炼富于表现力的动作以化生为程式；三是从其他姊妹艺术中借鉴一些可为戏曲利用的表现形式；四是从外国文艺中“拿来”一些与戏曲结构和特征相吻合的东西。这对戏曲家提出了很高的要求：阔大的胸襟、宽广的视野、综合的能力和创造的冲动。余笑予无疑是少数几个具备这种素质的导演之一。他的最大贡献就是解决传统戏曲形式与现代生活协调统一问题。

这实在是涉及戏曲发展命运的重大问题，这个问题可以转化为戏曲的当代性和现代化，换言之，戏曲既是传统的又是现代的。所谓传统的就是说戏曲仍保留着作为戏曲的东西，观众一看就知道是戏曲；所谓现代的是指戏曲表现的是现代人的思想与情趣，以及将这种思想与情趣当代化和世界化的表现形式。然而说说容易做起来却十分艰难，因为戏曲的历史太悠久了，她的表现形态太完美了，以至于对她的任何变更都可能导致戏曲形态的丧失。余笑予在他的戏曲实践中给自己确立的原则是：戏曲特点是一定要保持的，现代生活是一定要融入的。但保持戏曲的特点并不是照搬戏曲已有的东西，而是抓住戏曲的带有规律性的活的灵魂，这就不是戏曲的某个具体的一招一式，而是每招每式中所浸透的戏剧观念和创作方法：写意、传神、夸张、变形。“应求神似，不拘形肖”，做到虚实相兼，虚实有度。“太虚，不足以展现当代生活的丰富色彩，不适应当代观众的审美需要；太实，又必然导致戏曲形式美的退化，使戏曲失去它特有的艺术魅力。”①汉剧《弹吉他的姑娘》中的舞台环境和歌舞编配就充分说明了这一点。

余笑予说：“我在舞台正中设置了一个平台，让它随着演员的表演而变成不同的环境，它时而是乡村雪原中的高坡，时而又是雪原中的草棚，刚才是溢红滴翠的庭院，转瞬又成了宴席齐备的客厅。这是从传统的一

① 余笑予：《关于当代戏曲形式美的思考》，载《文艺研究》，1986 年 10 月。

桌二椅化用过来的，也是从现代话剧中搬过来的。但又都不是它们的简单复制。这是对‘虚’的成分的保留。这种‘虚’为剧情的流畅和演员的表演提供了基础。但如果仅仅有这种‘虚’，舞台将是不美的。于是我又根据情的需要，合理综合了‘实’的成分。在较长的场子中，特意使用了一些点缀性的布景。如：一棵冰花树，一对古雕，一扇抽象的拱形门或窗，一段挂着救生圈的舷栏。为了渲染环境气氛，还使用了天幕衬景。如飞溅的礼花，闪烁的航标，洁白的雪花，翻飞的鸥鹭。但这些天幕的衬景又不完全是实的，雪花不是满天飘飞的雪片，而是两朵巨型的六角冰花图案。航标只有闪闪的灯光，却不见坐标和江水。这是有限度的‘实’：不影响演员的表演，不影响剧情的流畅，不破坏写意风格的统一。”①总之，《弹吉他的姑娘》的舞台环境是具体的，又是抽象的；是灵活的，又是固定的；是客观环境的显现，又是人物精神的外化。产生协调统一的原因，全在于对“虚”和“实”合理的综合。不仅如此，在表演的动作设计上余笑予也注意虚实相兼。《弹吉他的姑娘》中有一场精彩的电话舞，电话是实的，但电线是虚的；时间是实的，但空间是虚的。更重要的是，余笑予把打电话这一现代生活注入了戏曲的表现形式，三个演员各执一话筒，且白且唱且舞，既在情理之中又在意料之外，既是当代歌舞又是古典戏曲，既有现代歌曲的韵味又具古典戏曲的音韵，既是程式动作又不曾见过，这些都无不表现了余笑予综合戏曲艺术的高超水平和整体控制能力。

下面，笔者从三个方面来分析余笑予对戏曲形式所做的探索。

打通传统和当代。余笑予是从传统戏曲中走过来的人，七岁开始就登台演楚剧，旁涉汉剧、京剧、花鼓戏、黄梅戏、豫剧、曲剧等多个戏曲品种，在戏曲领域摸爬滚打数十年，这使他能洞悉戏曲的魅力与弊端，如何保持戏曲的魅力而祛除戏曲的弊端？用余笑予的话来说，“对于古老剧种，着力于传统艺术形式如何表现现代生活。”②余笑予把目光朝向当代生活，《一包蜜》《忠魂》《家庭公案》《弹吉他的姑娘》《虎将军》都是反映

① 余笑予：《关于当代戏曲形式美的思考》，载《文艺研究》，1986年10月。

② 余笑予：《戏曲导演技法谈》，中国戏剧出版社1993年版，第23页。

当代生活的。但这些剧都是戏曲，唱念做打、手眼身法步，都是从传统戏曲中脱胎而出。即使是反应古代生活的戏，余笑予也极力将当代人的思想和感情融汇进去，像《药王庙传奇》就力图表现当代青年的思想与情操，在语言和唱腔上也采用青年观众喜爱的方式。而《徐九斤升官记》虽是古装戏，但剧中人物的思想与情感完全是当代的，尤其是一曲《当官难》，将现代人的感受与体验融入其中，集喜剧与讽刺于一体，赢得观众强烈的情感共鸣。

戏曲和话剧嫁接。戏曲和话剧是 20 世纪中国戏剧舞台上的双璧，在一段时间内，话剧的影响力甚至盖过了戏曲。尤其是五四运动之后以曹禺为代表的中国话剧，达到了戏剧艺术的一个新的高峰，话剧的整体性、思想性和艺术性远远超出了戏曲的成就。余笑予对此是有清醒认知的，他认为，新编历史剧和现代戏，必须突破旧剧种的传统样式，必须学习兄弟剧种，哪怕是“套用话剧的传统样式”，其目的就是为了革新戏曲，创新戏曲的演出样式。① 京剧《法门众生相》原本改编自《法门寺》和《拾玉镯》，然而这出戏却从根本上跳出了传统公案戏的套路，在情节结构、人物塑造吸取了话剧艺术的优长，实现戏曲与话剧的完美结合。他从话剧中得到的最大收获之一，就是确保戏曲艺术的完整性，传统戏曲有一个老毛病，就是戏随演员走，演员唱功好就让他多唱，做功好就让他多做，这样就使整个戏曲的结构松散、随意，出现很大的不确定性。余笑予旗帜鲜明地倡导确立导演的中心地位，导演才是戏剧艺术的组织者和总设计师，“一个戏的成败，起决定作用的是导演，是导演总体设计和完整的构思，以来严密组织的舞台演出。”②收获之二，就是塑造生活化的人物形象，《徐九斤升官记》中徐九斤的形象，《膏药章》中的膏药章的形象，业已成为中国当代戏曲人物画廊中的经典形象。此外，《家庭公案》中王连生的形象、《弹吉他的姑娘》中圆圆的形象、《虎将军》中徐海东的形象、《药王庙传奇》中的韩望春的形象等，这些人物形象既性格鲜明，又富于时代气息。余笑予在表现这些人物形象时，一个重要的手段就是生活化，

① 余笑予：《戏曲导演技法谈》，中国戏剧出版社 1993 年版，第 20 页。

② 余笑予：《戏曲导演技法谈》，中国戏剧出版社 1993 年版，第 11 页。

这是余笑予克服戏曲程式化套路的法宝。比如在京剧《奇冤记》中，余笑予认识到京剧的程式化会钳制人物的生活化，而楚剧是生活气息很浓的剧种，他就用排楚剧的方法来执导京剧，去掉京剧程式套路，强调对人物心理情感的表现，以情感人，而不是以技夺人。同时，也对京剧的丑行固有套路进行改造，要求扮演苍娃的朱世慧将生活化动作与程式表演相结合，特意为剧中京剧小丑安排了一大段“反二黄”唱腔，极大地增强了人物的情感色彩。

本土与外来整合。作为一名导演，余笑予深知，戏曲创新不能故步自封，在戏曲的圈子里打转转，必须将戏曲与外来的其他艺术的经验整合进来。余笑予对外来文化具体来说就是戏剧文化还不能说有多深的了解，只能说不完全陌生，在《戏曲导演技法谈》中，他提到的西方导演有梅宁根公爵、斯坦尼斯拉夫斯基、梅耶荷德、布莱希特、格洛托夫斯基等，这些人是近现代西方戏剧的奠基人，但这并不能说明这些人对余笑予产生了直接的影响。可是，余笑予的戏曲创作却又能看出许多非传统戏曲的东西，甚至能看出不少外国戏剧中舞台实践的影子。余笑予不是从戏剧理论本身而是从戏剧导演创作的角度，从导演构思、场面调度、舞台节奏等方面来吸收外来戏剧经验的。在中国传统的戏曲表演样式里，最常见的是“一桌二椅型”和“分场布景型”，这种固定的演出样式已远远不能满足现代观众对舞台多样化、多角度、多风格的审美心理需要。比如《徐九斤升官记》的演出样式仍是“分场布景型”，但观众并没有感觉到是传统的，因为在演出中，余笑予大量吸引了电影化的方法，大胆运用心理外化、定格特写和意识流手法，使传统戏曲的云步、亮相、曲牌和程式调度因为外来手法的加入而获得了新意。而系列平台的运用则是余笑予吸收外来经验的成功范例，在《膏药章》《少年天子》《阴阳怨》《虎将军》四个戏中，全都突破了传统的一桌二椅的演出样式，灵活地运用了西洋戏剧的演出样式，以空间的自由转换来获取时间的转换，一桌二椅，从形式上说它是实的，但从性质上说它是虚的，而平台，从性质和形式上都是虚的，但随着剧情的发展，它又可以灵活地转变为平地和山谷，《虎将军》采用了由滑坡台阶、高台组成四个层次的转动中心平台，每转动一次就是一个全新的戏剧情境，展现了徐海东大将西征的壮阔的历史画卷，从本质上来讲，它与戏曲的虚拟性特征又完全吻合。

总之，余笑予是1980年代中国戏曲界探索戏曲形式最早也最成功的戏剧家之一，他以形式多样、生动活泼、悲喜交沓的创作为改革开放之初戏曲打开了一个新局，这个历史功绩应该被记载。而且，他是戏曲界中最具活力和最具理论自觉意识的导演，虽然他的理论探索存在着先天不足，其理论思考的深度和广度因这种不足而留下许多遗憾，但这已清晰地表明，中国戏曲创作界并不拒斥理论，相反，他们试图以理论为切入口，为戏曲创作艰难蜕变寻找一条新路。作为戏曲创作者，余笑予和他的创作群体，对戏曲形式的探索主要体现在创作本身，那就是，把传统和当代打通，把戏曲和话剧嫁接，把本土和外来融合，辗转腾挪，左突右冲，不拘一格，万法归宗，为戏曲创作的生活化、现代化、形式化和青年化作出了卓有成效的探索。

（作者简介：彭万荣，武汉大学艺术学院教授、博士生导师，主要从事戏剧影视创作与理论研究）

忧患·童心·落地

——沈虹光的戏剧观

方志平　王　湛

沈虹光是中国当代文坛最优秀的剧作家之一。她自1982年开始戏剧创作，到2012年共创作了《五(2)班日志》(1982)、《寻找山泉》(1985)、《搭积木》(1988)、《丢手巾》(1990)、《同船过渡》(1994)、《幸福的日子》(1999)、《战成都》(1999)、《临时病房》(2004)、《我的父母之乡》(2009)、《寻常人家》(2012)十部话剧剧本。她曾四次荣获曹禺戏剧文学奖，并获得文华奖、中宣部“五个一工程”奖、中国戏剧节最佳编剧奖，还获得过中国文联“德艺双馨”艺术家和“文化部优秀话剧艺术工作者”荣誉称号。她的戏剧不仅在国内深受好评，还曾在日本各大城市公演，产生了广泛而深远的影响。并且尤为难得是的，与同时代的剧作家相比，她坚韧不拔地勤耕细作，从事戏剧创作长达30年，可谓剧坛上的常青树。沈虹光在戏剧创作领域硕果累累，成绩卓著，并且具有持久的影响力，其创作成功的原因是什么？在戏剧发展限于困顿的今天，这值得人们认真深入地思考。一般来说，一个剧作家成功与否，首先取决于他(她)的戏剧观。戏剧观是戏剧家对戏剧作为一种艺术形式的总体看法，包括戏剧家的哲学与美学思想，对戏剧社会功能的认识，所恪守的艺术方法、原则等许多复杂内容①。综观沈虹光的戏剧与散文创作，我们发现沈虹光的戏剧观主要表现为忧国忧民提问题，保持童心说真话，强调“落地”写真实。她的成功与此密切相关。

---

①　参见丁扬忠：《谈戏剧观的突破》，载《中国戏剧》1983年第3期。

一、忧国忧民提问题

为什么写作？沈虹光没有高谈阔论，也没有豪言壮语，但她始终以一种悲天悯人的忧患意识关注国家与民族的前途和发展，关心人民特别是普通人的生活与命运，忧国忧民。在不同的历史时期，她通过真实地反映生活，在戏剧作品中提出了一系列令人深思的问题。这是沈虹光戏剧观的基本前提。

忧患意识是中国民族求生存谋发展的最基本的传统文化精神。它是历史的觉醒者——有志之士在社会责任感和历史使命感的驱使下，面对艰难的时世，超越自身的利害、荣辱与成败，密切关注国家民族的前途和人民的命运而产生的一种忧虑、悲悯的精神状态和心理品质，是爱国主义精神的一种体现。忧患意识有不同的层次：忧国、忧民、忧君、忧己。上下数千年，忧患意识成为推动中国文化演变、发展的内在驱力。忧患意识最早可以追溯到《易经》，如《易经》中乾卦《象》解释上九爻辞“亢龙有悔”时说“盈不可久也。”《易传》据此提出三不忘——“君子安而不忘危”，“存而不忘亡”，“治而不忘乱”，“是以身安而国家可保也。”这就是说，圣人治理天下国家，要从进退存亡两方面考虑治乱兴亡，不能掉以轻心，要有忧患意识，居安思危，这样才能长治久安。老子所说“祸兮福之所倚，福兮祸之所伏”“窃钩者诛，窃国者诸侯”，其实也是忧患意识的表现，表达了他对于国家前途的深深忧虑。像这样的例子还有很多，如孔子的“知其不可为而为之”，孟子的“生于忧患，死于安乐”，杜甫的诗句“朱门酒肉臭，路有冻死骨”“乾坤含疮痍，忧虞何时毕”，以及范仲淹“先天下之忧而忧，后天下之乐而乐”的精神，都表现了一种强烈的忧患意识。在忧患意识的驱使之下，他们在不同的领域都取得了令人瞩目的成就。

沈虹光出生于1948年，体验过新中国成立伊始“激情燃烧的岁月”，也经历过“文化大革命”，经历过中国动荡复杂的社会生活，见证了人民群众的苦难和斗争。因为良好的家庭教育和党的教育，她并没有因为苦难而抱怨生活或者厌弃生活，而以悲天悯人的忧患意识深沉思考民族和国家的命运，人民的处境和生活，以及人性的本质。她说："在山里走着，突然想：在我出生前多少年，这里也有人走，是什么人？是他还是她？他们也有妻子丈夫，有悲欢离合。于是一下子从眼前的环境想开去，想到历史，想到人生，想到地球的这一小块上发生的争争斗斗。人的生命多么短暂，与人相比，山是永恒的。它知道多少我们不知道的事情，地史演进，人世更迭，腥风血雨，灾难死亡，高尚卑下，坚定动摇，勇敢怯懦，真诚虚伪，它都知道，它都见过……"①在这种忧患意识的引导下，她创作了大量作品，表达了她对民族和国家前途的担忧。如《我的父母之乡》中，谢葆璋义愤填膺地说："甲午之战，那是甲午之耻！……咱们是军人，我们老家有句话，当兵就要当搏命郎！记住，一定要雪甲午之耻，一定要扬中华之威！"剧中，沈虹光通过谢葆璋的这番话，既表现了那个时代(1894 年)亲身历经甲午之战遭受甲午之耻的铁血军人意图报仇雪耻的爱国精神，又表现了他们无论何时何地都有强烈的忧患意识，绝不能安于现状苟活于世。因此，当谢葆璋在抗日战争中发现国民党蒋介石政府不做有力抵抗反而不断后退撤到山区时悲怆地说："我们是海军啊！竟让人逼到大山里去了！从甲午那一战活出来的人，没有不想复仇的。可一天天喊着雪耻，却还是一步步地败退！退到现在，连海都没有了！"这看似简单的一句话，却包含着辛酸与血泪，表达了剧中人物的愤懑，也流露出作者的沉思。《我的父母之乡》创作于 2009 年，而后 2012 年便发生了震惊国人的"钓鱼岛事件"，这一事件让人们很自然地再次回忆起甲午战争这一奇耻大辱，于是全国各地群众自发兴起了抗议运动，捍卫国家主权不被侵犯。由此可见，沈虹光在《我的父母之乡》中表现出来的忧患意识何其及时！

沈虹光不仅忧国，还忧民，忧心民生。在《战争成都》中，贺龙由衷地感喟说："多少年来，四川派系纷争政局混乱，兵匪遍地内战不休，老百姓受的苦太多了。如今要建立新的秩序，让老百姓人人有事做，人人有饭吃，安居乐业，也不是轻而易举的。"这里，作者通过贺龙的话，既表现了共产党人心怀天下黎民百姓的胸襟和气度，为老百姓安居乐业打

---

① 沈虹光：《与〈寻找山泉〉有关》，载《剧本》1986 年第 8 期。

江山的革命理想，也表达了作者对民生问题的担忧。这一点在《寻找山泉》中尤其突出。剧中，花子面对革命成功后当上国家干部的粟秉山，痛心地说："好，你听着！我是什么人，你粟秉山最清楚。我这一家大大小小，和我一样，没多大出息，也不害人。我们出力气，凭双手，只图有一碗好饭吃。可是这些年，田越种越贫，山越来越荒，老百姓不是没有吃苦，不是没流汗，可是那碗饭就是到不了口！粟秉山我为你担心哪，我怕再打起仗来，你的队伍没处躲，没人给你送饭哪！"军民本是一家人，但是由于"左"倾错误思想的影响，全国各地包括城市和农村的生产建设都受到极大的破坏，以致老百姓吃苦不说，还挨饿没有饭吃。长此以往，势必引起百姓的怨言。"水能载舟，亦能覆舟"，这是唐代丞相魏征的话，也是历代英明的统治者治国安民引以为戒的警世名言。沈虹光在剧中并没有用文雅的历史名言，而是通过花子之口用质朴至极的乡村土话"没人给你送饭"表达了作者对新时期党群关系、军民关系的担忧，也表达了对人民生活的深切同情。

沈虹光更多的是忧心普通人的生活与命运。她的十部话剧作品除《寻找山泉》《战成都》和《我的父母之乡》外，全部都以普通人为主人公，着力反映他们的生活处境和心理世界，表达了她对普通人生活的密切关注与忧思，体现了她为民请命的责任感。如《临时病房》中，李天佑对事事隐忍的刘大香大发议论说："小事怎么了？老百姓天天碰到的就是这种小事，让人不痛快的也是这种小事，国家大事也用不着咱们操心是不是？所以呀，只要身边的小事都计较好了，理顺了，挑不出毛病来了，你说，咱们的日子是不是就过好了？"这里，作者通过李天佑的议论表达了对于现实生活中种种所谓"小事"的关注和思考，进而对国民素质问题做了深刻反省。正如她在文章中说道："李天佑身上有我的感受：岁月蹉跎了，在现实生活中处处碰壁。我说一个人不做事罢了，只要一出门你就会遇到很多不如意的事情。上公共汽车，车上的人出言不逊，态度不礼貌，很多人见面不会先给你一个微笑，不会先说'你好'，也不会说'对不起'，礼貌用语、敬词一概不会用。普通的事情都会让你耿耿于怀。所以我每天都在调整自己：'别急别急，别生气别生气，这就是正常的，不正常的就是正常的。'我和李天佑有点像：把生活想象成应该怎样，有一个标准，达不到这个标准就会生气。”①无论是剧作，还是散文，这些话都表现了沈虹光强烈的忧患意识，表达了她对国民素质和生活态度的担忧。战国时期荀子曾说：“不积跬步，无以至千里；不积小流，无以成江海。”无论做什么事情都不可能一蹴而就，我们要懂得从小事做起，一点一滴的积累进步，最终实现从量变到质变，成就一番大事业。然而现实生活中人们却经常忽视小事，美其名曰“不拘小节”，殊不知就在这种不经意的忽视中日益降低了标准，直接导致社会风气逐渐败坏，从而产生了一系列让人哭笑不得的问题。

因为强烈的忧患意识，自1982年至2012年沈虹光在剧作中提出了一系列问题，这些问题涉及当代中国近三十年来政治、经济、文化、教育、生活和人性等各个领域。如《五(2)班日志》中不动声色地提出了教育问题。1977年刘心武曾在小说《班主任》中通过班主任张俊石大声疾呼“救救孩子”，振聋发聩，在全社会引起广泛影响。沈虹光没有大张旗鼓地反映教育问题，仅从孩子们的日常生活——家庭活动和学校学习这两个窗口便展示出教育中存在的问题：如何教育孩子？是像乐老师那样“润物细无声”，还是像吴大昌那样惩罚管教？或者是像妮娜母亲那样欺骗？小学教师苦，又劳心又劳力，工资少，报酬低，怎么解决教师待遇问题？《寻找山泉》中提出了党群关系问题(如前文所述)和农村青年的出路问题；《搭积木》和《丢手巾》中提出了爱情婚姻家庭问题，包括“第三者插足”和离婚问题；《同船过渡》中提出了老年人生活问题、住房问题，以及在市场经济大潮冲击下人们的价值观念问题，如米玲说的那句话“只要能赚钱，什么都可以卖”言犹在耳。《幸福的日子》提出“留守儿童”问题，《临时病房》提出“空巢老人”问题和医疗问题，《战成都》提出治国问题，《我的父母之乡》提出官场腐败问题，如何对待国耻问题。《寻常人家》提出的问题更多，如娱乐问题，人际关系问题，职务升迁问题，腐败问题，老人问题，交通问题，城市改造问题，文物保护问题，艺术传承问题等。沈虹光尽管在剧作中提出了一系列问题，但是她并没有把这些剧作简单

① 石岩：《好好守住自己那点儿感受——沈虹光谈〈临时病房〉》，载《戏剧之家》2010年第12期。

的写成一般社会问题剧，而是通过生活的真实和艺术的真实将它们自然而然地凸显出来，因此没有丝毫的说教意味。

这些问题的提出(或说反映)不仅体现了沈虹光敏锐的眼光和深刻的社会洞察力，以及作为一个剧作家高度的历史使命感和社会责任感，还给剧作增加一些鲜明的反思色彩和浓郁的哲理意味，因此能够穿越历史时空，即使在今天看来也仍然能够发人深省，具有强大的艺术生命力。

二、保持童心说真话

沈虹光从事戏剧创作以来，始终都保持着一颗童心，坚守着真诚，真诚地对待周围的人们，真诚地对待艺术，敢于说真话，并在戏剧中真实地反映社会生活，不为尊者讳言，不粉饰太平，也不机械盲目地歌功颂德。保持童心，说真话，这是沈虹光戏剧观最显著的特点。

明代著名思想家和文学家李贽在《童心说》中深入论述了“童心”的观念，对童心与真诚特别强调。他说：“夫童心者，真心也。若以童心为不可，是以真心为不可也。夫童心者，绝假纯真，最初一念之本心也。若失却童心，便失却真心；失却真心，便失却真人。人而非真，全不复有初矣。童子者，人之初也；童心者，心之初也。夫心之初，曷可失也?”①他认为童心是心灵的本源，人要保持童心，做真诚的人，说真话，文学创作必须真实坦率地表露作者的内心情感和人生欲望。应该说，他的“童心”理论阐明了真诚和真实对于做人和做文学的重要性。

沈虹光的童心首先表现为待人真诚，怀有仁爱之心。沈虹光曾写过这样一段话：“我是普通人。我在普通人的世界里生活，我描写过许多普通人，我发现自己与描写对象竟那样相似相通，他们所具有的优点和弱点我都有，亲子之爱，男女之欢，美丑并蓄和无所谓美丑的复杂人性在我身上一样存在……和普通人在一起我感到自如，因此我写他们，孩子、教师、农民、小干部，芸芸众生。剖析他们常觉得是在剖析自己，有时

① 李贽：《童心说》，《焚书》，见《李贽文集》第3卷，社会科学文献出版社2000年版，第92页。

我似将自己切割，一分为二，一分为三地附着到不同的甚至彼此对立的人物身上。”①沈虹光自认为是一个普通人，和普通人在一起感到轻松自如，这说明她为人真诚，没有丝毫架子，正如她自己所说“做人不能扎靠”。

其次，沈虹光的童心还表现为真诚地对待艺术，真诚地对待观众。她说：“我想编剧人应该坦诚平易地说出自己的话，没有资格居高临下地说教和训导，因为台下的人与你是平等的，能够在舞台上说自己的话是编剧人的幸运，而这决不意味着获得了导师的权利。”②在生活中坦诚待人，别人才会以诚相待，因此在戏剧创作中也应该真诚平等地对待观众，坦诚平易地说出自己的话，不要自居为导师，居高临下地说教和训导，这样观众才会欢迎和接受。这个主张具有非常强烈的社会现实意义。多年前先锋文学和先锋戏剧兴起的时候，曾经有人宣称她的作品不是写给当下读者观众看的。时过境迁，我们发现永远不变的是读者和观众，消失的却是那些狂妄自大的作者。

最后，沈虹光的童心在戏剧创作上表现为说真话。她爱世人，也爱艺术。因此在生活中，她真诚平等地对待别人，在艺术上，她坚持说真话。艺术讲究真、善、美，其中真最为重要，没有真也就没有善和美。真诚对于文学创作虽然至关重要，但要真正做到这一点却并不容易，历史上有很多惨痛的教训。“五四”时期，鲁迅针对中国文坛的现状进行了猛烈的批判，认为中国文艺都是瞒和骗的文艺。他说：“中国的文人，对于人生——至少是对于社会现象，向来就多没有正视的勇气。”“中国的文人也一样，万事闭眼睛，聊以自欺，而且欺人，那方法是：瞒和骗。”“中国人向来因为不敢正视人生，只好瞒和骗，由此也生出瞒和骗的文艺来，由这文艺，更令中国人更深地陷入瞒和骗的大泽中，甚而至于已经自己不觉得。”③胡适跟鲁迅一样深有同感，他说：“做书的人明知世上的真事都是不如意的居大部分，他明知世上的事不是颠倒是非，便是生离死别，

① 沈虹光：《沈虹光剧作选·代后记》，中国戏剧出版社1989年版，第189页。

② 沈虹光：《沈虹光剧作选·代后记》，中国戏剧出版社1989年版，第189页。

③ 鲁迅：《论睁了眼看》，《鲁迅全集》第1卷，人民文学出版社2005年版，第254~255页。

他却偏要使‘天下有情人都成了眷属’，偏要说善恶分明，报应昭彰。他闭着眼睛不肯看天下的悲剧惨剧，不肯老老实实写天工的颠倒残酷，他只图说一个纸上的快人心。这便是说谎的文学。”①在他们的大力提倡下，新文学最终确立了写实主义原则，并以狂飙突进的气势创作出一大批脍炙人口的传世之作。中华人民共和国成立后，中国文艺曾在党的正确文艺政策的领导下，特别是在“百花齐放，百家争鸣”的鼓舞下，创作了大量优秀作品，可惜后来由于“左倾”思想的影响，文艺创作陷入了“假”、“大”、“空”的泥潭。

“文革”结束以后，著名文学家巴金总结过去的教训时说，他在过去的政治运动中“越来越接触不到别人的心，越来越听不到真话”，于是以作家的勇气和责任心提出“说真话”，认为“人只有讲真话，才能够认真地活下去”②。讲真话、写真话，是一个作家的底线和原则。巴金关于讲真话的主张在全社会引起了广泛而深远的影响，并且得到很多有良知的作家们的强烈支持。沈虹光曾到北京电影学院进修班学习，她说：“‘四人帮’倒了以后……在电影学院的这一年里，我才知道，我不应该说别人的话，不应该做传声筒，不应该做宣传品，我要表达我自己的声音……我认识了一些老一辈的剧作家，在与他们谈心、谈天、散步，交换自己的想法的同时，我逐渐知道了，写作是什么，艺术创作是什么。实际上那是你个人的生命体验，不是别人的体验。我记得有这么一句话，即使是一个家庭主妇，她把她在‘文革’当中的经历如实地介绍出来，如果文从字顺而真的能准确地表达她的内心情感的话，将会是一个杰作。”③她意识到剧作家应该有自己独立的品格，不应该做传声筒，不应该做宣传品，戏剧创作(包括文学创作)要真诚、真实地表达自己的声音，自己的生命体验。她还说：“我的写作态度始终就是记录我在生活中的感受。我认为创作不用去想那么多花花，老老实实地写下你在这个时代的感受，说不定就可以出经典。后人一看，哦，那个时代的人是这样想的，这样过的。

① 胡适：《易卜生主义》，载《新青年》1918年6月第4卷第6号。

② 巴金：《三论讲真话》，原载香港《大公报》1982年3月20—22日，《巴金全集》第16卷，人民文学出版社1991年版，第376页。

③ 沈虹光：《我的写作和学习》，载《剧本》2012年第3期。

这点我吃得非常准：只要老老实实地去写，就会有动人的力量。”①她认为，只要在作品中老老实实地去写下你在这个时代的感受，真实地描写生活现实，反映社会问题，戏剧自然就能打动人们的心灵，甚至刺痛他们的神经，从而发人深省，反思问题产生的原因，进而寻求解决之道，这样的戏剧必然具有强烈的社会现实意义。

沈虹光创作《五(2)班日志》时，曾同编剧甘家鸽一起去学校采访。在学校里，她看到天真无邪的孩子们积极热烈地抢着发言，争先恐后地跑接力赛。他们想哭就哭，想笑就笑，没有矫揉造作的表演，也没有利害得失的顾虑。她还发现许多小学教师都具有辛勤、善良、质朴的优秀品质，为教育祖国的花朵付出了全部的心血。从孩子的身上，她发现了童心；从教师身上，她发现了真心。她深为感动，决心将这些孩子和老师们写出来，让更多的人关注他们，思考他们面临的问题。她在戏剧中写孩子们拔河比赛后相互埋怨，写妮娜、童明明、吴勇、吉冬和郎军记日记，吴大昌惩罚吴勇让他跪搓板，李老师大发雷霆教训吴勇，后来为吴勇在学习上取得进步由衷地感到喜悦，吉冬患有精神病的母亲大闹课堂，孩子们模仿疯子的行为，吉冬、吴勇和郎军打架，乐老师耐心教育孩子，为吉冬编织毛衣……这一切都是日常生活中司空见惯的事情，而沈虹光也并没有运用过多的戏剧技巧或者夸张的手法，只是真实地把这些事件展示出来，可是戏剧效果却非常好，能够震撼人心，令人深思。如妮娜说：“从小就说假话，长大不成骗子了？”这句话既活脱脱地展现了一个童言无忌、实话实说的孩子形象，又让所有观戏的人们思考：应该说真话，还是说假话？这都是一个不可回避但是难以回答的问题。在吉冬母亲大闹课堂后，乐老师沉痛但真诚地对孩子们说：“你们都有妈妈的疼爱，可他没有，不仅没有，还要因为母亲的病受人嘲笑……若干年以后，你们长大了，不管你们从事什么职业，将来的社会都是由你们组成，你们将主宰一个时代，你们的品质、情操、心灵将影响一代风尚。将来的社会应该比现在更真、更善、更美，我希望你们每一个人，能成为心灵优美的人，成为我的骄傲。”乐老师真诚深情的话语深深地打动了孩子们的心

① 沈虹光：《我的写作和学习》，载《剧本》2012年第3期。

灵，他们一个个走向吉冬向他道歉。相信这些真诚的话语和孩子们知错能改的行动还会深深地打动观众的心，并促使人们思考：我们怎么做人？我们能不能真诚地爱别人、关心别人？

在《寻找山泉》中，沈虹光以现实和历史回忆相结合的手法真实地再现了粟秉山的革命生涯和现实生活。粟秉山在“文革”时期因为环境所迫违心地拒绝七嫂为七哥作证（证明七哥是革命者），最后良心发现，决心回故乡寻找七嫂。剧中，粟秉山深情地说：“有句话叫‘收脚印’，说是人死之前，要沿着自己走过的路再走一遍，了愿还情，这样才能安心地到阎王爷那里报到。我是在‘收脚印’啊！”在这部戏中，沈虹光并没有因为粟秉山是革命者位居高位，从而像一般人那样为尊者讳，而是真实地用人物的行动和语言刻画出一位感人的深怀忏悔之情的老者形象。

在《战成都》中，沈虹光用自己的真诚塑造了一位真实感人的革命领袖贺龙形象。在剧中，沈虹光没有着重表现贺龙的丰功伟绩，没有刻意描绘他叱咤风云的战斗，却从一些小事中展现他的人格魅力和精神信仰。如贺龙对警卫长魏长安说：“交朋友第一条就是要诚实，不欺骗！说了既往不咎，一视同仁，就要说话算话！不然以后谁还相信你？人家不相信你，你这江山还坐得稳？言而无信非君子！”在军管会上，贺龙听到王参谋无凭无据认为四川广大人民群众拥护共产党、盼望解放时语重心长地说：“这是作战会议，不是宣传鼓动会，用不着讲这些空话。……空话可能造成决策的失误，上层一个失误，在下层，就可能使多少同志失去性命！所以，空话讲不得，讲空话要害死人的！”这些真诚的话语不仅真实地再现了贺龙的赤子之心，还反映了作者一直以来坚持说真话的精神，相信观众也会深受感动。

沈虹光始终以这种童心与真诚进行创作，在戏剧中说真话，写真情，因而她的戏剧作品虽然没有紧张激烈的矛盾冲突，但是自始至终都会有一个个生动感人的画面，弥漫着非常浓厚生活气息，具有浓郁的抒情色彩和诗意风格。

沈虹光经历过“文化大革命”的风雨，走过坎坷的人生道路，但是从小到大，无论身处顺境还是逆境，她的童心没有改变，她的真诚没有改变。对于戏剧创作，她认为真诚至关重要。真诚地拥抱生活，说真话、说实话是其戏剧创作获得巨大成功的重要保证。

三、强调“落地”写真实

强调“落地”，写真实，这是沈虹光的戏剧观的重要内容。沈虹光以其敏锐的眼光和深刻的思考发现，曾经在中国近百年来(自新文化运动以来)反复被强调、在近年来却又被好些人遗忘的现实主义创作原则——强调生活真实和艺术真实，是戏剧创作亘古不变的真理。她在一篇文章中这样写道：

> 现在流行说“落地”。但怎样叫“落地”，怎样叫没“落地”？一句话很难说清。艺术没有硬性的衡量标准，但面对作品，人们约定俗成还是有大致差不多的感觉。
>
> “落地”首先要有生活。《洪湖赤卫队》就是落了地的。写音乐时，湖北省的几位作曲家在天门、潜江花鼓戏剧团泡了几个月，一方水土一方歌，在乡音土韵里浸透了，音乐一起就透着江汉平原的水气，“落地”落得扎扎实实的。……
>
> “落地”的东西都有人间情感。“妹娃儿要过河，哪个来推我嘛？”“梢公你把舵扳，妹娃儿我上了船。”大白话大口语，平铺直叙，不包装不华丽，却唱到维也纳金色大厅，唱到了美国，成了世界民歌经典，因为它“落地”了！湖北人中国人外国人，在人性层面上都是一样的。谁不向往春天，谁不想过那条河？这是人人心中都有的东西。①

沈虹光以歌剧《洪湖赤卫队》的音乐和歌曲《龙船调》的巨大成功为例，生动地揭示了生活真实的重要性。真实的“原生态”生活能够直接迅速地进入人心，并引起人们强烈的感情共鸣，从而获得意想不到的效果。生

① 沈虹光：《创作要“落地”》，载《光明日报》2011年8月22日。

活真实是文学理论中的一个重要概念，主要是指现实生活中客观存在的人和事，也就是人们常说的“原生态”，是原汁原味的生活，是没有经过加工提炼和改造过的生活，是自然的，原始的，粗糙的，真实的。毛泽东同志曾说，人民生活中本来存在着文学艺术原料的矿藏，这是自然形态的东西，是粗糙的东西，但也是最生动、最丰富、最基本的东西；在这点上说，它们使一切文学艺术相形见绌，它们是一切文学艺术的取之不尽、用之不竭的唯一的源泉。他以极富洞察力的智慧阐明了文艺创作的重要规律：生活是一切文学艺术创作的源泉，任何艺术都来自生活真实。没有生活真实为基础，一切文学艺术都会成为无源之水。任何文学艺术如果脱离了生活真实，靠主观臆想胡编滥造，就没有了真实性，也就谈不上艺术真实，不可能感动人们。沈虹光强调文艺要“落地”，强调生活真实，实际上是回归到一切文艺创作的本源——反映现实、反映真实的生活。反观当今文艺创作，有些作者并没有深入地体验生活，要么通过查阅资料，要么通过道听途说，甚至完全只是闭门造车凭空想象写作，于是编造了大量让人匪夷所思的故事情节和戏剧场景，的确让人摇头叹息。由此可见，沈虹光强调文艺要“落地”，强调生活真实，在当今浮躁的社会仍然具有强烈的现实意义。

生活真实是文学创作的来源和基础，但它本身并不就是艺术真实。对此，沈虹光还进一步指出：

> 落了地的故事都是合情合理的。你看《洪》剧：红军走了，白匪回来了，赤卫队骚扰白匪，彭霸天正听小曲呢，一把钢刀飞来，“老子本姓天，家住洪湖边”，就让你难受！彭霸天不干了，清剿赤卫队，你不出来我就杀老乡。为救乡亲韩英挺身而出。牢房劝降，你得交出红军来，韩英当然不会说，于是押来韩母劝降。“儿啊，你要是写了(自首书)，怎能对得起受苦人和共产党，你要是不写，儿啊儿啊，明天天亮，你，你，你就要离开娘啊！”一步一步入情入理，脚踏实地地奔向高潮。

在这里，沈虹光以歌剧《洪湖赤卫队》为例，通过细致地分析其人物行动、故事情节和人物语言，发现这一切都被高明的编剧安排得那么自然，那么真实，是那么入情入理。因此她强调“落地”的故事都是合情合理的，这实际上就是强调艺术创作不能只满足于生活真实，还要追求艺术真实。

毛泽东同志对生活真实与艺术真实做了非常精辟的论述，他说，人类的社会生活虽是文学艺术的唯一源泉，虽是较之后者有不可比拟的生动丰富的内容，但是人民还是不满足于前者而要求后者。这是为什么呢？因为虽然两者都是美，但是文艺作品中反映出来的生活却可以而且应该比普通的实际生活更高，更强烈，更有集中性，更典型，更理想，因此就更带普遍性。他认为，艺术真实比生活真实更真实，因为文艺作品反映出来的生活(艺术真实)是艺术家从生活真实中提炼、加工、概括而创造出来的，通过艺术形象集中地反映了一定历史时期社会生活的本质，因此比实际生活更高、更强烈、更有集中性、更典型、更理想，也就更带普遍性。

在艺术创作中要做到真实实在不是一件容易的事情，它需要艺术家在正确的世界观的指导下，对生活材料进行认识、分析、选择、概括，经过去粗取精、去伪存真、由此及彼、由表及里的改造制作，这样才能完成由个别到整体，由特殊到一般，由现象到本质的飞跃。沈虹光对艺术真实有自己的理解，她说：“好看就是好看，不说恢弘气势、全景叙述、史诗风格，只遵循剧作法的 ABC，人物，语言，细节，搁在哪个题材堆里它也是上乘。”①沈虹光在戏剧创作中非常重视“落地”，重视生活细节，特别会“细扒细抠”，以此追求艺术真实。她说：“我总是先有人物，然后音容笑貌栩栩如生，一个细节一个细节出现的，顺着人去发展行为，在那种情况下，他会做什么，他会怎么做，一点点往上堆，盖房子似的，一砖一瓦地往上垒。只要抓住了真实的人性、真实的人心，就不怕别人说瞎编。”②列夫·托尔斯泰曾说：“只有当艺术家找到了构成艺术作品的无限小的因素时，他才可能感染别人，而且感染的程度也要看

① 沈虹光：《千秋大义，壮士情怀》，载《中国戏剧》2012 年第 6 期。

② 沈虹光：《我的写作和学习》，载《剧本》2012 年第 3 期。

在何等程度上找到这些因素而定。"①毫无疑问，沈虹光在戏剧创作中找到了那些"无限小的因素"——细节，因而她的作品总是能以真实的人性、真实的人心感染别人。

如《五(2)班日志》中写五(2)班同学在操场上拔河比赛那场戏，她把老师集合、同学们的行动，以及其他教师、同学与家长们的反应全都真实自然地展现出来，让人看后如同身临其境。可以说直接把现实生活中的比赛搬上舞台就是一场好戏，这实际上是生活的真实。但是沈虹光并没有满足于此，而是巧妙安排让童明明、郎军和妮娜等人相继发言，既简略了场景，又凸显出主要人物的行动，从而真正做到了生活真实与艺术真实的完美融合。试想，如果作者真的机械地照搬生活，那么这场戏必然呈现出混乱的局面。另外，剧中能说会道的黑汉子在公园杂耍场演讲、表演，数学李老师和吴勇斗气，孩子们在吉母大闹课堂后惟妙惟肖地模仿患有精神病的吉冬母亲的动作，以及乐老师语重心长地教育孩子们的一系列戏剧场面，都让人觉得这都是真实生活的再现，丝毫不觉得生涩、虚假。

《寻找山泉》中，小分头试图到县里"纪念暴动五十周年"大会上找爷爷的老战友，以帮忙把他弄出去(实际上就是安排到城市工作)，他对金香说："咱不比城里人笨，要是早生几年，赤卫队长肯定是我当！然后长征，吃皮带，吃草根，当营长，再打两个漂亮仗，升团长，当将军……"这些话非常真实生动地刻画出一个质朴的农村青年形象，既充满自信，又显得无知。往好处说，他是一个有志青年，往坏处说，就是信口开河，吹牛不怕翻天。这样的人随处可见，因此他的出现不会让人感到意外，反而觉得格外亲切，这就是生活真实的反映。但是沈虹光只让他穿插出现，还多次被驱逐，这些安排又让人明白了艺术加工的魅力。

在《临时病房》中，沈虹光这样描写刘大香和李天佑在医院相遇时的场景：

---

① ［俄］列夫·托尔斯泰：《列夫·托尔斯泰论创作》(戴启篁译)，漓江出版社1982年版，第147页。

刘大香：（终于明白）哦，哦。（顷时缩头缩脑，说悄悄话似的）我是说，一定要多吃饭，吃好菜！多吃饭吃好菜！（不知不觉又习惯地放大了声音）你听见了没有？

李天佑：（忍无可忍，爆发）听见了！

刘大香：（受惊，看李天佑）啊？什么？

李天佑：你还以为这是你们乡下，这山头对着那山头，不嚷嚷就听不见。

王艳艳：老太太，李爷爷心脏不好，小点声。

刘大香：哦哦，（点着头，再次压低声音）大毛啊，煨汤要用蹄膀，粉蒸用排骨，红烧啊，红烧一定要用五花肉。（对方显然未接受，情急，强调地又抬高了声音）哎，一定要用五花肉！

李天佑：（受刺激地捂住胸口，无奈地哀叹）五花肉也要这么嚷嚷！（服药）

刘大香是乡下老太太，生性朴实真诚，平时大大咧咧，说话嗓门大，被护士王艳艳制止后顷时缩头缩脑，表现出胆小怕事以及体谅别人的心理。可是随后说着话不知不觉又习惯性地放大了声音，这反映了她我行我素和积习难改的本性。在做菜的事情上，她对儿子百般叮嘱，反映出一位母亲对儿子的关切和爱护之情，也显示出一位老人不厌其烦唠叨的特点。李天佑是城市人，生性比较迂腐刻板，待人较为冷淡。他听到刘大香大声说话不以为然，心里充满了冷淡和歧视，于是出面指责。但是因为心脏受到刺激，他无法精神抖擞地像先前跟护士争辩“小事”那样跟她理论，只好无奈地哀叹。这段戏不仅真实生动地揭示了二人截然不同的生活习惯和性格特点，而且把农村和城市两种不同的文化风貌也展现出来，让人忍俊不禁。由此可见沈虹光描写生活真实和艺术真实的功力非同一般，让人叹服。

正因为沈虹光努力追求生活真实与艺术真实的完美结合，所以在她的笔下戏剧是生活，生活也是戏剧。尽管她的戏剧作品中没有集中强烈的戏剧冲突，但是她却在看似平淡无奇的生活琐事中，不动声色地刻画了一个个栩栩如生的人物形象，如乐老师、七嫂、高船长、刘大香、谢葆璋、阿姆、傅家慧等，展示了一个个真实的生活场景，让人信服、折服。这就是沈虹光强调“落地”、追求真实的结果。

总的来说，悲天悯人的忧患意识是沈虹光戏剧创作的原动力，在忧国忧民思想的引导下，她更多地关注普通人的生活与命运，可以说关注普通人的生存是其最基本的价值取向。她始终保持着童心，真诚地拥抱生活，深入生活，尊重艺术，坦诚地对待观众，这不仅是她对待戏剧创作的根本态度，也是她受到观众欢迎与喜爱的根源。而强调“落地”，力求生活真实与艺术真实则是她从事具体戏剧创作所信奉的基本准则。反观当今文艺创作，有些人既不关心国家大事，又不关心老百姓的生活，更不关注他们的心理与命运，而把艺术创作当作追名逐利的手段。他们几乎从来没有去深入地体验生活，要么通过查阅资料，要么通过道听途说，完全凭空想象去创作，于是编造出大量让人匪夷所思的戏剧场景和故事情节。他们自以为高明，却屡遭观众的批评。由此可见，沈虹光的戏剧观在当今浮躁的社会仍然具有强烈的现实意义，它不仅可以给我们的戏剧创作带来重要的启示，也能给人们的生活与学习，以及中国文化建设带来有益的启示。

（作者简介：方志平，武汉大学艺术学院副教授，主要从事中国话剧研究）

谭霈生的戏剧理论建树及其示范意义

汪余礼

如果要在当代中国选出一位在戏剧理论领域卓有建树、影响巨大的文艺名家，估计很多剧作家、学者都会想到谭霈生先生。著名剧作家李宝群说："谭先生在我们这些剧作家心中，分量很重，地位很高。在北方，我所认识的剧作家中没受过先生的戏剧思想影响的很少，大家在一起交流时都认为：谭先生可能是影响了几代中国剧作家的戏剧理论大家。"①王文章、李希凡、廖奔、黄会林、何西来、顾骧、林克欢、童道明、田本相、王一川、周宁等著名学者对谭先生的理论贡献均予高度评价②。2007 年，北京市第九届哲学社会科学优秀成果评委会认为谭先生创建的戏剧理论体系"具有当今戏剧理论界最为杰出的高点"③，并授予其特等奖。这个特等奖是对谭先生戏剧理论建树的高度肯定，也引发了人们对于谭先生究竟创建了一套怎样的戏剧理论体系、这个体系究竟有何贡献等问题的进一步思考。

经过长期思考，笔者以为，谭先生创建的戏剧理论体系，乃是以戏剧特性论为始基、以戏剧本体论为主轴、以戏剧功能论和戏剧转型论为两翼的一个有机整体；这个有机整体不仅包含了一系列创新性思想，具有鲜明的理论创新意义，而且极具前瞻性和实践性，对中国当代话剧创作产生了切实的积极影响。下面试详述其理论建树与示范意义。

---

① 李宝群：《从梦想到现实：李宝群戏剧随想集》，中国戏剧出版社 2016 年版，第 148 页。

② 详见丁涛、罗琦：《谭霈生戏剧理论学术研讨会综述》，载《谭霈生戏剧理论学术研讨会论文集》，文化艺术出版社 2014 年版，第 2~20 页。

③ 参见《北京社会科学年鉴》，北京出版社 2007 年版，第 706 页。

一、谭霈生的戏剧理论建树

谭先生的戏剧理论建设，是从探索戏剧艺术的特性开始起步的。酝酿于1970年代末、完稿于1980年的《论戏剧性》，一经出版即广受业界好评，后来获得第一届全国戏剧理论著作奖。1985年出版的《戏剧艺术的特性》对戏剧特性的论述更为周到而详备，进一步发展了《论戏剧性》的重要思想。在今天看来，此二书可谓20世纪中国戏剧理论的经典之作，其理论贡献主要有二：

第一，突破了当时首重“政治—意识形态”的主流话语，直接回到戏剧本身，探讨戏剧艺术的独特属性，开启了新时期之初戏剧艺术研究的新局面。当时“十年动乱”刚刚结束，业界多数论者还不能从政治意识形态的思维惯性中解脱出来，而谭先生则洗尽沉疴，完全从艺术审美的角度来探讨戏剧艺术的形式结构与特有属性，独立走上了“形式—结构主义”的学术之路。《论戏剧性》撇开当时特别注重的创作立场、服务对象、主题思想等话语，而紧紧围绕“戏剧性”这一审美概念，分别针对戏剧形式结构的诸多要素（如动作、冲突、情境、悬念、场面等），逐一划清戏剧性与非戏剧性的界限，对戏剧艺术的特性与魅力做出了全新的探索。这是令人惊叹的，显示了谭先生出类拔萃的学术预流能力和审美鉴赏能力。直到今天，如何使作品具有戏剧性、真正发挥出戏剧艺术的特性与魅力，仍然是每一个戏剧创作者必须解决的首要问题；直到今天，直面戏剧艺术本身，探研戏剧艺术的内在规律，也仍然是戏剧学者不能回避的根本任务。

第二，厘清了戏剧理论中的一些基本概念，揭示了戏剧创作的若干重要规律，初步奠定了中国当代戏剧理论的基础。在中国现代戏剧理论批评史中，宋春舫、向培良、余上沅、熊佛西、田汉、曹禺、李健吾等虽然对戏剧艺术的根本特性与创作规律也有过探讨，但不够系统、深入。比如熊佛西，他认为“戏剧是一个动作，最丰富、情感最浓厚的一段表现人生的故事”①，这意味着他虽然认为戏剧是动作的艺术，但还不能把

① 参见熊佛西：《戏剧究竟是什么》，载《古城周刊》第1卷第6期，1927年10月。

"动作"与"情节"区分开来。谭先生的《论戏剧性》则不仅从戏剧艺术特殊表现手段的角度阐明了"动作"是戏剧区别于音乐、绘画、文学、电影等艺术样式的根本特性，还分析了戏剧动作的三个要素(做什么、为何做、怎样做)、三个特点(直观性、表现性、因果相承性)与六种形态(形体动作、停顿、独白、旁白、对白、音响)，详细论证了"戏剧是动作的艺术"①。不仅如此，《论戏剧性》还运用戏剧冲突、戏剧情境、戏剧悬念、戏剧场面、戏剧结构等概念，进一步阐明了如何组织动作才真正具有戏剧性。为什么要让不同人物的动作构成冲突，而且展现性格冲突、内心冲突尤其引人入胜？因为那样做容易产生戏剧性；为什么要精心营构具有张力的戏剧情境，设置一个又一个戏剧悬念？因为那样做容易产生戏剧性；为什么要合理安排戏剧场面，巧妙结撰戏剧整体？因为那样做有助于营造强烈的戏剧性效果。这里涉及一系列戏剧创作规律，是《论戏剧性》的重心所在，也是剧作者特别关注、经常揣摩之处。如果说前人已经指出"戏剧是动作的艺术"，那么谭先生则详细论证了"戏剧诚然是动作的艺术，但更是组织动作的艺术"。后者显然更为重要，因为若是不善于组织动作，则永远进不了戏剧艺术之堂奥。由于谭先生的思维具有理论创新与实践观照的双重指向，他研究"戏剧性"得出的最终结论，也是既新人耳目也颇具实践指导意义的②。谭先生认为，"戏剧性"意味着："在假定性的情境中展开直观的动作，在动作的因果发展中维持和解开悬念；……悬念吸引、诱导着观众，使他们通过因果相承的动作洞察到人物性格和人物关系的本质"③。此论从创作和欣赏两个角度去界定"戏剧性"，较之前人更为深刻而周延。此外，谭先生在《戏剧艺术的特性》一书

① 谭先生的论证逻辑是这样的：某种艺术样式的基本特性取决于它特有的表现手段，而动作(呈现于舞台即为表演)是戏剧艺术最基本、最重要的表现手段，所以动作是戏剧区别于音乐、绘画、小说、电影等艺术样式的特殊属性所在。详见《谭霈生文集》第一卷，中国戏剧出版社 2005 年版，第 8~16 页。

② 德国学者施雷格尔认为"戏剧性"在于"人物的互相较量"，英国学者威廉·阿契尔认为"戏剧性"在于"使普通观众感到兴趣的虚构人物的表演"；美国学者乔治·贝克认为"戏剧性"在于"能让人产生感情反应"。谭先生一一分析了这些看法之蔽，提出了自己的新见解。

③ 参见《谭霈生文集》第四卷第 84 页、第一卷第 518 页。

中，逐步从“动作中心论”转向“情境中心论”，从戏剧创作、戏剧表演、戏剧欣赏三个角度集中论述了“情境”的中心地位与重要作用。因谭先生本来就特别重视“通过精心组织戏剧动作来产生戏剧性”，而组织动作的关键在于设置情境、发展情境，故随着谭先生思维的深化，“情境”逐渐成了包容人物处境、人物动机、戏剧动作、戏剧悬念、戏剧冲突的一个核心概念，也逐渐成了“戏剧性的中心问题”。这是以前的戏剧理论从未有过的思想，为谭先生以后提出新的“情境论”奠定了基础。总之，谭先生在探讨戏剧特性的过程中，提出并集中论述过的戏剧情境、戏剧动作、戏剧悬念、戏剧冲突、戏剧场面、戏剧结构、戏剧性等概念及相关理论，较之20世纪上半叶中国学者的相关论述更为深刻而详赡，谓之“初步奠定了中国当代戏剧理论的基础”并不为过。

如果说谭先生的戏剧特性论初步奠定了中国当代戏剧理论的基础，那么他的戏剧本体论则以其革故鼎新的姿态和严谨切实的建构，给中国当代戏剧基础理论注入了新的内涵，同时也展示了中国当代戏剧理论巨大的涵括力与前瞻性。但要理解这一点，不能只抓住谭先生的字面话语来臆断，而需要对他的论著进行切入肌理、贯通圆融的领悟。

在广泛了解古今中外极为繁复的戏剧现象，尤其是复杂多变的现代戏剧之后，谭先生认为，戏剧的本质在于情境，戏剧的本体亦在于情境。谭先生的论证思路是这样的：戏剧的本质决定于戏剧的形式，尤其是戏剧内部稳定的形式结构；动作、冲突等不能单独构成戏剧的形式，而只有包容了人物处境、人物动机、人物动作且不断流变发展的“情境”才既是人格的规定形式与实现形式，又是与戏剧内容融合于一、通向意义世界的“有机整体”；因此，只有“情境”才是戏剧内部稳定的形式结构，才是戏剧的本质所在。而且，由于“情境”本身包含了戏剧的特殊要素，足以显示戏剧的特性，因此“情境”作为戏剧本质与戏剧特性的综合体，也是戏剧的本体所在。在这个论证过程中，有几个关键点值得认真领会。

第一，戏剧本质并非指戏剧独有的特殊要素，而是指对于戏剧来说最重要、最根本、最能使戏剧成其为戏剧的东西；而使戏剧成其所是者，只能是戏剧的形式或戏剧的形式结构①。这是谭先生探讨戏剧本质的基本前提。如果绕开这一前提去大谈戏剧的本质，当然可以得出“新论”，但不能与谭先生形成真正的对话。有的学者认为：戏剧本质在于戏剧的特有要素，而“情境”并非戏剧特有之要素（诗歌、小说、散文中也有“情境”），故“情境”并非戏剧之本质。这种逻辑貌似滴水不漏，其实大可推敲。一种事物的本质真的在于其区别于其他事物的特殊要素吗？很多时候，事物与事物之间存在家族相似性，它们真正实质性的区别很小，而对它们更重要的倒是一些相通之处。正如男人区别于女人的主要标志，在于生理构造上的一些特殊之处，但这些特殊之处并不构成男人的本质。要把握事物的本质，除了关注其特殊性，还需从整体上洞观其构成与内核，二者是不可偏废的。

第二，戏剧情境本身包含了戏剧的特有要素，它跟诗歌、小说、散文中的“情境”有根本性差异，足以显示戏剧艺术的特性。戏剧情境首先是指剧场中由具体的时空环境、人物关系、特殊事件、人物动机、人物动作所构成的流动性情境。时空环境、人物关系、特殊事件构成人物活动的“处境”，是人物生成动机、发出动作的客观条件与推动力；在特定处境下人物产生的动机，以及人物的动作与反动作（在舞台上即为表演），则构成戏剧情境最重要的实体内容。而带有心理内涵的动作与反动作（表演），正是戏剧区别于诗歌、小说、散文的重要标志。此外，戏剧情境还包含演员与观众之间活生生的交流。如果说“戏剧”这一概念包含“观众”要素在内，那么“戏剧情境”这一概念也包含“演员与观众之间活生生的交流”在内。在剧场中，尤其是在中国传统的戏台上，演员所处的情境可谓一种“双重情境”：既有在特定处境中与其他演员互动所形成的“情境”，也有与观众交流、互动所形成的“情境”；演员正是在这“双重情境”下展开表演活动并完成其表演艺术的。在这里，剧场上人物的动作与反动作，以及演员与观众之间活生生的交流，作为戏剧情境的核心要素，是戏剧区别于诗歌、小说、散文、电影的重要标志，也足以凸显戏剧艺术的独

① 在这里，谭先生受到西方自亚里士多德以来的形式美学的影响，认为只有形式才是使艺术获得独立性与个别性、进而成其自身的东西。艺术就是有意味的形式；没有形式自然就没有艺术。

特属性。

第三，戏剧情境既是人物展开其生命活动的基础条件，也是人物实现其人格与命运的具体形式，最有资格成为“戏剧的形式”。戏剧情境既包含戏剧人物的处境（含时空环境、特定事件、人物关系），也包含戏剧人物在特定处境下的动机、动作与反动作；前者是人物展开其生命活动的基础条件，后者是人物实现其人格与命运的具体形式。“情境”不断运动的过程，就是人物在特定处境下不断生成动机发出动作的过程，就是人物不断与环境、与他人、与自我冲突（或契合）的过程，就是人物不断实现其人格与命运的过程。或者更确切地说，情境本身就意味着特定人物与其处境的“契合”①，意味着人物生命活动的曲线，意味着人的生命活动的规定形式与实现形式。如果说，“自古以来，任何一部真正的戏剧作品，不管它是什么体裁，说到底，都是人的命运的表现，都是通过个人的命运探索人类的命运”②，那么可以说，任何一部真正的戏剧作品，都是通过不断运动的情境来探索、表现人的命运的。在这个意义上，不是别的，正是“情境”构成了戏剧的形式。谭先生曾明确地说：“戏剧就是把人的完整的生命运动定型化。靠什么定型？而这一点恰恰是戏剧形式的本质。这个形式不是别的，就是情境。”③此外，他还指出：“如果把戏剧看做‘命运的模式’，那么情境恰恰是把内在必然性转化为现实性的具体的形式，也可以直称为戏剧的形式。”④这都表明，谭先生所说的“情境”，绝不是人物行动的客观条件那么简单，它其实就是人物命运的实现形式，就是戏剧的形式。

第四，戏剧情境内蕴着人的生命的动态过程，是戏剧自身形式与内

---

① 这里所谓的“契合”，意指特定处境特别适合于人物显示、发挥其性格特质、人格能量；它既可以是逆向的相反相成（比如艰难困苦玉汝于成），也可以是顺向的相生相合（比如“英雄”找到“用武之地”迅速崛起）。有时候，“逆境”更能显示人物的性格特质与内在能量。需注意的是，“契合”本身就包含人在特定处境中生成动机发出动作这一系列环节；而“情境”，正是在“契合”中形成与运动的，或者说就是运动着的“契合”。详见《谭霈生文集》第六卷第106页。

② 谭霈生：《戏剧本体论》，中国戏剧出版社2005年版，第106页。

③ 谭霈生：《谭霈生文集》第五卷，中国戏剧出版社2005年版，第119页。

④ 谭霈生：《谭霈生文集》第五卷，中国戏剧出版社2005年版，第132页。

容融合为一的“有机整体”，最有资格成为“戏剧的本体”。“情境”不同于“处境”，它是人与处境的契合及其连续运动；它包含“处境”，但以特定处境下人的生命的动态过程（包括外在动作与内在生命运动）为中心内容。如果我们把“情境”窄化为“处境”，或把“处境”当成“情境”，则无法理解这一点。以前我们经常把狄德罗、萨特特别看重的“处境”当成“情境”，实在不妥。狄德罗在《关于〈私生子〉的谈话》中强调：“要搬上舞台的，说老实话，已经不是人的性格而是人的社会处境。……今天，处境却应成为主要对象，性格只能是次要的。”①萨特在《提倡一种处境剧》中主张：“一个剧本的中心养料不是人们用巧妙的戏词儿来表现的性格，而应该是处境。……我认为剧作家的任务是选择那些最能表达其关注的极限处境，并把它作为向某些人的自由提出的问题介绍给公众。”②这里，译文中的“处境”是对 condition/situation 的准确翻译，一些论者硬将“处境”改换成“情境”是不对的。狄德罗、萨特推重的都是“处境”，并且都把处境与人物性格对立起来；在他们看来，“处境”是外在于人的，只是戏剧的一种要素（尽管是基础要素）。而谭先生所阐说的“情境”，较之已有质的不同。在《戏剧本体论》一书中，谭先生说：“当我们把‘情境’作为人的生命活动的规定形式和实现形式的时候，也就意味着，所谓‘戏剧的本体’也就是情境中的人的生命的动态过程。”③由此可知，第一，在谭先生看来，“情境”作为人的生命活动的规定形式与实现形式，本身就包含着“人的生命的动态过程”；第二，正因为“情境”包含“人的生命的动态过程”，它才能由戏剧的形式进一步升格为戏剧的本体。因为，在情境中，戏剧的形式与内容已经融合为一了；或者正如丁涛教授所说，在谭先生这里，情境已经成为戏剧自身形式与内容融合为一的“有机整体”了④。这种“情境论”，可以说大大发展了狄德罗、萨特等人的“处境说”，已经是一种严

① 狄德罗：《狄德罗美学论文选》，张冠尧、桂裕芳译，人民文学出版社 2008 年版，第 98 页。

② 萨特：《萨特文论选》，施康强译，人民文学出版社 1991 年版，第 433～434 页。

③ 谭霈生：《戏剧本体论》，中国戏剧出版社 2005 年版，第 313 页。

④ 参见丁涛：《戏剧本体论・写在前面的话》，中国戏剧出版社 2005 年版，第 5 页。

格意义上的戏剧本体论了。

此外，谭先生之所以特别看重“情境”，将其视为戏剧的本体所在，还有一个重要的原因，即：较之于“冲突”，情境孕育着、体现着更为丰富多彩的戏剧性，更足以显示现代戏剧的独特魅力，更为现代戏剧家所重视。首先，谭先生自身精深丰富的戏剧鉴赏经验让他感到，富有张力的情境真正是戏剧性的沃壤，它可以生发出抵触、错位、失衡、反差、冲突、巧合等多种戏剧性形式，而冲突只是其中的一种。如果戏剧家只注重从“冲突”中营构戏剧性，一则有舍本逐末之嫌，二则会使戏路渐趋狭窄，三则容易落入概念化、雷同化的泥淖；而从“情境”中营构戏剧性，则可以走上一条非常开阔的道路，摹画出无比丰富的戏剧性图景。其次，现代戏剧的发展呈现出一种明显的趋势，这就是“内心化”。正如谭先生所说，“在现代戏剧的不少作品中，外部行动愈来愈失去它的力度，而对人的内心世界的探寻却愈来愈深层化了。”①这其实也意味着，现代戏剧愈来愈迫近戏剧性的本质了。就其本质而言，戏剧性就是“假定情境中人物心理的直观外现”②，不显示人物心理则无戏剧性。如果说现代戏剧是用以表现人的内心世界的最具体的形式，那么它主要是依靠情境及其张力来凸显人的内心世界的。对人的内心、特别是特定情境中人物行动背后的深层动机或潜意识、无意识的把握，已成为现代戏剧家“人学”深度的标示，也往往成为其作品成败的关键。比如奥尼尔，其剧作(如《琼斯皇》、《奇异的插曲》、《进入黑夜的漫长旅程》等)对人内在灵魂的探索所达到的深度与广度，实在令人叹为观止；而其剧中精心营构、丰富多变的情境，或有力地激发了人物的潜意识，或开显出人物灵魂的深沉复杂的运动状态，或让人物不知不觉走完命运的航程。谭先生正是在长期研究现代戏剧的过程中，才逐步告别“动作说”、“冲突说”而转向“情境论”的。就中国戏剧的现状而言，我们离现代戏剧的精神还相当远；因此倡

① 谭霈生：《对“戏剧本质”的再认识》，载《戏剧评论》1988 年第 1 期。

② 见谭霈生撰《中国大百科全书·戏剧》之“戏剧性”词条，中国大百科全书出版社 1992 年版，第 440 页。出于对情境与戏剧性愈来愈深入的研究，谭先生曾试图写一本名为《戏剧性新探》的书，但最后这本书写成了《戏剧本体论》；由此也可见出，谭先生是出于对戏剧性的深入探索才逐步提出情境论的。

言“情境论”，对于中国戏剧走出“冲突律”的羁绊，走向现代戏剧的“明朗的天”是大有益处的。

因此，谭先生所创立的“情境论”，既有充分的学理根据，也有强劲的实践支撑。这一理论既把握到了戏剧艺术的独特属性(动作/交流)，也深刻揭示了戏剧艺术的形式结构(情境)；既考虑到了戏剧艺术的动态性、综合性，也考虑到了现代戏剧的发展趋势以及戏剧理论应有的前瞻性。它确实大大发展了前人的戏剧理论，可谓中国学者对世界戏剧理论的一个重要贡献。

正如一枚硬币的两面，“体”与“用”是密不可分的，任何一种戏剧本体论必有相应的戏剧功用论。而且，任何一位戏剧理论家都不能不关注戏剧的功能，因为这关系到戏剧艺术存在的价值，也关系到戏剧人安身立命的根据。与前人不同，谭先生对于戏剧功能有自己独特的思考，而且他的思考随着岁月更迭而不断深化。他多次提到法国剧作家尤奈斯库的一句话：“如果戏剧注定只能给哲学、神学、政治或儿童教育派用场，且不论它的功效如何，那么它本身的职责何在呢?”这个问题好像一直催迫着他做出回答。在1981年，谭先生认为：“戏剧作为一种艺术，它的特殊职能应该是塑造各种各样的人物性格，打开各种人物心灵的大门，帮助观众理解人，理解人的精神世界，从而影响人的灵魂，让观众通过各种各样的性格、各种各样的生活命运去理解人生的真谛。”①这时他看重的主要是戏剧的认识功能，但已经意识到戏剧对人灵魂的影响作用，已确立其戏剧功能论“以人为本”的基调。到了20世纪80年代末，谭先生越来越重视戏剧的审美功能。在1989年发表的《戏剧创作与美学精神》一文中，谭先生指出审美价值才是戏剧艺术最重要的价值，因为它与人类解放的最终目标是一致的；同年，在《中国戏剧的现状、问题与走向》一文中，谭先生强调“艺术就是艺术，艺术不是政治的附庸，也不是哲学和伦理学的附庸”，戏剧艺术的最高使命就是“通过‘审美’的社会功效，求得人的全面发展和彻底解放”②。这个时候，谭先生站在马克思主义美

① 谭霈生：《谭霈生文集》第四卷，中国戏剧出版社2005年版，第11页。

② 谭霈生：《谭霈生文集》第五卷，中国戏剧出版社2005年版，第190页。

学的高度，一再强调戏剧的审美功能，其实质就是反对戏剧家把人作为某种政治原则、伦理道德、哲学观念的载体，而真正以人自身为目的，以“人的全面发展和彻底解放”为创作旨归。到了2007年，谭先生基于戏剧艺术的本体，进一步论述了戏剧的特殊功能与使命：“戏剧以人自身为目的，指的是超越从属于政治和经济之类的短视的功利观，承担起重新塑造人的感觉方式与构成，人的情感方式与构成，也就是参与人格与素质的重建，以此达到对人的全面的人格与素质能力的培育。”①此时他对戏剧功能的认识更为具体而深入了，达到了其戏剧功能思想的顶峰。

综观谭先生的戏剧功能论，可知它与谭先生的戏剧本体论是高度一致的。既然戏剧的本体不是社会生活、社会矛盾，而是“情境中的人的生命的动态过程”，那么戏剧更多的是对人的生命(特别是作为个体的人的生命)发生影响。而戏剧展现人的生命过程的方式是将具体的人置入假定性的情境中，依靠情境的张力逐步打开人的内心世界，启动其内在生命的运动过程；这就意味着，戏剧家展现人的生命并非是完全被动的，而是可以有高度的能动创造性，可以有选择地去营构情境、有意向地去表现人的生命的运动方式，这样戏剧家的作品作为带有“方向感”的创造，可以“重新塑造人的感觉方式与构成，人的情感方式与构成”，进而“参与人格与素质的重建”。换言之，真正回归本体的戏剧，必定是特别关注人的感性活动与内在生命的戏剧，也就是审美的戏剧；而只有审美的戏剧，才真正有助于人格重建与族魂重铸，才能发挥戏剧艺术的最大功效。

戏剧艺术的用武之地，正在于通过审美感通参与人格重建。用谭先生的话说，就是通过营构富有张力的情境，开显人的感性丰富性与灵魂复杂性，以感性形象感染、重塑人的感觉方式与情感方式，日积月累，潜移默化，逐渐达到重建人格的目的。较之“净化说”、“教化说”、“娱乐说”、“启蒙说”等等，谭先生的戏剧功能论立足于戏剧本体而张其审美本性，虽从感性入手但旨归在全面的人，确有其深刻精辟之处，既折射出老一辈戏剧理论家深湛的审美经验，也体现了他深沉的人学关怀。

谭先生从来不是书斋里的空头理论家，他的整个戏剧理论研究乃是

① 谭霈生：《“以人为本”的戏剧使命》，载《光明日报》2007年4月23日。

以反思、引导戏剧艺术实践为动力和宗旨的。他虽常年躬耕于戏剧基础理论领域，但从未忽略对中国戏剧历史与现状的研究。正是出于对中国现当代戏剧的深入研究与反思，谭先生在1980年末呼吁戏剧革新，希望剧作家摆脱政治教化的桎梏，创作出真正的审美戏剧来；同样，基于长期的戏剧本体研究和对中国当代戏剧的深度反思，谭先生在新世纪之初提出了明确的戏剧转型论，呼吁戏剧界人士合力推动中国戏剧的当代转型。

2007年12月，谭先生撰文指出："进入新世纪后，中国戏剧已彰显出转型的趋势，或者说，转型已成为时代对中国戏剧的一种潜在的要求。所谓'转型'，主要意味着从社会教育的功能转向作为艺术欣赏的对象，从政治化、社会化转向对审美和艺术本体的追求。"①这是谭先生首次正式提出戏剧转型论，其中主要涉及戏剧功能的转变，也隐含着对戏剧艺术回归本体的殷殷期盼。2009年1月，谭先生在全国艺术科学规划办的讲话中进一步阐述了他的转型论："我觉得中国戏剧现在正进入转型期。我说转型期，有两个方面的意思：一方面就是戏剧在中国的生存状态在开始转型，由国家全包、国家包办向市场文化、文化市场转型；另一方面是戏剧本体定位的转型，就是把戏剧作为宣传教育工具向戏剧艺术的本体转型。……现在精品难求，到底缺什么？我们剧作家的那种转型意识完成没有？如果转型意识没有完成，出精品就很难。……我们今天谈戏剧学科建设，恐怕大家应该意识到这一点，就是集中所有研究力量推动戏剧的转型，使这个转型期比较顺利地实现。"②此时，谭先生所谓"戏剧转型"的内涵已更为丰富：客观方面"戏剧生存状态的转型"、"戏剧本体定位的转型"要求主观方面戏剧创作意识的转变和戏剧研究重心的转变。然而，这里的一系列"转型"，究竟是从哪儿转到哪儿？特别是对剧作家而言，谭先生所说的"转型意识"究竟意味着什么？厘清这些，是理解谭先生"戏剧转型论"的关键。

从六卷本《谭霈生文集》来看，谭先生的戏剧转型思想实已酝酿多年

---

① 参见谭霈生先生为周宁主编的《西方戏剧理论史》所写的"序"。该书由厦门大学出版社2008年版。

② 谭霈生：《中国戏剧转型与学科建设思考》，载《四川戏剧》2009年第5期。

了。早在1989年初，谭先生说："呼唤'审美戏剧'，强调美学精神，并非只是一个空洞的时髦口号，乃是戏剧艺术的一场革命。"①其时他所谓"审美戏剧"，是相对于教化戏剧而言，强调戏剧应以人的自我解放为目的，而不以宣传某种政治原则、道德理念为目的。他强调那是"一场革命"，其实就意味着从教化戏剧到审美戏剧的改变，对中国戏剧来说是一次重大的转型。五年后(1994年)，谭先生在《谈中国的问题剧与社会剧》一文中明确主张：中国当代戏剧要走出危机，必须扬弃问题剧，走向社会剧。他写道："进入新时期以来，中国戏剧在探索中求取进步的一条重要线路，则是从'问题剧'向'社会剧'的进步。在我看来，问题剧的失宠乃是历史的必然，中国戏剧的未来走向将是以社会剧为主潮。"②这就表明，那个时候谭先生期待于中国戏剧的，就是从问题剧转向社会剧。但非常值得注意的是，谭先生所理解的"社会剧"，并不是"以社会为本、着重反映社会矛盾"的戏剧，而是"把表现对象从浮现在社会生活表层的具体矛盾现象和问题转向人自身，转向当代人灵魂的最深沉最多样化的运动，在这一空间把握时代精神"③的戏剧，这其实也就是以人为本的戏剧。十五年后，谭先生对中国戏剧的期待大体未变。2009年，在《中国戏剧转型与学科建设思考》一文中，谭先生在深入反思了问题剧之后说，"我们的戏剧创作现在最缺的，就是情感体验的广度与深度"④，其实质还是呼唤以人为本的审美戏剧。

综上，谭先生所说的"戏剧转型"，从戏剧创作的层面来说，其实质就是从教化戏剧转向审美戏剧，从问题剧转向社会剧；简言之，就是从问题剧转向以人为本的审美戏剧。这一转型思想，跟谭先生的戏剧本体论、戏剧功能论是高度一致的，跟康德在哲学领域发动的哥白尼式革命亦有冥合暗通之处。如果说康德是在认识论和审美学领域强调发挥人的主体能动性，把人从世界万物的"反映者"提升为"立法者"，那么谭先生则是在创作学领域呼唤一种"本体翻转"，强调剧作家应该从以社会为本

① 谭霈生：《谭霈生文集》第五卷，中国戏剧出版社2005年版，第151页。

② 谭霈生：《谭霈生文集》第五卷，中国戏剧出版社2005年版，第318页

③ 谭霈生：《谭霈生文集》第五卷，中国戏剧出版社2005年版，第334页。

④ 谭霈生：《中国戏剧转型与学科建设思考》，载《四川戏剧》2009年第5期。

转向以人为本，把着力点从反映外在的社会现实转向表现人的内在生命运动，努力写出“人的灵魂最深沉和最多样化的运动”，写出人性的深层冲突、内在结构与转化规律，并在这种深化中写出美的意境、美的境界来。这也许就是当代剧作家应该完成的“转型意识”。

如果说谭先生的戏剧特性论以“动作”为中心，戏剧本体论以“情境”为中心，戏剧功能论以“审美”为中心，那么他的戏剧转型论则透出他一辈子理论研究的核心精神与基本追求：“以人为本”和“回归戏剧本体”。综观其整个理论体系，颇具科学性、实践性与前瞻性品格，可以说是“站在我国戏剧艺术发展的轨迹上所进行的全新创造”①。基于此，我们完全有理由相信，谭先生的理论贡献不仅可为在全球化背景下建构有中国特色的戏剧理论体系奠定坚实的基础，而且对于21世纪中国戏剧的创作与发展将具有重要的启发、引导意义。

二、谭霈生戏剧理论建树的示范意义

大树看似无思无为，但只要“树”在那里，即可给人荫凉，并在一定程度上改良气候。人亦如此。谭先生一辈子与世无争，只静静地生长；待其越长越高，却实实在在地给他人带来了福荫，也给中国当代戏剧带来了活力和希望。众多的剧作家、学者、批评家学习谭先生的戏剧理论，一起努力推进中国戏剧的现代化转型；这道在戏剧领域悄然出现的文化景观，无形中见证着谭先生戏剧理论建树的示范意义。

谭先生戏剧理论建树的示范意义，主要体现在两个方面：一是他在众多论著中所标举的“审美戏剧”、“理想戏剧”，启发了新时期以来一大批剧作者，使之逐步回归到戏剧创作的正轨上来，有的还奉献了若干戏剧精品，在中国当代戏剧史上熠熠生辉；二是他的人学情怀、治学路径、研究方法、评论视角本身启发了一批年轻学者、戏剧评论家以人为本，面向戏剧本身，走上了正确的戏剧研究、评论道路。

---

① 参见北京市哲学社会科学优秀成果评委会对于《谭霈生文集》的授奖词，载《北京社会科学年鉴》，北京出版社2007年版，第706页。

谭先生是少有的能以理论著述引导创作实践的大家。他的理论源于创作实践，从中提炼出艺术的规律，能对戏剧创作产生切实的指导、启发意义。著名剧作家李宝群先生说："在我看来，谭先生是应该写进戏剧史的。因为，他用他的理论影响了中国戏剧几代人，影响了新时期以来的中国戏剧。他培养和指导过很多当今中国知名的剧作家，连时下最著名的导演、最出名的演员也为能听过他的课做过他的学生而自豪。"①诚如其言，谭先生的《论戏剧性》一书，被很多剧作者视为编剧宝典，列为案头必读之书；它也确实启发了很多剧作者，使之在创作上更上一层楼。杨利民、杨健、李宝群、何冀平、李龙云便是其中的杰出代表。杨利民自述，师从谭霈生先生对于他的创作有一种脱胎换骨的作用，使他从原来的根据概念、政策创作转到关注人的处境与个性的契合，转到追求真正的戏剧性②。杨利民"脱胎换骨"之后创作的《地质师》《大荒野》等剧作，均善于营构具有张力的情境，并在情境的流动与翻转中展开人物之间的性格冲突，开掘人物心灵深处的光辉。这些作品已经进入中国当代戏剧文学史，凭其自身的魅力吸引、感动着一批又一批人。杨健亦师从于谭霈生先生，他与朱晓平、陈子度合作的《桑树坪纪事》集新时期戏剧探索之大成，已成为中国当代戏剧文学史中最耀眼的明珠之一。李宝群则自述："先生的'戏剧情境论'对我的戏剧创作影响相当大。它颠覆了我多年来深信不疑的'戏剧的本质是冲突'的创作理念，帮我形成了新的戏剧观。……离开中戏，十多年的创作实践中，我越来越发现'戏剧情境论'很了不起，每每在我的创作中起到关键作用，对我帮助相当大。"他的剧作《黑石岭的日子》《风雪漫过那座山》《立春》《长夜》等十分重视戏剧情境的营构，重视在不断激化的戏剧情境中表现人性的丰富性、多样性、复杂性和细微性，具有很高的审美价值，多次获得大奖。基于以上事实，

① 李宝群：《从梦想到现实：李宝群戏剧随想集》，中国戏剧出版社 2016 年版，第 149 页。李宝群为国家一级编剧、中宣部全国"四个一批"人才，作品四次入选国家舞台艺术精品工程十大精品，多次荣获文化部文华大奖，中宣部精神文明建设"五个一工程奖"、曹禺戏剧文学奖、话剧金狮奖等国家级重要奖项。作为剧作家，他对谭先生的评价具有一定的代表性。

② 详见《谭霈生戏剧理论研讨会综述》一文，陈敏、赵志勇等整理，载《戏剧》2003 年第 4 期。

可以说，谭先生的理论绝不是空壳的、苍白的理论，而是确有生命力的、有根基的理论；其指明了广大剧作家努力的方向，也确立了一流戏剧的标杆，无形中对创作实践产生了引导、示范意义。单凭这一点，我们就不能不对谭先生油然生发真挚的敬意。

谭先生的戏剧理论建树，对于戏剧学者、戏剧批评家也具有很强的示范意义。这一点鲜有提及，其实尤为值得重视。谭先生研究戏剧理论，在精神意识、方法路径方面有五点特别值得学习。第一，他特别关注戏剧现状，问题意识很强，是为着切实解决戏剧发展中的真问题而投入理论研究的。他做学问，首先是为了解决中国本土的问题，现实针对性很强。20 世纪 80 年代出现的戏剧危机，使他辗转反侧、寤寐思索，希求通过基础理论研究来找到戏剧发展的正确道路。他的“审美戏剧”理论、戏剧情境论绝非空穴来风，而是为了解决现实问题、引导戏剧健康发展探索出来的。第二，谭先生研究戏剧理论，绝不是从理论到理论、从一般到个别，而是从具体作品出发，基于自己真切的审美体验，从大量的经典名剧中提炼、抽绎出戏剧艺术的本质与规律。比如他提出的戏剧的逻辑模式，就是他从古今中外大量的经典名剧中抽绎出来的。由于是从作品中来，故而易对创作产生启发。第三，谭先生虽注目于戏剧理论建设，但很注重打下深厚的美学基础①，注重从美学高度看戏剧问题。美学从根本上讲是人学，其核心旨趣在于人的全面自由发展，这与艺术的目标是高度一致的。他反复讲“以人为本”，讲戏剧的人学深度，主张清除戏剧中的庸俗社会学，呼吁戏剧人朝着人物的内在生命运动突进，以人的精神解放和全面自由发展为最高目标，确实是眼光深邃、高屋建瓴。在很大程度上，也正是他的人学情怀与美学基础，给予他持久的动力，几十年如一日投身到中国戏剧事业中来。第四，谭先生评论戏剧作品，有自己的立脚地，坚持“美学批评与历史批评相结合”的原则，但尤其重视美

---

① 谭先生在中国人民大学读研时阅读了大量的美学经典著作，听朱光潜、蔡仪、唐弢、何其芳、李健吾、余冠英等名师讲课，这为他打下了很好的美学基础，也培养了他的理论思维能力。他自述中央戏剧学院培养了他的艺术鉴赏能力，中国人民大学培养了他的理论思维能力，而这两种能力对于他从事戏剧理论研究至关重要，缺一不可。

学的批评①，重视分析作品的人学深度和审美价值。他的评论，是有深厚根基(基于他自身的美学修养和戏剧理论)的评论，也是出于精细鉴赏的评论，是其自身理论素养与鉴赏力的结晶，往往具有非凡的高度与深度。比如他对杨利民《黑色的石头》的评论，首先是着眼于该剧在营构特定情境、发掘人物心理、塑造立体形象方面的成就，对该剧给予高度评价；然后重心放在对人物形象的分析，一方面揭示主要人物的内在生命运动，另一方面也联系社会实际阐释其历史意义；最后分析该剧存在的缺陷，指出某些人物的塑造存在概念化痕迹，建议剧作家“把人物内在生命的有机过程有层次地展现出来”②。这样的评论，相信剧作家看了会很受启发。第五，谭先生非常重视与剧作者、剧作家交朋友，从情感上感动他们，从理智上启发他们，从艺术上点拨他们。对于年轻剧作家发表的新作，他及时予以评论，大力肯定其优点，委婉指出其不足。由此他逐渐成了剧作家心目中的良师益友，大家很重视他的评论，或汲取其智慧，或采纳其建议，然后融入自己的创作之中。正是跟剧作家的密切交流，使谭先生参与了中国当代话剧的发展进程，并在很大程度上影响了 20 世纪 80 年代迄今中国当代戏剧的发展走向。

以上五点，对于戏剧界的青年学者、批评家极具示范意义。戏剧理论研究与戏剧评论，同样是有规律可循的，符合规律的研究方法、评论方式可能成为一种范式。作为谭先生一辈子探索、研究、评论所形成的宝贵经验，以上五点基本构成了一种合乎规律的研究范式、评论范式，也暗示了青年人成长的一条正确道路。在以前乃至以后很长一段时间，符合这种范式，有可能越走越开阔；违背这种范式，很可能行而不远。丹麦的勃兰兑斯，俄国的别林斯基，他们同样都非常关注当时的文艺现状，把推动本族文艺发展作为自己终生的使命；他们都下了很大工夫打下美学基础，都注意从具体作品中提炼出自己的文艺理论；他们都注意跟作家交朋友(勃兰兑斯与易卜生、比昂逊交谊深厚，别林斯基与果戈理

① 谭先生认同别林斯基的一个观点，认为一部作品若经不起美学分析，那就不值得对它进行历史的批评。

② 谭霈生：《他站在新的起跑线上——评杨利民的〈黑色的石头〉》，载《剧本》1988 年第 2 期。

交流密切），他们的评论都坚持“美学批评与历史批评相结合的原则”，而且都首重美学的批评。他们事实上都对本族乃至欧洲文艺的发展起到了重大推动作用。谭先生汲取前人的宝贵经验，结合中国的具体情况，创建了新理论，走出了新道路，发挥了正能量，将一种经得住时间考验的研究范式、评论范式愈发清晰地呈现出来，可敬可佩。

谭先生以其卓越的戏剧评论与理论建树，参与、推动了近三十年中国话剧的发展。但谭先生的理论并非一个封闭的体系，必将在戏剧实践中继续向前发展。作为对谭先生理论探索之赓续，戏剧诗学、戏剧现象学、戏剧生态学的研究将持续延展下去。但不管怎样发展，谭先生的理论建树、治学精神、研究方法将继续滋养、引导着后来者；在历史的长河中，其奠基之功、示范意义将越来越明晰。

（作者简介：汪余礼，武汉大学艺术学院副教授、博士生导师，主要从事易卜生、现代戏剧与文艺理论研究）

论曹禺早期剧作的示范意义

邓　黛

在经历了20世纪八九十年代对西方现代主义、后现代主义的热情效法之后，中国话剧的文本创作一度曾出现先锋派戏剧、实验性戏剧的爆炸式创作高峰。而到了21世纪，中国话剧文本的创作似乎发生了文化保守主义和民族主义的转向，随着《卤煮》《窝头会馆》《玩家》等新创“京味话剧”的上演，被学界概括为“诗化的现实主义”的中国话剧传统又在舞台上重现了。显然，这拨新创“京味话剧”的出现，是对曹禺等经典作家所开创的中国话剧创作模式的回归。对本土化、民族性的这种创作回归恰恰发生在中国国力与影响力正在高速攀升的21世纪，这是颇为耐人寻味的，尤其中国话剧界曾经非常执著于学习西方现代、后现代主义思潮。从形式与技巧上看，剧作又回复到经典的现实主义传统，从剧作的主题上看，剧作回归到对日常生活的表现，这种表面上的保守转向似乎预示着一些新倾向的出现，即对民族性和日常性的重新发现。

当我们今天讨论曹禺的早期剧作时，学术话语中的政治意味已经越来越淡薄，而对于曹禺剧作中的宗教性主题、现代性特征等则进行了更深入的探讨，这也意味着我们对于曹禺的研究与讨论可以从更多的层面、角度来进行。不过不论从哪个角度来论证都不能绕开的话题就是：曹禺对于中国的话剧创作是具有典范意义的。那么这种典范意义和示范效应究竟体现在何处呢？我认为，对曹禺剧作的这种示范效应的分析应该立足于三个纬度来进行：

1. 中国话剧的“西化”进程

虽然我国戏曲在萌芽之初，于“东海黄公”这样的小戏中便蕴含着类似话剧小品式的表演因素，而后来成熟形态的京剧及地方戏中的某些折子戏也可视为中国本土的“微型话剧”，但一来这些都不过是碎散片段式的演出，其表现的剧情内容和主题蕴含非常有限，二来中国传统戏曲的总体特征便是“无声不歌、无动不舞”，因此中国本土话剧自其诞生之初便迥异于戏曲，而且话剧的诞生与成长正是在效仿和借鉴西方戏剧的基础上进行的，因此话剧的诞生与成长最初就是一个文化的“西化”过程。事实上，曹禺戏剧创作的一个重大特色就在于他对于当时西方最经典的戏剧作品和最前卫的戏剧思潮的全方位借鉴与吸收上。承认并强调这点，是研究曹禺戏剧的示范性效应的首要前提。

2. 中国话剧的本土化进程

中国话剧的百余年历史，其实质便是一种将外来艺术样式植入中国自身文化土壤之中，使其本土化的过程。在今天的文化语境中去看待这个问题，我们可以发现，这一过程恰恰是20世纪在经济、文化全球化趋势下，外来文艺样式的本土化过程。从曹禺石破天惊的处女作《雷雨》开始，中国的话剧才真正奠定了成熟的具有本民族文化特色的创作路线。这是一个漫长而艰难的旅程，其间曾经有过各种水土不服的尝试、生吞活剥的模仿与政治意识形态的图解。与此同时，这一过程也充满了具有本民族文化特色的探索与新型文艺创作模式的实践。

3. 中国话剧的现代化进程

曹禺戏剧创作开始于20世纪30年代，这正是中国戏剧开始成熟的年代，而与此同时，世界戏剧舞台上现代主义戏剧也正在大放异彩。曹禺的戏剧从对西方的模仿学习开始，他的起点便是一个非常高的舞台，所以实际上他是在短暂时间内迅速跨越了西方从古希腊悲剧到现代主义戏剧的漫长时间维度。而如果没有外界因素的干扰，曹禺创作道路的最终指向原本也必然是与世界戏剧的发展潮流汇合，即进入到现代戏剧之中。可惜因为种种原因，曹禺的现代性探索在他进入中年后便戛然而止。因此在讨论曹禺戏剧时不仅仅应注意到其剧作中的民族性特征，还应该将其视作整个20世纪世界戏剧发展体系中的一个环节，而且是一个非常特殊的环节，即在当代世界政治、经济、文化体系建立之前，由老牌帝国主义国家所建立的殖民世界的旧政治体系中，一个半封建半殖民地国家内部所诞生的具有本民族特色的现代戏剧。曹禺的剧作正是在这些方面进行了极为可贵的探索与创造。因此，本文对于曹禺剧作示范性意义的探讨也着眼于这三个维度。总体而言，曹禺早期剧作的示范性意义可以概括为三点，即对西方戏剧创作范式的借鉴与改进、对中国文艺传统的继承与开拓以及具有民族性、现代性的寓言叙事。曹禺作品中成就最高的是《雷雨》《日出》《原野》《北京人》四部，本文也就以这四部早期作品作为论证的对象。

一、对西方戏剧创作范式的借鉴与改进

曹禺早期剧作对西方经典戏剧的模拟与借鉴密不可分的，前辈学人对此已有颇多论述，可以说其早期剧作的经典性首先恰恰是来源于对于西方戏剧创作范式的借鉴与改进。这一点可以由《雷雨》的经典化历程得到印证。

《雷雨》在问世之初便获得了文坛名家郭沫若的称赞，同时随着天津、上海等地校园业余剧社的演出，《雷雨》在社会上逐渐获得了声誉。但必须看到的是，这些影响都仅仅局限在知识分子、“新剧”圈子内部。《雷雨》真正成为具有“现象级”意义的事件，得到社会公众的普遍称赞，实则有赖于1935年到1936年中国旅行剧团的高水平巡回演出。当时中国旅行剧团在上海连续公演《雷雨》达三个月，引发了全城性的轰动效应，“1935年虽说是娜拉年，从戏剧史上看，应该说是进入《雷雨》的时代(中国旅行剧团在上海卡尔登戏院上演《雷雨》，这才和各阶层的小市民发生关系，从老妪到少女，都在替这群不幸的孩子们流泪。而且，每一种戏曲，无论申曲、越剧、文明戏，都有了他们所扮演的《雷雨》)”①。中国旅行剧团是当时第一流的职业剧团，在中国话剧史上具有举足轻重的地位，这样一个高水平的职业化剧团将初出茅庐的大学生剧作定为巡演的重头剧

① 曹聚仁：《文坛五十年・下编》，东风出版中心1997年版，第292页。

目，这个现象本身就是非常值得探讨的。

其实《雷雨》作为一部具有强烈的浪漫传奇色彩的剧作，它的情节模式即使是在当时的中国都不能算作是纯粹的首创。在《雷雨》问世之前，20 世纪 20 年代的剧作家已经创作了不少着眼于相关社会话题的剧作，表现大家族内部“乱伦”隐私、反抗封建家长专制的剧作有白薇的《打出幽灵塔》和熊佛西的《青春的悲哀》，揭露看似“父慈子孝”实则“人吃人”的封建大家族真实面目的有陈大悲的《幽兰女士》等，但是这些剧作的影响力都仅仅只是局限于知识分子、学校社团、爱美剧圈子内部，其上演也不过是昙花一现，这些并没有在职业化、商业化的舞台上得到充分演出的剧作，日后都湮没于历史的长河中，而具有极为类似的情节模式和相同的《雷雨》却有着相反命运，它不仅被选中，在高水平的职业舞台上上演，而且从此开始了“经典化”进程，在日后反复的上演、改编过程中，《雷雨》确立了自身在中国话剧史上的经典地位。

《雷雨》获得中旅的青睐，这并不是由于偶然。中国旅行剧团的演出宗旨最初便是向民众普及“话剧”的观念，而中旅的诞生也是中国话剧职业化的开端。团长唐槐秋曾留学法国，他选择上演翻译改编的西方剧目如《少奶奶的扇子》《茶花女》等来作为剧团业务的开始。留法戏剧学博士、中法大学戏剧专业教授陈绵是剧团的重要“参谋”，显然在这些真正具有西方文化背景的职业戏剧人看来，《雷雨》是符合他们心中的西方“话剧”观念的优秀剧作。

究其原因就在于，和那些话剧发展谱系中早产的“兄弟姐妹”相比，《雷雨》是中国话剧学习西方、走向成熟过程中瓜熟蒂落的产物。在我国话剧还处在最初的摸索与试错中时，对优秀戏剧标准的界定基本上是完全的“拿来主义”，对优秀剧作的认定便是以西方的戏剧范式为标杆的。也就是说，《雷雨》更符合西方戏剧界对于成熟、优秀剧目的判定标准，因为严格说起来，《雷雨》正是当时中国第一批具有真正成熟西式戏剧形态的剧作，是远比其前驱者更为到位、更为专业的创作范本。这其中，《雷雨》的成功首先得力于对“三一律”的纯熟运用。“三一律”作为西方古典主义时期的“金科玉律”，尽管由于其对于形式感的僵化界定而在戏剧史上饱受诟病，但它作为剧作法，其实质却是对西方古典戏剧形态，即亚里士多德式戏剧形态的终极总结。也就是说，“三一律”并不仅仅是一种编剧技巧，它所代表的乃是经典、传统的亚里士多德式戏剧体系。在这个戏剧体系内，“三一律”以“极简化”为最高准则，以封闭性和冲突性为审美标准，它如同一把精准的奥卡姆剃刀，削减了冗余的情节枝蔓，集中了矛盾冲突，使人物、事件和时空的处理都被压缩、规范到最精简的维度上，从而在被压缩至极致的人物、事件、时间、空间的四维世界内部确立了戏剧张力的最大化。在西方戏剧史上，对“三一律”运用最为成熟、成功的剧作家便是易卜生，在易卜生的代表作《玩偶之家》等作品中，亚里士多德式戏剧的优势被发挥到极致，经过易卜生的改良、更为灵活而精准的三一律也成为亚里士多德式戏剧形态的成功代表者和终结者。作为易卜生戏剧的崇拜者和最为勤奋的效仿者，曹禺和白薇、陈大悲等探索者相比，他最高明的地方就在于他的起点要高于其他一切剧作家，他从一开始就以古典戏剧形态的最高典范——易卜生式的“三一律”——作为学习对象。曹禺在自己的处女作中对于“三一律”的运用可谓是天才级别的，其纯熟性与灵活度显示出，他对于易卜生式“三一律”的研究与掌握是非常透彻的。尤其是同情节内容极为相似的《打出幽灵塔》相比即可看出，运用了易卜生式三一律的《雷雨》明显在情节线索上更为精练，在结构技巧上更为精妙，而后者则情节线索过于冗杂，人物关系混乱，人物塑造和情节方面多有矛盾和疏漏之处。

不过自新文化运动以来，“易卜生热”便是中国文艺界经久不衰的文化现象，就连胡适也受《玩偶之家》的影响创作了“玩票”性质的短剧《终身大事》。那么为什么当初模仿易卜生的其他中国剧作家没有取得曹禺这样大的成就呢？这是因为，曹禺敏锐地发现了“易卜生主义的精华”并不在于富于意识形态意味的社会问题剧故事情节，也不单纯在于“三一律”运用，而是在于“三一律”与摹仿型的写实剧情互为表里的剧作范式。从某种意义上看，以《玩偶之家》为代表的易卜生式社会问题剧，恰恰是亚里士多德式戏剧范式在现代戏剧史上的最完美体现，易卜生的社会问题剧可以说是亚里士多德式戏剧的集大成者，正是在易卜生的手里，亚里士多德式戏剧发展到了巅峰，亚里士多德式戏剧范式所最为注重的几个方面，例如对于人物形象的塑造、戏剧结构的完善以及戏剧冲突的营造，在易卜生这里都到了登峰造极的地步。曹禺第一次创作便如此出手不凡，正是因为他进行了非常系统的学习，而最后他还成功地将这些戏剧理念付诸实践之中。

亚里士多德式戏剧是建立在以写实为目标的艺术观念基础之上的戏剧体系，除去寓言化的中世纪宗教戏剧，从古希腊戏剧，到文艺复兴戏剧、古典主义戏剧和浪漫主义戏剧，不管其所要表现的主题与形式上有什么不同，其本质都是写实性戏剧，都是营造戏剧幻想的戏剧，而这种现象的背后起着理论支撑作用的正是西方文艺观念中的“摹仿说”。在“摹仿说”这一整套形而上学以及由此生发的文艺理念框架内，亚里士多德式戏剧的理念核心是对整个社会、人生的摹仿，是在舞台上去建立一个模拟的宇宙。而正是因为现实世界充满了以天文数字计的信息，所以在舞台上去营造一个模拟的小宇宙，运用极简原则对剧作家所接收到的信息和对外输出的信息进行限定，避免由于过多信息的溢出而造成的混乱，就成为亚里士多德式戏剧的最基本设定，这也正是亚里士多德的戏剧定义会必然推导出“三一律”的根本原因所在。曹禺的第一部剧作就能获得如此成熟的剧场效果与文学性和剧场性的双重成功，这是由于他敏锐地领悟到了亚里士多德式西方传统戏剧的精髓所在，并进行了有效而出色的学习。

然而曹禺的成功并不仅仅在于对这种亚里士多德式戏剧范式的学习。在处女作获得成功之后，他立刻清醒地意识到《雷雨》的问题正在于“太像戏”了。正如易卜生在其创作的后期转向了现代主义，曹禺接下来的创作风格与技巧也立刻发生了明显的转变，例如《原野》对奥尼尔的表现主义戏剧《琼斯皇》的学习与效仿，再如《日出》《北京人》对契诃夫诗化戏剧的学习与借鉴等。曹禺的这种创作转型是有着其内在逻辑的，正如前文所言，易卜生的社会问题剧已经将亚里士多德式戏剧范式推演到了极致，这意味着亚里士多德式戏剧的大厦到了易卜生这里已经构筑得非常完善了，而从相反的角度来看，这也意味着在这个领域易卜生已经做到极致，而令后人几无可措手之处。体系臻于完美的那一刻也就是僵化的开端，体系的内部也因此孕育了自我革命的萌芽，因此现代戏剧的发展必然以对亚里士多德式戏剧的颠覆为起点。反亚里士多德式戏剧大厦的这朵乌云飘到了易卜生的剧作中，易卜生也因此成为体系的集大成者和终结者。对于传统体系的突破势在必行，而易卜生顺应了这一趋势，以其极富于诗化意味的象征主义前驱之作开始了对自我的革命。曹禺作为易卜生最为天才的中国学生，他的创作转型也就必然的会导向亚里士多德式戏剧的反面，事实上，在《雷雨》中我们已经看到了这一明显的趋势。曹禺所特别中意、然而却几乎在所有演出版本中被抛弃的序幕与尾声正是这种具有明显现代主义诗化意味的尝试，但十分可惜的是，这种尝试显然长期没有得到应有的重视和研究。

二、对中国文艺传统的继承与开拓

《雷雨》作为中国话剧的大师级经典之作，早已成为北京人艺的镇山之宝、看家之戏。然而2014年北京人艺的《雷雨》复排演出公益场却发生了“笑场”事件，一时间成为舆论关注的焦点，有媒体评论文章据此指责年轻观众文化素质低，称之为“审美扭曲”①。如果说在北京，面向广大学生的公益演出发生“笑场”可能是源于年轻观众对于话剧的陌生与隔膜，那么随后同班人马转战上海，邀请专家、媒体人士的彩排演出同样也遭遇了“笑场”，这恐怕就不能把原因全都归咎于观众的素质了。

而耐人寻味的是，一边是北京人艺“原汁原味”的演出遭遇“笑场”，与此同时，另一边，在湖北潜江的“曹禺文化周”期间上演的京剧版、黄梅戏版《雷雨》却大受观众欢迎。在笔者看来，京剧版《雷雨》中最出彩的一场戏，恰恰是发生在最容易被人忽略、甚至被晚年作者本人所否定的角色——鲁大海——身上②。在京剧版中，鲁大海与周氏父子对峙，被周家家丁驱赶这场戏，导演运用了非常传统而精彩的武戏来展现，剧场效

① 贾梦雨：《〈雷雨〉遭笑场是一种审美扭曲》，载《新京报》2014年7月29日。

② 曹禺先生生前曾告诉来访的导演王晓鹰：“我在《雷雨》里写一个鲁大海就是为了要进步一点，要革命一点，其实我哪里知道什么工人啊！所以在整个戏里这个人物最嫩，最不成熟，删掉他很好，很大胆，我赞同。”而获得支撑的王晓鹰导演也另辟蹊径，执导了一版没有鲁大海的《雷雨》。见王晓鹰《与曹禺大师倾谈没有大海的雷雨》，载《中国戏剧》，2010年10月。

果出奇的好，而老生、老旦的唱腔设计又使得整部戏的演出始终贯穿着苍茫悲凉的哽咽之气。在黄梅戏版和沪剧版《雷雨》中，导演们则明显都将戏剧的主线放在了蘩漪和周萍身上，这使得这两版《雷雨》又都显现出哀婉动人、缠绵悱恻的风貌，历来广受观众好评。而之所以出现忠于“原版”的北京人艺雷雨遭遇“笑场”，而戏曲改编版反而大放异彩的情形，笔者以为，这恰恰是因为各剧种改编版的《雷雨》都抓住了曹禺先生原作中展现出来的一个精髓：曹禺先生对于中国文艺传统尤其是古典戏曲与古典小说神韵的继承与拓展，而这也恰恰是 2014 年北京人艺版《雷雨》所忽略的地方，也是其遭遇“笑场”的一个重要原因。北京人艺的这版演出过于强调“现实主义”的演出风格，但实际演绎的却是上世纪初的前尘往事，演员们的表演并没有体现出原著中随着时代的变迁而原本应具有的苍凉深邃感与沉郁顿挫的诗性美，与此同时，对于对峙与压迫主题的强调，则在有意无意之中削弱了对原著哀婉缠绵、惨烈悲戚的情绪的表现。然而正是这种时代更替的沉郁苍凉感和这种挣破生死的缠绵惨烈构成了《雷雨》的审美之魂。而这两者又恰恰都是古典戏曲美学的意蕴所在。

众所周知，曹禺还在孩提时代便由母亲带领成为戏院的常客，对于传统戏曲是非常熟悉的，而儿时所受的持续不断的文化影响往往会以异常执著的方式显现在成年后的行为中。在戏剧创作中曹禺便运用了不少传统戏曲、曲艺的元素，如《日出》里面胡四扭捏的京剧做派、《原野》里贯穿剧作后半段的小调“妓女告状”等。而更重要的是，对古典戏曲、小说审美韵味的继承与拓展，是曹禺早期创作中一以贯之的特色。

曹禺早期剧作中所流露出的继承自古典戏曲小说的审美韵味，是一种悠长宛转的诗性美，这种诗性美并不仅仅只是一种语言上的优美与律动，而是一种结合了题材内容与外在表现形式的审美诗意，其具体的表现就是上文所谈到的两种不同的美感：第一种是追忆时光的流逝、历史的更替，由此而产生深邃沉郁的沧桑之美，第二种是展现情感的纠缠、无奈的困境，由此而产生哀婉凄切的缠绵之美。而这两种美感在中国古典戏曲史上最典型、最极致的呈现便是《桃花扇》和《长生殿》。这两部传奇都是将个体的离合之情与家国的兴亡之叹融合在一起，前者侧重于对时代更替的叹息，后者则侧重于对缠绵悲戚之情的感伤。在曹禺的早期剧作中，我们能非常鲜明地感受到这二者的存在。

对时间的感悟在古典戏曲中往往作为背景而恒久存在，早在元杂剧中众多角色便有了“月过中秋光阴少，人到中年万事休”的上场诗，这种对时间的喟叹到了《桃花扇》里被发挥到极致：“俺曾睡风流觉，将五十年兴亡看饱”，它所伴随的是对世代更替、社会变更的辛酸体会，这也是曹禺早期剧作中的一个重要主题。例如在《雷雨》中，曹禺为这部“太像戏”的剧作安排了序幕与尾声，其苦心孤诣所在，便是“用‘序幕’和‘尾声’把一件错综复杂的罪恶推到时间上非常辽远的处所”①。这并不仅仅只是为了舞台效果的考虑，而实际上暗含着作者对自己剧作的认知，即展现随着时间的变化，小人物(甚至无论贵贱)的命运都随着时代之流而成为一首宏大而悲壮的史诗中不起眼的一部分：

朴 (沉思)无锡？嗯，无锡(忽而)你在无锡是什么时候？

鲁 光绪二十年，离现在有三十多年了。

朴 哦，三十年前你在无锡？

鲁 是的，三十多年前呢，那时候我记得我们还没有用洋火呢。

朴 (沉思)三十多年前，是的，很远啦，我想想，我大概是二十多岁的时候。那时候我还在无锡呢。

鲁 老爷是那个地方的人？

朴 嗯，(沉吟)无锡是个好地方。

鲁 哦，好地方。

这无疑是《雷雨》中最美的一段，它的深层文本中隐含着多重主题——社会的变化之大有如沧海变桑田(由帝制的光绪年间变为了民国时期)，个体在时间的海洋中被冲刷得面目全非(侍萍老得连昔日恋人也认不出她了，风流多情的大少爷变成了刚愎自私的周老爷)，没有任何个体能逃脱时间的利剑，然而悲剧本身却又一成不变地继续上演：

---

① 曹禺：《〈雷雨〉序》，《曹禺全集(一)》，花山文艺出版社 1996 年版，第 9 页。本文所引曹禺剧作部分均据此版本，故文中不再另外注明。

朴 怪不得四凤这样像你。

鲁 我伺候你，我的孩子再伺候你生的少爷们。这是我的报应，我的报应。

年轻的周萍和四凤幻想着能逃出命运的死循环，但他们拼命挣扎的结果却不过是把自己父母的路又从头重新走了一遍，甚至连他们各自角色的定位都没有变过。对于命运死循环中的角色而言，时间既是变幻莫测的汪洋大海，又是恒定静止的死水枯井，面对飞驰的岁月，每一个人都逃不过时间的陷阱。所以在《日出》中，陈白露总是吟诵诗人的诗句："太阳升起来了，黑暗留在后面。但是太阳不是我们的，我们要睡了。"除了与陈白露擦肩而过且总是置身事外的方达生、紧紧追随时代脚步的袁氏父女及其效仿者愫芳和瑞贞之外，曹禺剧作大厦中的每一个人几乎都看到了新的时光的来临，但同时又都被这匆匆时光所抛弃。

在这个命运的漩涡里，身兼地主、实业家二职的周朴园、手眼通天的银行经理潘月亭、醉生梦死的寄生虫顾八奶奶和张乔治、背负血债的土豪劣绅之子焦大星、靠着祖辈"余荫"过活的曾氏父子，不管他们昔日是多么的骄横跋扈、不可一世，或者曾经有过多么温柔富贵、风流旖旎的迷梦，到头来所有这些人都被埋在倾颓的时间大厦中，成为沉沦挣扎的怨鬼。在《日出》中，张乔治对着陈白露说过一段梦话：

"……忽然轰的一声，地下起了一个雷，这个大楼塌了，你压在底下，我压在底下，许多许多人都压在底下。……"

张乔治的呓语正好契合了《桃花扇》里的唱词：

"俺曾见金陵玉殿莺啼晓，秦淮水榭花开早，谁知道容易冰消！眼看他起朱楼，眼看他宴宾客，眼看他楼塌了！"

面对这物是人非的时光陷阱，曹禺笔下的人物又往往陷入情感的缠绵纠葛之中，对这种情感纠葛的描写同样也贯穿于曹禺的早期作品中。正如前文所言，在《雷雨》乃至《日出》《原野》的几个地方戏改编版本中，主题与故事架构的重心已经被悄然置换成了痴男怨女的爱恨情愁，显然编剧和导演都更着意于挖掘原著中的情感线索，结合以地方戏所擅长的痴男怨女题材，运用了此类剧目经典的唱腔和表演程式，因而呈现出格外“抓人”的艺术效果。这种情况表明，新时期以来，曹禺的《雷雨》等代表剧作在传播、接受过程中所呈现的巨大魅力，有很大一部分都来自于原著对情感的细腻刻画和与之相应的传奇情节的编织。

《雷雨》在问世之初便在中国的新兴话剧舞台上创造奇迹，征服的显然不仅仅是青年人，同样也包括了中老年观众，这部剧作能够“和各阶层的小市民发生关系，从老妪到少女，都在替这群不幸的孩子们流泪”，显然得益于《雷雨》对于中国老百姓深层心理的精确把握：在中国传统戏剧、小说、曲艺作品的题材中，“生旦离合”以及由此而产生的“弃妇”及“认母”主题一直都是最受观众青睐的，也最能打动中国底层民众的同情之心、获得普遍的认同，这可以从京剧及地方戏中流传最广、最受欢迎的剧目中得到印证，我们现在所熟知的折子戏《铡美案》《苏三起解》《白状元祭塔》《庵堂认母》等都属于此类。

曹禺选择了“痴心女子负心汉”这一故事主题作为《雷雨》的故事主线，这显然是这部处女作获得成功的重要原因。在中国的古典文学传统中，弃妇题材是一个特别常见的题材，《诗经》中便收录了弃妇诗，而戏曲更是对此青睐有加，早期南戏剧目中便已存在大量书生负心戏，如《张协状元》《王魁负桂英》等便属此类。对负心戏的偏好不仅成为中国传统戏曲题材选择与审美趣味的一大特色，也直接影响了传统观众(尤其是女性观众)的欣赏趣味与选择。《雷雨》正是现代语境中作者对这一古老题材的继承与重写。剧中周朴园与鲁侍萍、周萍与四凤、周萍与蘩漪的关系，都符合典型的“痴心女子负心汉”的恋情结构：

繁　(低沉地)但是最对不起的人有一个，你反而轻轻地忘了。

萍　我最对不起的人，自然也有，但是我不必同你说。

繁　(冷笑)那不是她！你最对不起的是我，是你曾经引诱的后母！

……

繁　这不是原谅不原谅的问题，我已预备好棺材，安安静静地等死，一个人偏把我救活了又不理我，撇得我枯死，慢慢地渴死。让你说，我该怎么办？

蘩漪与周萍的这段对话简直是南戏中桂英的鬼魂活捉王魁情节的翻版。蘩漪本身就是个“活死人”，她如同怨毒凄厉的女鬼桂英勾走负心人一样，死死地缠住周萍不放，而在剧中蘩漪和周萍的偷情也被鲁贵形容为“闹鬼”。这样的情节、题材乃至对话设计，营造出如同地方戏“女吊”一样幽怨狠戾、凄惨哀婉的氛围。

而周朴园、鲁侍萍、周萍三人间的离合际遇与情感纠葛，则又可看成古典戏曲中“认母”题材的现代翻版。“认母”题材的最早现存戏曲源头可追溯至关汉卿的《刘夫人庆赏五侯宴》，这一题材最有名、最具代表性的剧目则是南戏《白兔记》。在《白兔记》中，民女李三娘被丈夫刘知远遗忘在老家，成为事实上的弃妇，而刘知远在从军后攀龙附凤、飞黄腾达，建立起赫赫功业。结发妻子李三娘却在兄嫂家中受尽欺凌，刚落地的儿子咬脐郎则被送至刘知远家中娇养，从此天各一方，骨肉分离。由于白兔的机缘，最终憔悴卑贱的李三娘与锦衣玉食的贵公子咬脐郎得以相见认亲。再反观《雷雨》的剧情，剧中鲁侍萍被周朴园抛弃，儿子被从身边夺走，从此三十年未曾与儿子相见，三十年后鲁侍萍才以老妈子的身份见到周府的大少爷，母子之间地位悬殊，而做母亲的甚至都不敢与儿子相认。这样的情节几乎是南戏《白兔记》在20世纪话剧舞台上的翻版，也是最能赚取普通中国老百姓眼泪的“戏眼”所在。

自幼便是戏院常客的曹禺对于中国传统戏曲的魅力是有着非常深切的体会的。从某种意义上看，《雷雨》正是将所有这些恩怨纠缠、哀婉动人的情感主题融会贯通的集大成者，也正因为如此，在被改编成戏曲版本的过程中，曹禺剧作的本质内核才会与传统戏曲的外在形式妙合无垠，在当下能够恰到好处的配合以传统戏曲的程式之美，以其内在的传统神韵和深层次的伦理主题结构打动当今的观众。

三、具有民族性、现代性的寓言叙事

曹禺中年以后的创作生涯出现了一个学界公认的未解之谜：正当壮

年的曹禺，其思想与技巧已经非常成熟，然而他却再也无法创作出如其处女作那样杰出的作品了。对这种现象形成的原因可谓众说纷纭，曹禺的家人朋友认为这是因为他后期担任太多社会行政职务，无法再静下心来创作，也有学者认为这是因为当时的政治形势与社会氛围使得曹禺后期基本上是在“奉旨创作”，失去了心灵的自由。近年来还有学者从曹禺内心对传统文化的回归角度来理解曹禺后期创作的转向，认为“他对‘主流意识形态’、对‘文以载道’的写作传统的高度认同，使他的创作越来越合乎于传统士大夫的思想理念，同时使他的思想和行为越来越背离‘自由’、‘民主’、‘先锋’的价值诉求。”①笔者认为，曹禺的创作确实从中年以后开始发生了明显的“文化转型”，但这种转型并不是由现代性转变为文化保守主义。相反的，曹禺剧作的现代性从一开始便是具有强烈本土化、民族性色彩的现代性，这一点在《北京人》中被发展到了极致，而这种具有本土化、民族性色彩的现代性的消退，则并不是曹禺单方面的原因造成的，也不完全是由中华人民共和国成立后的政治形势所决定的，笔者认为，这同中国所面临的社会转型和时代精神的变化有着密切关系。

关于曹禺剧作的现代性特征，已有不少学界前辈进行了深入而精道的研究，本文此处仅就这种现代性的本土化、民族性方面略作探讨。事实上，这种特性意味着曹禺的剧作一方面在“西化”、现代化特征中所必然呈现出的民族性特色，另一方面则体现为这种民族性特征中所必然透露出的现代性倾向。

按照詹明信的观点，以中、印、非洲等为代表的第三世界的现代叙事往往是跨国资本主义时代的文化产物，是前者的文化在受到帝国主义文化的入侵与影响而产生的，而且总是不可避免地呈现出民族性的特征：

> 我们从一开始就必须注意到一个重要的区别，即所有第三世界的文化都不能被看作人类学所称的独立或自主的文化。相反，这些文化在许多显著的地方处于同第一世界文化帝国主义进行的生死搏斗之中——这种文化搏斗的本身反映了这些地区的经济受到资本的

① 李扬：《文化立场与曹禺的创作转向》，载《广东社会科学》2011年第5期。

> 不同阶段或有时被委婉的称为现代化的渗透。……
>
> 所以第三世界的本文均带有寓言性和特殊性：我们应该把这些本文当作民族寓言来阅读……
>
> 第三世界的本文，甚至那些看起来好像是关于个人和利比多趋力的本文，总是以民族寓言的形式来投射一种政治：关于个人命运的故事包含着第三世界的大众文化和社会受到冲击的寓言。①

曹禺早期剧作的这种“民族寓言”性质是十分明显的，正如前文所述，这些剧作中充满了对大量的传统戏曲小说母题的重写，也正是因为这个原因导致《雷雨》迅速获得了大量观众的认同。然而这种传统母题的重写并不是一种简单的重复，而是在20世纪面对强势的外来帝国主义文化入侵的“升级版”改写，是一种充满了现代意味的叙事。事实上，这种具有民族性、现代性的寓言式叙事正是曹禺建构中国话剧民族范式的重要尝试，从《雷雨》开始他走出了勇敢的第一步，到《北京人》为止这种建构的艺术性和成熟度达到了顶峰，而随后由于社会形势的变化而终止。因为1949年之后，我们国家从全球化进程中暂时退了出来，时代与社会的迫切命题不再是面对西方强势文化入侵时个人与社会的何去何从，不再是传统文化在危机之中何以依存的问题，时代精神与社会问题已经转变为如何在外界封锁的形势下，将中国这样一个古老的农业国家改造为工业化的国家。从某种意义上看，曹禺富于民族性的现代性探索从20世纪50年代开始已经失去了赖以存在的社会土壤，他所探讨的问题成了无本之木，失去了现实依托，因此曹禺的创作难以为继，无法再延续先前的路径。而20世纪80年代初改革开放之后，中国又重新回到全球化进程之中，一度被中断的现代性进程又一次开启，中国的民众此时又受到了更为猛烈的文化冲击与震撼，但是曹禺此时早已过了创作黄金期而进入了暮年，属于他的时代已经过去，而他所开创的道路则要留待后人完成了。

笔者以为，曹禺剧作的这种具有本土化、民族化特征的现代性集中

① 詹明信：《处于跨过资本主义时代中的第三世界文学》，载张京媛编：《新历史主义与文学批评》，北京大学出版社1993年版，第233~234页。

体现于曹禺对于个体的人的生存处境的思考，而不同于西方现代文学的地方在于，曹禺所思考的这个个体是处在新旧、中西文化激烈碰撞的社会之中，而问题的产生也恰恰是由于这一特殊的时代背景。

在曹禺早期的剧作中，最引人注目的地方便是其中存在着的错综复杂、混乱纠缠的人物关系：在《雷雨》中有横亘于两代人之间的三角、四角婚恋纠葛，下一辈人的命运是对父辈关系更为混乱的翻版；在《原野》中有两户人家之间涉及三代人的血海深仇，其中还夹杂着婆媳矛盾与夺妻之恨；而在《北京人》中，《红楼梦》中“金玉良缘”与“木石之缘”的矛盾似乎以悲剧的形式又一次重演了，而下一辈人又差点重蹈覆辙。曹禺最令人惊叹的地方在于，他在艺术化地处理这些错乱关系时表现得游刃有余、精准而到位，显然这体现出他对于人际关系的浓厚兴趣、绝佳的观察力与高超的表现力，这不能不说是得益于他所接受的中国传统戏曲、小说的养分，明清以来的世情小说、流行于市井之中的传统戏曲都充满了对于世态人情的冷峻把握。人与人之间错综复杂的关系构成了曹禺剧作的戏剧情境，而这些特定关系的形成是由于特定的时代文化背景，正是在这种情境下曹禺进行了他对于个体生存状态的思考。

从本质上看，儒家传统文化的核心是以“道德”替代“宗教”作为社会意识形态的基石，而道德所要约束、规范的正是人与人之间的关系，儒家文化所设计的纲常伦理体系正是源于对人与人之间关系的高度重视。在儒家文化的观念中，人的价值、意义是在人际关系的网络中显现出来的，作为个体的人的价值必须体现在他对于家庭、宗族乃至国家社稷所应尽的义务之中。这与以宗教为基石的西方文化是不同的，西方文化从一开始便是思考人与神、人与命运、人与外部世界的关系，而人与人之间的关系是前者这些形而上学命题所派生出来、并由其决定的小命题。不同于儒家文化所倡导的以“仁”为根本、主张民胞物与的和谐共存观念，现代西方文明从一开始所面临的便是对抗性的紧张关系，所思考的是以人性去对抗神性，以人力来对抗命运和征服自然，而在这样的大前提下，现代西方文明所构想的人与人之间的原始关系也就是相应的对抗性紧张关系，即霍布斯所主张的人与人之间如同狼与狼之间的关系。在中国传统社会中，儒家文化以牺牲个性和让度个体权力来换取人际关系的平衡，通过对关系网中上下尊卑名分的严格界定来保障社会秩序的持续运转，而现代西方文明则在承认个性的价值、个体的权力的前提下，制定规则以约束人性之恶和保障个体的权利。本来这是两套在不同地理空间内各自运行、互不干涉的社会意识形态体系，然而在20世纪初，随着西方对于中国政治、经济、文化上控制与渗透的加强，随着中国社会半殖民地程度的加剧，这两种意识形态以“旧文化”与“新文化”的面貌同时并行于中国并产生了剧烈的冲突。曹禺的早期剧作正是在这样的背景下被创造出来的，也正因为如此曹禺剧作中的人物关系才会出现如此爱恨纠缠、混沌难解的局面，仅仅只有单一方面的影响都不足以产生这样复杂的曹禺剧作。

这种爱恨纠缠与混沌难解的局面集中体现在两代人的关系上，曹禺早期剧作中的父子关系、母子关系乃至婆媳关系、翁婿关系都属于此类。例如在《雷雨》中，周萍自认为自己对于父亲的态度是极为崇拜的，面对蘩漪的指责，他坚持自己是“父亲的儿子”的立场，然而按照蘩漪的说法，周萍对于父亲也曾有过深深的恨意：

> **蘩漪** 你忘记了在这屋子里，半夜，我哭的时候，你叹息着说的话么？你说你恨你的父亲，你说过，你愿他死，就是犯了灭伦的罪也干。

再如《原野》中的焦氏与大星母子，表明上看起来大星对母亲唯唯诺诺，十分的愚孝，然而被妖媚的妻子一撩拨，大星便亢奋地说出和周萍一样大逆不道的话：

> **焦大星** （喘着）好，就——就淹死她，（几乎是抽咽）就淹淹死我——

而在《北京人》里，父子之间的紧张对立是由江泰这个“半子”表现出来的，在这个家里只有江泰一个人敢于跳起来直言不讳的大骂曾皓：

江泰 ……你以为你父亲吃斋念佛就有人心么，伤天害理，自己的棺材抬在家里，漆都漆好了，偏把人家老姑娘坑在家里，不许嫁人！

显然这些做子女的对于父母都有或多或少、或隐或显的恨意，而当这种情绪积聚到了极端时，他们也会迸发出离家出走、与父辈决绝的念头。周萍渴望带着四凤永远离开，大星被逼急了时也对焦母说“妈，我要出去”“这屋子我待不下去，待不下去”。江泰更是从一开始就嚷嚷着要带着老婆离开曾家，曾文清甚至将离家出走的付诸了实践。对于父母的这种恨意和与父母决绝、离家出走的冲动都是源于现实中的冲突。周萍恨不得父亲死去的话语固然有情欲的冲动性成分，然而另一方面这恐怕也是周萍长期以来受压抑、被禁锢的内心真实想法的流露。周萍是一个被父亲“大实业家”“社会支柱”的巨大身影所遮蔽的可怜虫，也是父亲早年那段不光彩孽缘留下的罪证，所以显然他并没有得到父亲应有的重视与重用(他没有像父亲那样的留洋经历，而且直到二十八九岁才获准前往父亲的矿上做实际工作)，父亲对于这个快要进入而立之年的儿子也毫无尊重可言，甚至在幼子和仆人的面前逼迫他下跪奉药。周萍不可能对这一切无动于衷，“愿他死”之类的话恐怕正是他在冷酷的家庭权威面前被压抑已久的愤懑情绪的爆发，甚至他与后母的偷情行为也很有可能是根源于这种潜意识里的愤怒情绪。焦大星的恨意埋藏得最深，压抑得最厉害，而他自己甚至都没有意识到这一点，这种恨则是来源于对母亲干涉自己小家庭生活的不满，对此他的母亲甚至比他看得更为清楚：

焦　母 不，大星，你又在瞒着我。我看得见你，我看见你的心，你的心是不是老早就恨我？恨着你的妈？

焦大星 不，妈。

焦　母 (阴沉地)恨着我夹在你们当中，恨我偏把这件事说穿了，叫你不能闭上眼做瞎子。

焦母的话其实句句都戳中了焦大星闭目塞听、不敢承认的现实。

江泰的情况则比较特殊，他对曾皓恨意的来源除了他自身的性格缺陷外，更在于这个角色在这部剧作中的特殊功能。实际上，江泰这个角色在《北京人》中所担当的主要功能是对曾文清这个角色的补充。他是曾文清的副本，是曾文清精神上的孪生兄弟，他们都是学会了一身无用的本事而又混吃等死、对现实有各种不满却又继续沉沦的“多余人”。因此江泰对曾皓摆在明面上的恨意便影射着曾文清从来不曾意识到的、隐藏于内心的怨恨，这种恨意的源头也是通过江泰的嘴解释的：因为曾皓安排了曾文清不如意的婚姻，霸占了愫芳的青春。但是有意思的是，不管这些人有多么的痛恨自己的家，怨恨自己的父母，但最终他们也没有能够真正的与父母决裂、从家中出走。周萍和曾文清选择了自杀以摆脱这令人不堪承受的生活，焦大星却宁愿做缩头乌龟也不愿离开让他痛苦万分的两个女人，他的痛苦到头来竟是由仇虎替他终结的，而江泰则更为极端，他通过最接近现代主义的荒诞方式来结束自己的戏份：他以英雄打破逆境的昂扬姿态出门寻求帮助，却在深夜里喝得醉醺醺、满嘴胡话地回家，在他的身上，悲剧以喜剧的方式落幕，痛苦的生活变成了无限的闹剧循环。不仅如此，这些人对于他们所怨恨的父母同时也存在着另一种感情，那就是骨子里的依恋甚至崇拜。周萍钦慕父亲那果敢决断的魄力，佩服他“无瑕”的人生，这种崇拜钦慕的情绪与内心的怨恨交织在一起，使得他对父亲的态度无比矛盾，同时又因为这种矛盾而更加痛苦，从而消耗掉他生存的全部勇气与能量；焦大星在母亲面前是完全的愚孝，即使在单独面对金子时有那么一丝真性情的流露，可是一旦母亲来到他面前，他便立刻抛弃了自己的那点小情绪，从生理到心理上都完全地变为永远的孩子，正如金子所说“张嘴闭嘴总离不开你妈，你妈是你的影子”；至于江泰，尽管他语言刻薄，行事孤僻狂躁，但实际上他又总是自觉不自觉地在曾老爷子面前服软、妥协，甚至会流露出对老头明显的怜悯同情，当曾皓哀泣棺材的即将失去时，他又自告奋勇地出门去搬救兵，显然江泰对于曾家和曾皓也有着他自己也意识不到的认同的，曾文清就更不必说，尽管身处在令人窒息的家庭氛围之中，连曾皓都承认“错误也是我种的根”，但曾文清却自始至终不曾流露出对父亲的任何不满，而面对父亲的痛苦时他更是发自内心的自怨自责，认为都是自己的错。所有这些人物的这些矛盾纠结的深层心理造成了他们无法纾解的痛苦和欲摆脱而不可得的生存困境，因为依恋认同的力量与怨恨鄙弃的力量同样强大，在两个截然相反的方向上撕扯着这些人们，造成他们虽然抑郁愤懑，但又不得不抱团聚在一起，彼此既怨恨又依赖的守在一处。而这种撕扯人灵魂的生存困境正是由于时代与文化的危机所造成的，是具有中国民族特性的现代生存困境。这是曹禺的剧作不同于他所学习的西方戏剧的独特品质所在。

对个体的孤独感和人与人之间紧张关系的描写也是西方现代派戏剧主题的重要构成部分，例如在斯特林堡的剧作《鬼魂奏鸣曲》中有一场戏是表现“鬼餐”，一群几十年间心怀鬼胎、彼此牵扯纠缠的人坐在一起默默地喝茶吃点心，从表面上看，曹禺剧作中展现的人物关系和斯特林堡在这里所营造的戏剧情境有着相似之处，然而正如前文所言，西方现代文化观念中，人与人之间的原始状态便是狼与狼之间的关系，所以斯特林堡剧作中人际纠葛的根本原因是彼此之间的罪孽与阴私：

> **老　人**　那你们这帮冤家怎么还老见面呢？
>
> **木乃伊**　那是我们造的孽。阴私、罪过，把我们缠在一起。我们想过各走一方，但试过多次都不成，最后又凑到一块来了。①

而曹禺的剧作则不同，在曹禺的笔下，周萍、焦大星、江泰、曾文清这样痛苦纠结的“多余人”是社会历史的产物，他们对于父辈的怨恨与背离实际上是指向自身的，即对自身的否定与不满。而从根本上看，他们所真正怨恨的是父(母)亲所代表的传统文化与旧式伦理道德，是那种依托了父子纲常伦理道德体系而存在的旧式宗法制度，而他们作为出生并浸淫于其中的个体，他们自身又不可避免地受到这种文化传统的影响与控制，被打上了旧道德的思想烙印，因此他们所最终怨恨的正是不能完全摆脱纲常伦理道德的自身。

---

① 斯特林堡：《鬼魂奏鸣曲》，载《斯特林堡选集：戏剧选》，人民文学出版社1981年版，第508页。

正如前文所言，中国传统文化是以牺牲个性和个体权力为代价换取社会关系的平衡与社会秩序的稳定，一般来说这在超稳定的传统社会结构中不会造成群体思想上过多的波动，因为思想的镣铐与生俱来且伴随终生，人们甚至不会察觉到镣铐的存在及其不合理性。因此和西方不同，弑父娶母的俄狄浦斯情结从来都不会成为严格遵守君臣父子名分的传统中国人的梦魇。然而随着中国半殖民地化程度的加剧，西方文化的强势入侵和中国新文化运动的展开，中国人思维上的这种超稳定结构也被打破了。父(母)与子女的紧张关系第一次成为中国人真正关注的社会问题。

在此之前，尽管每朝每代都有《孔雀东南飞》和《钗头凤》式悲剧的存在，但传统文人并不会将这个视作一种亟待解决的深层社会问题，而是将这种社会文化悲剧予以艺术化、审美化，将其转变成造化弄人、“此恨绵绵无绝期”式的审美喟叹。但是在曹禺的时代，这种紧张的人际关系成为中国的年轻人群体性的痛苦压抑情绪的共同根源，因为人一旦睁开了眼便不能允许自己再回到沉睡的状态中去，个性解放的号角一旦吹响便会引发不可逆的历史进程。中国的年轻人一旦明白了个性与自由的可贵，他们就不可能再像父辈那样安于旧式的社会框架，因为那是对天性与自由的禁锢甚至摧残。而仍然遵守着旧式社会规范的父母往往不能理解这种痛苦，虽然也许他们自身也是旧道德与旧规范的受害者(如周朴园)，但他们还是依照思维的惯性和行为的既定模式与子女相处，于是这种根源于文化冲突的矛盾就会爆发出来，在这样的情况下，所有离经叛道甚至大逆不道的行为都具有其文化上的积极意义(也包括《雷雨》中“母子”的乱伦)。因此曹禺剧作中这种纠缠错乱的戏剧情境正是根源于新旧文化的碰撞激荡中紧张动荡的家庭关系，在这样的意义上，中国话剧史上的家庭悲剧也都是社会文化的悲剧，而曹禺所关注的个体生存处境的问题也就有了社会文化的深远意义。

结　　语

尽管曹禺一再强调他的创作是诗，而不应该对他的作品进行过多的政治及意识形态的解读，但曹禺创作的早期阶段，正是 20 世纪中国社会最为动荡不安的年代，中国社会半殖民地半封建的结构形态与性质决定了这样一个事实：这一时期的艺术作品中一切个体的悲剧也必然是社会文化的悲剧。因此曹禺的话剧创作本事就具有了超出艺术之外的社会文化意义。就其剧作的戏剧性意义而言，曹禺的创作从系统的学习以易卜生为代表的亚里士多德式戏剧为开端，通过对易卜生、契诃夫的诗化象征主义和奥尼尔的表现主义的系统学习而走向成熟，可以说他在短短十几年的探索中走过了西方自古希腊时代起至现代主义的漫长道路，这正是曹禺早期戏剧创作获得成功的一个重要原因。就其剧作的社会文化意义而言，曹禺的早期剧作所呈现的是一种富于民族性的现代性特征，这其中包含着曹禺对于传统戏曲文化审美意蕴与文化主题的继承与发扬，同时也包含着新旧、中西文化对立与碰撞中新命题的孕育，曹禺在新旧之交的社会环境下思考个体的生存处境这一现代性命题，这正是曹禺所开创的中国话剧的经典范式。

精英话语的裂变与坚守

——论陈凯歌电影的艺术创作特色

黄献文　庞艳芳

陈凯歌是第五代导演中的领军人物，也是风格最多变的一个导演，然而无论影片的外在形式怎样的变化，他的影片总是充满着陈凯歌的个人特色，对于人生无处不在的思考体现出影片的哲理性，诗化的镜头语言使他的电影升华为诗性的乐章。陈凯歌的电影向来被看做精英文化的代表，纵观陈凯歌的创作历程，我们可以看出精英文化在与市场博弈的过程中的妥协与坚守，尽管对于陈凯歌的电影褒贬不一，但是陈凯歌始终以一位诗人的气质站在中国电影的前沿，以一种不断创新的勇气在时代的脉搏中始终坚守。陈凯歌的电影创作经历了数次转型，他的作品的转型也是伴随中国从计划经济体制向市场化体制过渡的这样的大背景，与政治背景相对应的是文化领域的变化，过去处于主导地位的精英文化逐渐衰退，而大众文化逐渐占据上风。通过梳理陈凯歌的创作历程不难发现，陈凯歌始终处于在与大众文化的妥协与抗衡中，这样一来就能够很好地明白他的作品风格的多变，以及在这种多变性中始终不变的陈凯歌的标签。

一、精英话语的主导时期

20 世纪 80 年代的中国仍然实行计划经济体制，此时，知识分子作为中国主流价值观念的捍卫者和传播者占据着重要的位置，精英文化仍然在文化领域有着主要的话语权。在中国的历史上，汉武帝罢黜百家，独尊儒术，确立了儒家文化在中国的主流地位。五四运动作为中国历史上重要的文化启蒙运动也是由知识分子发动的。所以，在中国实行市场经济之前，以知识分子为主导的精英文化一直占据着主流的位置。精英文化是一种讲究理性、反思和批判的文化，他们拥有比较深厚的学养，具备独立思考的个性，一般来说善于抗拒商业化，具有终极关怀的气度，并带有较浓厚的理想主义气质。① 陈凯歌的电影创作正是处于这样一个时期，计划经济体制为第五代导演提供了一个自由驰骋的舞台，导演们可以在完全不考虑经济收益的情况下通过电影实现自己的抱负，抒发自己的理念，将启发民智作为自己的责任。而陈凯歌的作品中所反映的自始至终的人文关怀、理性的批判以及深厚的文化底蕴使他的作品始终代表着精英文化的产物。从1984年到1991年，这接近十年的时间里，陈凯歌拍摄了《黄土地》(1984)、《大阅兵》(1986)、《孩子王》(1987)、《边走边唱》(1991)四部电影电影作品，这四部作品无一不显示出陈凯歌较高的文化素养以及理性的思辨，是陈凯歌能够完全展示自己的电影抱负的时期，这些电影实验性的画面语言探索以及所隐喻的主题都与普通大众拉开了很大的距离，知识分子所主导的精英文化据占了优越的地位。

20世纪80年代的中国刚刚结束了“文化大革命”，文化遭到重创，一切都是百废待兴。知识分子们以自己对于生活敏锐的感受力，掀起了一场反思与批判的浪潮，文学界出现的伤痕文学的风潮正是知识分子对于精神重创的痛诉。对于电影工作者来说，他们同样经历了这种精神和身体上的创伤，同时他们也以艺术家的敏感去寻找生活的本质。《黄土地》正是陈凯歌对于彼时中国文化在开化与愚昧中的反思。《黄土地》的重要价值在于它将自然景物提升到了主题的位置，并赋予其深厚的含义。在过去的电影中，环境往往都是作为背景存在的，怎样讲好一个故事才是影片的关键。在《黄土地》中，故事性和人物都被弱化，黄土地则被提升到了主体的位置，大片大片延绵不绝的黄土地不仅仅是陕北人民世代生存的土地，同时也代表了中国传统的文化，然而这种文化是落后的。“黄河空自流去，却不能解救为它的到来而闪开身去的广漠的荒野。这又使

① 刘自雄、闫玉刚:《大众文化通论》，中国广播电视出版社2007年版，第17页。

我们想到数千年历史的荒凉。在我们的影片所要展示的那个年代，引导着整个民族去掬起黄河之水的就是共产党。"①黄河代表不断更新和前进的人类文明，共产党员顾青的到来带来了开明的文化，而翠巧正是那个首先掬起黄河之水的人，然而"她所面对的不是狭义的社会恶势力，而是养育了她的人民中的平静的，甚至是温暖的愚昧"②，翠巧代表的是首先从蒙昧中觉醒的人，虽然她仍是被这种温暖的愚昧所打倒，跳进黄河结束了自己的生命，但是翠巧的牺牲却代表着千千万万的人们将从这种蒙昧中觉醒。

事实上，从《黄土地》开始，陈凯歌的作品基调就能窥见一斑。陈凯歌在自传中写过，"长成以后我痛恨一切哭啼不休的电影"③，因此这也造就了陈凯歌冷静、理性、拒绝哀伤和哭啼的电影风格，也是他精英话语的标志之一。陈凯歌前期创作的这种精英话语模式还体现在宏大的叙事，众多的隐喻以及深厚的主题中，这也与陈凯歌的成长经历有着密不可分的关系。陈凯歌生长在一个相对优渥的家庭中，父母都是电影工作者，从小生活在北京，曾经生活学习过的北京四中也都是精英子弟。本身就身处精英式的生活环境造就了陈凯歌的精英话语模式，他始终像一位电影哲人一样努力地探究生活的本质，这与出身贫寒的张艺谋所习惯表现的民俗文化通俗题材有所不同。

在《孩子王》中，陈凯歌更是将这种精英话语发展到了极致。陈凯歌曾说要为《孩子王》写一篇十万字的文章来阐明这部电影，可见这部电影表现了多么庞大又隐晦的内容。陈凯歌对于电影的野心也显露在这部电影中，他想要通过这部电影展现自然的昌盛与人类文化的荒芜，以及人类对自然的破坏和自身文化的衰败。但是想从人类的文化中提炼出生存哲学，仅仅是通过一个下乡改造的老师到偏远地区的支教这一事件来反映是十分困难的。陈凯歌的电影太想涵盖一切哲学命题，《孩子王》中的故事情节隐藏在大量的自然风景的描述中，正如黄土地一样，大自然作为叙事主体被搬上银幕。一直到《边走边唱》，陈凯歌的叙事话语都是充

① 陈凯歌：《我的青春回忆录》，中国人民大学出版社 2009 年版，第 164 页。

② 陈凯歌：《我的青春回忆录》，中国人民大学出版社 2009 年版，第 164 页。

③ 陈凯歌：《我的青春回忆录》，中国人民大学出版社 2009 年版，第 13 页。

满了哲学命题以及大量的隐喻，此时他拍摄的电影仍然是属于精英话语的叙述，并不能被大众所广泛理解。

二、大众文化与精英文化的抗衡时期

改革开放以来，过去的计划经济体制转变为市场经济体制，政治经济背景的变革在文化界也掀起了不小的改变，20 世纪 90 年代文化领域最重要的一个现象就是精英文化的衰落和大众文化的崛起，市场经济为所有的事情都提出的一条准则就是，一切以赚钱为主。而始终处在精神乌托邦的精英文化始终站在市场的另一面。电影作为一种独特的艺术，兼具艺术性和娱乐性，在精英文化主导时期可以说电影的艺术性占据了主要的位置，然而此时政治经济制度的变革激发了电影的商业性，并不断将这一属性放大。电影导演们不得不考虑电影的收益问题，过去创作者占主导位置的模式开始转变为必须把观众放在一个重要的位置。与精英文化严肃、深刻的思想性相比，大众文化更加注重娱乐功能，不追求高深的学问，也不受制于高深的理论，一切都以轻松娱乐为主，所以大众也愿意慷慨解囊去购买这种快乐。这也与时代的精神相合，大众文化流行的时代必然也是享乐主义精神流行的时代。人们纷纷摒弃抽象的理想、玄妙的神学、超验的终极关怀，而关心此岸的幸福、现实的快乐①。但此时，大众文化仅是初露端倪，精英文化的衰退也不是瞬时发生的，因为大众文化和精英文化处于一种相抗衡的状态。这一时期，顺应着社会潮流的发展，为了缩小与大众之间的距离，陈凯歌也不得不改变自己的话语策略，但是沿着这一阶段陈凯歌的创作轨迹可以看出他始终不愿放弃精英文化的表达，在市场和艺术之间寻求契合点。

《霸王别姬》正是诞生在这这样一种政治经济背景下，作品的形式和风格都与此前的电影发生了不同。《霸王别姬》一改陈凯歌之前的宏大叙事与隐晦的象征哲学，转而体现为历史背景下的个人叙事，故事的讲述

① 陈钢：《精英文化的衰落与大众文化的兴起》，载《南京师范大学学报》2001 年第 3 期。

也被提升到一个重要的位置。所以，在《霸王别姬》中虽然我们看到的仍然是关于时代背景下个人的命运这样的主题，并且故事的讲述跨越了人物的一生，但是故事的线索仍然十分清晰，而陈凯歌一向热衷的符码寓意在这部电影中也变为了与剧情契合紧密的，观众易懂的表达。虽然在这部电影中陈凯歌有意使用一种大众化的讲述方式，但精英文化仍然处处体现，比如影片将作为精英文化的京剧演绎得恰到好处，塑造了丰富生动的人物形象，对于历史背景下个人的命运的关怀以及对于时代冷静的批判，都体现出陈凯歌较高的文化素养和导演能力。《霸王别姬》可以说是陈凯歌表达自我诉求的精英文化与大众文化之间寻求的最佳契合点，因而取得了巨大的成功。

在《霸王别姬》取得成功后，他又转而开始自我精英话语的呈现，拍摄的《风月》《荆轲刺秦王》都贴上了鲜明的陈凯歌的风格，此时的陈凯歌仍然沉浸在自己的精英话语的表达中。《风月》以一种怪异鬼魅的风格表现了旧中国走向毁灭的过程中人的生存状态，在这部电影中历史的背景被弱化了，人与人之间的爱与恨被置于主要位置，乱伦、吸食鸦片、男女情仇以及张国荣、巩俐等明星阵容为这部电影增加了夺人眼球的砝码，但这部电影却并没有取得成功，陈凯歌仍然不能完全向大众文化降解，人物之间的爱恨纠缠表现得太理想主义化，郁忠良因为幼年时受到的心灵伤害就以玩弄女人为乐，即使对自己的姐姐也表现的冷酷无情，却在与如意的纠缠中爱上如意，即使面对如意的痴情仍然狠心拒绝，当他幡然悔悟时，如意却又离他远去。爱在这部电影中表现得轻浮。

《荆轲刺秦王》中，陈凯歌将这一真实的历史题材进行自我改造，贴上了极具陈氏风格的标签。在这部电影中，故事的叙事又一次远离了大众文化的认知方式，在形式上，陈凯歌一反大众对于这些历史人物的既定印象，塑造了一个近乎癫狂的嬴政的形象。陈凯歌对于这一历史人物注入了自己的思考，一如既往地体现出他的人文关怀，陈凯歌所关注不仅仅是一个统一中国的王，更是一个有血有肉的，在情感与理性中挣扎，却不得不面对自己的身份，残忍地泯灭掉自己的感性，完成一统天下的大业。陈凯歌又一次不自觉地滑向了精英话语，这种改写仍然很难被观众所接受。之后，在市场化的浪潮中，陈凯歌曾经在好莱坞发展，拍摄了《温柔地杀我》这部影片，这是陈凯歌再次尝试商业范式的表达。

三、大众文化的主导时期

在经历了好莱坞的试水以后，陈凯歌继续进行商业化的尝试，2005年，《无极》的上映标志着这种商业化的尝试达到了顶峰。从演员阵容到主题的选取，这部电影几乎容纳了一切的商业元素，这正是迎合了当时中国电影的大片时代，但是在高投资大规模的电影形式却是思想空洞。陈凯歌想要借用《无极》这种魔幻式题材来隐喻一个时代，并且通过幼时张倾城的谎话所造成一系列的悲剧这个故事来揭露人性的善恶，但这些在电影的表现上都没有达到，除了美轮美奂的视觉效果外，这部电影能带给观众就是空洞的叙事和故作深沉的主题。不得不说，即使是面对这样商业化的电影，陈凯歌仍然想利用精英话语来讲点什么，但在重娱乐轻思想的大众文化中反思价值观就显得有些格格不入。所以《无极》是失败的。一个讽刺的事实是，网络草根胡戈恶搞《无极》的视频《一个馒头引发的血案》在网上竟然引起了热烈的反响，正如当年达利在蒙娜丽莎的脸上画了小胡子一样，大众文化以自己的方式宣称着对精英文化的蔑视，并取得了成功。

《无极》的差口碑使陈凯歌开始审视自己，因而就有了他的回归之作《梅兰芳》。陈凯歌对于《梅兰芳》寄予了厚望，他希望《梅兰芳》能和《霸王别姬》一样达到艺术和商业的双成功。影片中梅兰芳的孤独似乎也是陈凯歌自己的呼声，而梅兰芳始终带着的纸枷锁也是陈凯歌自己的纸枷锁。尽管影片中也再现了京剧这种精英文化，并且增加了梅兰芳的感情戏这样的线索使故事性更强，但是梅兰芳再难赶超《霸王别姬》的辉煌。除了影片本身的表现难及《霸王别姬》以外，社会背景的不断变化也是另一个原因。大众文化的发展愈演愈烈，这种严肃的精英式的话语表达已经不能满足观众急需娱乐的心。

20世纪已经是大众文化占据主导地位的时代，随着互联网的发展以及新媒体的不断出现，一种全新的文化形式正在影响着当下的青年。精英文化已经处于一种边缘地带，大众文化转而占据主导位置。过去人人捧着书本或报纸的时光已经被人人看着手机和电脑所取代了，电影的娱乐功能也逐渐增势压过了艺术特性。所以，当今的电影市场充斥的是诉诸感官刺激、思想浅薄的大众娱乐文化。陈凯歌的精英话语在这样一个状态下也发生了变化，《搜索》、《道士下山》正是在这样一种语境下诞生的。其实，当陈凯歌气愤地要与胡戈对簿公堂的时候，他的这种代表精英文化的思考方式已经被时代所抛弃了，胡戈的恶搞不过是一时娱乐，在当下这种大众娱乐方式早已成为一种普遍现象。

精英文化追求思想的深度，这种深度是超越个体的感官欲望和感性经验，进而追求一种更高的精神层次上的东西。到了大众文化，文化就成了能消费的文化，当文化可以消费时，文化也就没有什么深度可言了，一切都以诉诸感官刺激和吸引观众眼球为主。杰姆逊认为存在四种深度模式，即黑格尔本质与现象的辩证法，弗洛伊德的“明显”与“隐含”，存在主义的本真与非本真，符号学的能指与所指。① 然而这种深度表达在大众文化中被消解了，变成了平面的呈现。关于人的永恒价值的追寻在这里转换为视觉快感。当然，大众文化也有自己的价值体系以及叙事模式。但这种叙事往往以惩恶扬善，大圆满的结局为主要线索，符合大众的审美期待，营造了一个个郎才女貌，有情人终成眷属的故事。

如果说之前陈凯歌还执迷于隐晦的意义探索以及终极价值的拷问，那么到了大众文化主导时代，他已经不得不放下精英文化的姿态，转向大众文化的表达。《搜索》就是以当下网络舆论暴力为主题讲述的一个故事，主角是当下当红的年轻偶像高圆圆和赵又廷。故事讲得通俗易懂，价值体系体现得溢于言表。2015 年上映的《道士下山》在人物塑造和叙事手法上都更加符合网络思维模式。《道士下山》表现出一种杂糅的风格，影片并没有一个确切的时间背景节点，人物的服饰定位在民国初年，但整个叙事风格是非常现代化的，并且采取了一种魔幻现实的表现手法。这不得不说是迎合当下年轻人的审美习惯，叙事的随意、拼贴，武打、爱情、当红影星，这些都符合商业电影的叙事元素。而剧中的人物形象，

① 陈钢：《精英文化的衰落与大众文化的兴起》，载《南京师范大学学报》2001 年第 3 期。

柔美的师母，不阴不阳的道融以及有意无意体现出的张震和郭富城的耽美文化等都是当下大众文化的元素，但是即使是在这样的叙事语境中，陈凯歌依然不愿意放弃他一贯的对于人生哲学的表达。只是为了让观众更加容易接受，陈凯歌过去善于隐藏的有深度的思考转变为一种直观的诉说，比如《道士下山》中一开场就通过道长的口说出“不择手段非豪杰，不改初衷真英雄”这种点明主题式的话语，而中间更是穿插着多种类似“命运就像那瓢一样，触着即转，上天于我们就是那执瓢的手”这种体现陈凯歌人生哲学的话语，除此之外还利用旁白将所有观众可能不明白的地方一一道出，这无疑给人造成一种说教的印象，而对于只想寻求快乐和感官刺激的大众娱乐来说，对这种精英式的说教嗤之以鼻，所以《道士下山》并没取得很好的成绩。其实这也是陈凯歌在后期电影的创作中一直不太成功的主要症候，正如《无极》本来就是商业大片的形式，却又采取一种宏大深刻的主题策略。在精英文化时期，这种对于人生价值的追寻是激励人心的，但在大众文化主导下，想以大文化的叙事方式去吸纳观众，又太想以精英文化的姿态告诉人们一些什么道理，显然是不可行的。

四、始终不变的人文关怀

尽管在时代的变革和文化形式不断更新的大环境中，陈凯歌也不断改变自己的创作策略，努力的在大众文化与精英文化中寻求一个平衡，创作出了风格多变化的作品，但在这些变化中，陈凯歌的有些创作特色是始终不变的。首先，陈凯歌的电影中的人物始终有一种悲剧色彩在里面。亚里士多德认为悲剧是通过引起恐慌和怜悯，而得以净化。悲剧是最伟大的艺术形式。尽管大众文化追求娱乐，并将大团圆结局作为自己的一套叙事体系，但是陈凯歌在迎合大众叙事策略的同时，却始终坚持塑造一种悲剧性人物。这种悲剧并不表现为死亡暴力这种直观的痛苦，而是体现在人物想得而不可得，始终有一种阻力阻碍着走向幸福美满的大团圆，而这种阻力正是来源于命运。在命运的主题下去关注微小的个体会产生强烈的冲击力。在命运这双无形的手的摆弄下，个体的抗争显得微乎其微，但同时也是作品最具艺术魅力的时刻。《黄土地》中的翠巧无法摆脱庞大的既存的封建体系，但仍凭自己觉醒的微薄之力为文明的开化付出了个体的生命。《孩子王》中，在郁郁葱葱的自然和荒芜的文化之间形成一种强烈的对比，当一个老师试图用自己的力量去改变这种愚昧的时候，最后他看到的却只是自然的荒芜和文化的荒芜的共俱。他们生存在这样的时代，他们想要对既定的命运与现实展开微弱的反抗，可是命运是强大的，个人的力量终于化为徒劳。《霸王别姬》中，年幼的程蝶衣被母亲丢弃在梨园，少年时期又不得不去接纳自己的女性身份，他一辈子为艺术痴狂，却被时代的巨流所裹挟，不得不放弃自己的艺术生涯，同时不断地接受人性的背叛和情感的放逐，最终程蝶衣在老剧场的谢幕也是自己人生的谢幕，对于命运的抗拒而言，似乎只有生死是可以自己选择的。《风月》中的人物更是如此，人物的命运从幼年期似乎就已注定，很多人说《风月》中的人物诡异，事实上这些全部都是在命运的摆弄下人物的畸变。不得已选择的出身、时代等造就了这一切。甚至连陈凯歌镜头下的秦王形象也发生了颠覆性的改变。这个来源于历史真实的事件在《荆轲刺秦王》中也发生了变化，秦王嬴政始终面临着拷问“你忘记统一天下的大业了么”？秦王在时而真性情的流露和不得不完成的统一大业间的残暴之间变成了一个神经质的人物形象。命运赋予秦王这样的使命，他不能选择，甚至于背叛自己的母亲，杀害自己的父亲，以及最终离开自己最爱的赵女。所以在看到自己的母亲怀恨而死的时候，嬴政哭得似一个小孩，但转眼又残忍地将赵国儿童全部活埋。这是历史的选择，是命运使然。包括后期的一系列作品，《梅兰芳》中一生带着纸枷锁的梅兰芳，《搜索》里被查出患癌的叶兰秋以及甚至连极具大众文化风格的《道士下山》也没能如大众文化的叙事系统一样给观众一个完满的交代，何安下作为一个旁观者和参与者见证了大多数人在命运的摆弄下去寻求生命的本真价值，红尘之中是是非非皆出自命运之手。

从《黄土地》《孩子王》隐晦的主题、写实的风格，到《霸王别姬》开始探索历史题材的讲述，《风月》更是以一种神秘的、诡异的画风讲述一些传奇事件。《荆轲刺秦王》虽然也是回归历史题材的讲述，但是却采取了一种完全颠覆的形式。历史的真实被一种舞台化的表现形式和颠覆的人物形象所陌生化了。《无极》采取了一种类似西方魔幻题材电影的讲述方式，《搜索》涉及的是当下的题材，而《道士下山》又体现出大众文化影响下一种杂糅的风格。所以，观看陈凯歌的作品，并不能像以往的作者导演那样在作品风格上找出一条很清晰的线索，比如日本导演小津安二郎一贯的关于家的题材的电影，或者张艺谋对中国传统题材电影的关注等。然而，无论电影风格怎样变动，影片却始终没有脱离对于人性本身的关怀，正如陈凯歌自己所说："其实我的作品没有固定的个人风格，我也不希望自己形成一种一成不变的风格。但我有一个总的态度，可以叫'人文态度'。这种'人文态度'我希望在我的影片中有一个自始至终的贯彻，而不是时断时续的。"可以说，陈凯歌是一位坚守的作者导演，在与市场和大众文化相抗衡和妥协的过程中，他始终不愿意完全地随波逐流，他的电影，无论风格发生着怎样的变化，都始终贴着陈凯歌自己的标签。从《黄土地》到《道士下山》，我们也可以看到一个顺应时代潮流的发展不断地求新求变的艺术家，陈凯歌影片中始终具有的人文关怀以及对于人生哲学的思考使他永远的无法导演出一部真正的商业电影，在努力地适应大众文化的同时，他所坚守的与生俱来的精英文化气质始终未变，而未来，相信陈凯歌的电影在时代的浪潮中无论怎样变化，他对于人的关注以及命运的主题永远不会改变。

（作者简介：黄献文，武汉大学艺术学院教授、博士生导师，主要从事中国影视与东方电影研究）

文体功能转换与谢晋电影的通俗现代性①

薛　峰

1986年，在“电影儒学”、“与所谓现代意识毫无干系”、“一个严重的不协和音”、“一次从‘五四’精神的轰轰烈烈的大步后撤”、“‘谢晋时代’应该结束”等诸多爆炸性语句的震动下，一场关于“谢晋电影模式”的争论在知识界展开。② 今天再来看这场争论，一方面，20世纪80年代的一些精英文化学者可以说是承接了“五四”那代人的话语策略，采取激进的反传统姿态，这种流弊需要反省，尽管这样做更有“轰动效应”，但却往往会对批评对象的多样性、复杂性和细腻之处视而不见。另一方面，他们对谢晋电影的批评的确体现了一种20世纪80年代精英文化学者所特有的犀利和洞见，它试图揭示以谢晋为代表的中国传统电影与主流政治之间存在着的千丝万缕的勾连关系。而且，在他们看来，这种电影的叙事形式对于渴望现代意识启蒙的中国民众来说，具有巨大的意识形态蒙蔽性、欺骗性，并且，愈是在煽情、叙事等叙事技巧方面趋于完美，它的蒙蔽性、欺骗性愈大。简单来说，就是拿“好人”、“坏人”，或者“好人好报”、“坏人恶报”等简单的图解模式来描述、概括、阐释因政治、战争、历史等外部因素给人所造成的磨难和困境。

如果说这也可以被看成是一种“模式”的话，那么，从中国古代的《窦

① 本文为国家社科基金后期资助项目“中国电影批评的思路与方法”（批准号：15FYS009）及武汉大学中央高校基本科研业务费专项资金项目阶段成果。

② 参见：朱大可《谢晋电影模式的缺陷》（《文汇报》1986年7月18日）；李劼《“谢晋时代”应该结束》（《文汇报》1986年8月1日）；邵牧君《为谢晋电影一辩》（《文艺报》1986年8月9日）；钟惦棐《谢晋电影十思》（《中国电影时报》1986年9月13日）；董鼎山，《关于“谢晋时代”》（《新民晚报》1986年9月27日）。

娥冤》《白蛇传》到好莱坞的西部片、希区柯克、卓别林，哪一个又不属于这个“模式”呢？因为普通百姓需要一种明白晓畅、简单易懂的叙事形式来为他们眼前复杂难缠的现实提供一种让人一望而知的概括与阐释。从谢晋电影的社会效果层面看，在20世纪后半叶，谢晋电影始终是最受大众关注和欢迎的电影作品，谢晋电影的观众人数，在很长一个时期内，都是以多少多少亿人次来作为最小的计量单位。受到大众如此广泛欢迎的影片，如果真的如一些精英文化学者所说，是所谓对“现代主体意识”、“现代反思性人格”的否定的话，那么这种否定，究竟是来自谢晋电影，还是来自大众自身？

这不由让人想起李欧梵在论述“晚清文化、文学与现代性”时所表达的关于中国现代性和“文体功能转换”(refunctionalization)的观点。在李欧梵看来，梁启超未完成的《新中国未来记》勉强可算一种浪漫的小说，然而，梁启超开始要对一种新的民族想象作大叙事的时候，他并未预料到中国读者群将会不合作，因为他所想象的读者的实际阅读习惯与他的写作方法格格不入。因而，中国现代性不可能只从一个精英的观点来看待，精英只能登高一呼，至于社群共同的想象，需要无数人的努力。晚清不受重视的通俗文人通过办报撰文完成了晚清现代性的初步想象，当他们翻译小说时，不直译，而是套用中国的通俗文体。林纾翻译的《茶花女》之所以风行一时，主要是因为它很像中国的才子佳人小说，《茶花女》和《玉梨魂》中的女主人公非常相像，而且都采用日记体。中国文体和西方内容结合起来，有时会限制对西方的了解，但西方内容又会对中国文体产生某种刺激。这种由美国新历史主义理论家弗兰克·莫瑞蒂(Frank Morenty)提出的“文体功能转换”是非常重要的关节点。① 沿着这一思路，我们可以追问：为什么谢晋电影遭遇精英文化学者的激烈批评，却能够赢得大众？精英文化学者的思想与谢晋的电影艺术真的是针锋相对、分道扬镳的吗？本文拟从“文体功能转换”的角度来分析促成谢晋电影与大众和社会文化之间成功互动的关键因素，并阐释谢晋电影的现代性追求。

① 参见《李欧梵自选集·晚清文化、文学与现代性》，上海教育出版社2002年版，第273~276页。

一、从革命政治到人道政治的转换

谢晋的大多数影片从生产发行放映到题材内容形式，都可以说无不打上了政治烙印。这固然与中国自1950年代以来风云变幻的政治环境息息相关，同时，电影这一文化产品所可能拥有的巨大影响力，也使得它更易于引起“政治关注”。如果我们仅仅考察谢晋电影的政治表象，似乎很容易得出谢晋电影“创造了不同形式的‘权力—服从’关系及其合法性和合理性的证明”①这样的结论。难道谢晋电影的多少多少亿人次的观众，他们喜爱的是电影中的“权力—服从”关系？因而，如果我们仅仅执著于谢晋电影的革命题材和政治内容，就无从发现谢晋电影与当时的政治环境和社会文化资源，与受众日常体验之间的互动关系。反之，如果我们将谢晋电影放置在一个更为广阔的大众文化生产、传播和接受语境当中，放置到电影生产过程、媒体文化政治与广大受众共同交织而成的种种条件和关系当中来考察，那么，也许我们就可以体会到谢晋电影能够得以与观众见面的艰辛，就能发现谢晋电影是怎样从革命政治环境中突围出来，将人道主义和中国传统“仁者爱人”的价值关怀嵌入电影文本之中，从而形成谢晋电影作为一种大众文化文本的魅力与价值。

在谢晋电影中，革命题材和政治内容最明显的影片莫过于《红色娘子军》(1961)。这部影片从拍摄过程到最后得以与观众见面，都伴随着浓浓的政治气息。剧本作者梁信是原中南军区(现广州军区)的军旅作家。按照惯例，军旅作家创作的电影剧本一般首先考虑递交八一厂。最开始，梁信的确把剧本给了八一厂，但因为涉及英雄人物的恋爱问题、战争残酷问题，在八一厂审读剧本时有人提出反对意见，结果被否定了。几经辗转，剧本到了上海天马电影制片厂文学编辑钱鼎德手中，钱鼎德说服天马厂领导采纳了剧本并交由谢晋拍摄。但在拍摄过程中，却传来这部片子是“戏不够，爱情凑”的风言风语。当时中国思想界、文艺界正大规

① 汪晖：《政治与道德及其置换的秘密——谢晋电影分析》，载中国电影家协会编《论谢晋电影》，中国电影出版社1998年版，第204页。

模批判苏联修正主义和资产阶级人性论。在这种氛围中，文艺作品一般不能写人的感情，更不能写“普遍人性”和人的七情六欲。加上庐山会议刚刚开过，“反右倾”余威尚在。因而，“戏不够，爱情凑”的意见引起上海市电影局党委的重视，经过反复商量，还是决定通知谢晋尽量删掉洪常青和吴琼花的爱情戏。谢晋和梁信都坚持己见，可还是必须执行“组织决定”。影片完成后到京送审，初审又没通过，理由是红军阻击国民党中央军一场戏中，表现红军中枪负伤的场面过于血腥，宣扬了战争的残酷和恐怖，解放军指战员看了以后会削弱他们的战斗意志。谢晋毫无办法，只好一个人跑到小酒馆去喝闷酒。好不容易修改完毕，经过一番波折，影片最终通过了审查。

《红色娘子军》就是在这样的坎坎坷坷中完成。1961 年，《红色娘子军》与观众见面，受到人们的热烈欢迎，鲜花和掌声迅速包围了谢晋和其他主创人员。在 1963 年第一届中国电影“百花奖”评选中，《红色娘子军》一口气拿下四个大奖。这部影片成了名副其实的“戴着镣铐跳出的舞蹈”。谢晋是怎样抓住普通大众的心弦呢？首先，影片以集体“救亡”与“革命”这种大众文艺的经典叙事范式来结构影片，这二者都可以是缓解个人存在意义上的焦虑或无聊的途径。娘子军的故事取材于海南红军琼崖支队娘子军连的真实历史，影片自觉地投入一场历史变迁过程。观众不仅能从吴琼花反抗压迫的坚定执著中感染到革命精神，而且能从洪常青英勇就义的铮铮铁骨中激发出使人大义凛然、境界升华的政治感受。同时，这种革命精神和政治感受又与人道主义关怀以及中国传统“仁者爱人”的观念紧密交织在一起。且不说南霸天对吴琼花残酷鞭打的场景能够激起观众的强烈爱憎，就是对娘子军连长批评吴琼花私自向南霸天开枪时的方式方法问题(可看成一种“语言暴力”)，最后也由洪常青来予以纠正和关怀。影片在革命题材和政治内容的包裹下，以人道主义和中国传统“仁者爱人”观念为核心的价值立场，提倡好人政治，在人道主义和革命政治之间确立了道德立足点。

另一方面，观众会发现在《红色娘子军》中，人与人之间的情感仍然在革命政治的裹挟下，通过诸多细节表露出来。谢晋电影里的细节所具有的力量，是其最重要的艺术魅力之一。这也与通俗文艺必然是对平民日常生活的肯定，是对细节的推崇甚至张扬不无关系。从剧情上看，洪常青和吴琼花的爱情戏全没有了，然而，观众却能从剪不掉的常青和琼花的眼神中感受到丝丝情愫。更让人惊喜的神来之笔是，当琼花将常青曾经送她的四枚银元再次在常青面前掏出时，这四枚银元已然见证着琼花对常青的深藏心底的情爱。这种细节手法，就像奥斯卡最佳影片《勇敢的心》(*Brave heart*，1995)里长大成人后的威廉·华莱士(William Wallace)在美伦(Murron MacClannough)面前掏出那朵珍藏已久的紫色小花一样，让人与人之间的情感，于长久的沉淀后在一瞬间焕发出来。谢晋电影正是以道德立场和人际情感为重心，在从革命政治到人道政治的转换中，完成了一种以人道政治为内涵的大众通俗叙事。

谢晋电影中的人道政治，以人道主义和中国“仁者爱人”观念为核心的价值立场，在人道主义和革命政治乃至革命暴力之间，来确立自己的道德立足点。因此，谢晋电影既是革命的，又是人道的，正是这种中间立场，才使得谢晋电影能够对革命中的“反人”倾向提出深沉的追问，谢晋电影才能够引起普通大众的精神共鸣。谢晋特别擅长在特定政治历史背景下，为那些沉浮于乱世尘嚣中的善良人性，向长空发出一声悲悯与忧思的“天问”。这是一种关乎政治又超越政治的充盈着仁爱之心的人道主义生命感悟。正像谢晋很欣赏自己在《牧马人》(1982)中设置的一个细节所表现的那样：当许灵均的“右派”问题得到平反以后，一位干部把补发工资扔到他的面前，用一种习惯性的教训口吻告诉他：“500块钱给你，以后不要再犯错误了!”许灵均拿着这钱，不由得掩面痛哭起来。这点滴须眉之泪当中所隐含的种种甜酸苦辣，难道不正是半个世纪以来为无数中国知识分子所殚精竭虑、载饥载渴的一种彻骨的现实体验吗？难道这些关乎个人命运和心理律动的细致表达，还不足以获得普通百姓最广泛的精神共鸣吗？

我们在《高山下的花环》(1984)、《芙蓉镇》(1986)等影片中，同样能够看到谢晋电影在革命政治外衣裹挟下的人道政治，更重要的是，这种人道政治能够对革命政治中的“反人”倾向提出控诉和反抗。谢晋有着一股强烈的政治介入感，这正像许多禀赋传统道义的中国文人一样，在他身上，不仅有着士子的牢骚与飘逸，同时也承载着一股豪侠的激愤与狂狷。在种种社会不公和小人的丑行面前，他总是不免冲冠一怒，于是人们便在《高山下的花环》中看到了雷军长摔帽子，在《芙蓉镇》中看到了谷燕山醉酒骂街。不仅是雷军长和谷燕山，我们更能从秦书田身上感受到知识分子对于专制的一种嵇康式的另类反抗。这种反抗，既不同于毛泽东的暴力革命，也不同于圣雄甘地的非暴力抵抗，它是一种中国社会和历史所特有的，以癫狂、疯魔、自嘲和自戕为武器的弱者的挣扎。这种挣扎，透过小说，透过影片，透过秦书田这个人物形象，正在"后文革"的中国历史中被赋予一种新的当代意义。与那种宁为玉碎，不为瓦全的绝对反抗形式相比，不得不承认，在"文革"语境中，秦书田式的反抗具有一种更为广泛的典型性。这种深藏着对生命和人性之颂扬的反抗，难道不可以被看成是谢晋对"文革"政治的一种人道主义的省思和批判吗？

二、从精英话语到世俗神话的转换

1986年，正当"谢晋电影模式"的争论方兴未艾之时，谢晋曾说："有人曾经劝我应该拍让五百万人欣赏的高层次电影，我还是选择了一亿观众。我总感到真正搞艺术的不能像墙角里的花，只是孤芳自赏。创作还是要贴近时代，心中要有最大多数的人民。艺术家应该借助艺术使社会沟通，人与人之间加深理解。"①很显然，谢晋清楚地知道有一种受精英话语所赞赏的"高层次电影"，但谢晋还是选择让自己的电影贴近"最大多数的人民"。谢晋是个地地道道的人民艺术家，他酷爱评弹、越剧、京剧、川剧等中国传统民间文艺。且不说《红色娘子军》《大李、小李和老李》(1962)及《舞台姐妹》(1965)等电影直接融入了各种传统民间文艺资源，更重要的是，我们能在谢晋的大多数电影中看到一种贴近大众的类型化创作程式。这里的"类型"，并非好莱坞类型电影所谓的"类型"，而是普遍存在于民间文化和大众文化生产与流通中的一种与表达、接受经验相关的创作程式。作为现代社会大众文化产品之一的好莱坞类型电影，

① 汤娟(《解放日报》记者)：《谢晋笑谈"谢晋电影模式"》，《解放日报》1986年8月15日。

本质上是传统民间文化在大工业社会的一种延续形式，因此它从很大程度上保留了民间文化的类型化范式，并在现代工商业生产流通体制下表现出新的特征。实际上，它所反映的仍然是从古至今民间通俗文化的一种普遍特征，是现代大众文化对传统民间文化优势的一种继承和确认。谢晋电影不仅能为大众提供一种民间传奇化的现实表象，还能为芸芸众生提供另一种超越世俗有限性的神话体验。这种类型化创作程式必须考虑精英话语与大众日常生活经验如何形成有效对话，谢晋电影正是将精英话语做出一种面向普通大众的文体功能转换。

谢晋电影的题材虽然涉及女性、战争、体育、历史等多方面，但最主要的类型是家庭、婚姻、女性伦理剧，这一类型又可分为反思性悲剧和滑稽性喜剧，其中最典型的影片，前者如《老人与狗》(1993)，后者如《大李、小李和老李》。然而，大多数谢晋电影则是将“悲”与“喜”融合起来，形成一种在控诉与反思中又无不蕴藏着乐观精神和关爱情怀的创作程式。《女篮5号》(1957)《红色娘子军》《舞台姐妹》《啊！摇篮》(1979)《天云山传奇》(1980)《牧马人》《高山下的花环》《芙蓉镇》《清凉寺钟声》(1992)《女儿谷》(1995)，莫不如此。因而，我们在谢晋影片中，往往能看到那些把无私的爱奉献给饱受肉体与精神创伤的男子的女人们。《天云山传奇》中的冯晴岚、《牧马人》中的李秀芝、《芙蓉镇》中的胡玉音、《清凉寺钟声》中的羊角大娘，她们身无长物，孤苦飘零，却不惜用自己的肉体和情爱来抚慰和陪伴那些跋涉在漫漫人生长夜中的七尺男儿。有人说这是出于谢晋个人的一种怜香惜玉的文化想象。然而，如果把这些充满温情与母性的人物符号还原到她们所处的时代氛围当中的时候，我们便不难发现，在“文革”阴霾刚刚散去，传统的革命父权秩序遭到瓦解和重构的时代，一个饱受心灵创伤的民族，难道不正像一个受了委屈和贬损，需要母亲的温情和安抚的孩子一样，需要着道德和精神的疗救吗？可有人不是以一种宽容的眼光来考量谢晋影片与大众心理需求的互动关系，而是戴着精英主义的有色眼镜，把谢晋电影中的女性想象与传统父系文化的种种陈迹联系在一起。对此，谢晋会激动地挥舞着手臂，用洪亮的嗓音告诉人们：他们根本不懂，“文革”中我的父亲跳楼自杀，躺在街上很长时间都没人过问，最后是我自己从血泊中把他背回家里。假如说，谢晋电影中的女性形象的确是迎合了一种传统父权文化对于完美女性的欲望投射的话，那么，这种投射难道不是大众所翘首以待的一种精神慰藉吗？在一场巨大的民族灾难过后，人们除了理性的反思之外，难道就不需要一点情感的宣泄和抒发吗？

谢晋电影中的控诉与反思，也许达不到精英话语所欣赏的“彻底的深度”，但既然谢晋选择的是贴近最大多数的观众，他就必须考虑怎样将精英话语与大众日常生活经验形成有效对话的问题，这里面就存在一个从抵触、妥协到转换的过程。精英话语的前卫性往往超越普通大众的日常生活经验与文化阅读经验，因而，需要有人对精英话语作出一种面向大众的意义转换，在这种文体功能转换的过程中，某些精英语意会遭到贬值或稀释，但它们却通过富有魅力的文本载体，实现了与大众的对话。与精英现代主义所追求的不可探测的深度不同，谢晋电影的叙事往往呈现出一种屡经周折过后的平衡状态，谢晋深知这种平衡状态是能够为最大数量受众所接受、所想象的“现实”。因而，谢晋不能接受精英话语批评《天云山传奇》“加上了光明的尾巴”。谢晋知道《天云山传奇》可以有两种截然不同的结尾：一种是灰蒙蒙的山野里，矗立着冯晴岚的一座孤墓；一种是满山遍野的红杜鹃，宋薇带着惆怅和忏悔来扫墓。可谢晋坚持采取了第二种结尾。① 很显然，精英话语所推崇的“孤墓”式的深度，被谢晋以“红杜鹃”和“扫墓”所稀释，悲剧的力量也许有所减弱，然而，从悲剧之中重新焕发出来的却是乐观向上的气息和人间情感的温暖。这种文体功能转换所带来的具有神话意味的世俗想象，正是普通大众得以建立自身与世界之联系的普遍途径。普通大众不像哲学家、思想家那样通过复杂的思辨来判断人生与世界，他们总是乐于将深奥的哲理转换成一种最浅白、最易于接受的叙事，在感官享受中体认和感知社会文化。谢晋电影为大众所提供的正是这样一种将精英话语转换为世俗神话的类型化叙事，虽然这种文体转换的结果往往遭到精英话语的批评，但它却因为给具有不可揣测之深度的难题提供了清晰明亮的答案，所以，对于普通文化消费者来说极具吸引力。

---

① 参见汤娟：《谢晋笑谈“谢晋电影模式”》，《解放日报》1986 年 8 月 15 日。

谢晋电影之所以能吸引普通大众，还因为谢晋电影往往能从普通大众日常知识谱系和世俗生活经验来组织电影世界，并在电影世界中创造出颇富浪漫气息的“人”的味道和生活情趣。谢晋的成名作《女篮5号》就是在时代夹缝中诞生的经典。1956年毛泽东“双百”方针讲话发表以后，文艺界气氛宽松了许多，电影厂也开始允许导演自主决定影片的题材、样式和风格了。《女篮5号》就是在这个时候开始筹拍的。这部影片是体育题材，也涉及普通市民的悲欢离合和运动员的婚恋和爱情，更重要的是，启用刘琼和秦怡，能体现出一种谢晋所理解的“人”的状态和“人”的情怀。刘琼和秦怡以及《女篮5号》的最大贡献，就是让观众在新中国银幕上重新看到了自己平凡而朴素的生活。尤其是城市中的知识分子，他们通过影片中刘琼所钟爱的那盆兰花，看到了一个普通知识分子在动荡岁月中所仅有的一点生活情趣，也看到了一个正直的爱国者在乱世中所苦苦坚守的一点可贵而高洁人品。其实这盆兰花对于剧情来说也并非举足轻重，少了它剧情也照样可以成立；但是有了它，影片便因此而多了一种雅致的格调，多了一份知识分子所独有的生活情趣。总之，多了一点“人”的味道。人是离不开具体生活的，即便在战争年代，也不能整天打仗。欧洲二战时期流行一句名言：“战争在继续，生活也要继续。”因而，我们也能看到在《啊！摇篮》里的战争岁月中，罗爷爷为保育院的孩子们精心雕刻着做月饼用的模具。“人”的生活情趣和浪漫情怀，被谢晋神话般地表现出来，但罗爷爷这个人物形象的浪漫行为在电影世界所创造的世俗神话里，却又极富现实人间的情理分寸，所以观众能够信服、感动。

谢晋电影成功地完成从精英话语向世俗神话的转换，很大程度上还得益于谢晋深厚的戏剧功底和高度的电影技巧。在四川江安国立戏剧专科学校，谢晋受教的老师是洪深、焦菊隐、黄佐临、曹禺等人。谢晋曾说：“抗战八年，我在四川待了六年，这六年的学习和生活对我来说，一辈子都很难忘。”①1940年代末，谢晋最初担任助理导演和副导演的几部

① 唐宁(《新民晚报》高级记者)：《谢晋画传》(上海谢晋影视科技有限公司、上海大学谢晋电影博物馆主编)，复旦大学出版社2008年版，第25页。

影片，都是跟随张石川拍摄的，这一经历对于谢晋在电影语言方面的掌握，受益匪浅。① 正是汲取了众多的艺术营养，谢晋最高峰的作品《芙蓉镇》，在叙事结构上的圆融完整而又起伏跌宕，在情节设置和细节安排上的独具匠心，在人物塑造和气氛营造上的情理分寸，以及镜头运用、声画融合的娴熟和场景转换的流畅，都可以说臻于完美的境界。谢晋电影的这种写作技巧，从根本上不同于作者性文本那些复杂的、个性化的写作技巧，这种技巧不是用来为那些精细的个体感受提供表达的，反之，它是按照程式化的写作范式，为大众的文化消费提供一种阅读快感。高度的技巧性，使谢晋电影自身形成了一个自足而封闭，精巧而工整的表意系统，性格及行为的冲突在剧情闭合前都得到最后的解决。谢晋电影的叙事结构依据的是受众对文本的需求关系，将历史和现实进行叙事化书写。因此，精英话语往往诟病谢晋电影的团圆结局。然而，从大众文化角度，此种冲突的解决方式与其说是一种对社会现实的阐释，不如说是叙事结构自身的要求，同时，它能够为观众提供一幅幅关于生活困境的世俗神话式的图景，从而增进人与人之间得以理解的信心，引导受众焕发出或顽强、或乐观、或昂扬的精神想象，而并非打算在文本之外为人们找到一条现实的出路。

三、现代性的追求：思想家与艺术家相辅相成

在20世纪中国思想文化进程中，“启蒙”成为从晚清、“五四”直至1980年代中国现代性追求的重要关键词。然而，正如李欧梵所说，晚清的中国现代性追求，不是只靠梁启超登高一呼就能完成的，而需要无数人的努力。“五四”乃至1980年代以后的中国现代性追求，又何尝不是如此？在西方，精英主义的文化批评往往把现代社会的大众文化视为一种

① 1948年，经黄佐临推荐，谢晋进入上海大同影业公司担任助理导演、副导演，其间，跟随张石川拍摄的影片有：《哑妻》(吴仞之改编自法国同名舞台剧、张石川制片；谢晋助理导演)、《几番风雨》(洪深编剧，张石川制片，谢晋副导演)、《梨园英烈》(《二百五小传》，田汉编剧，张石川制片，郑小秋导演，谢晋副导演)、《望穿秋水》(何兆璋、谢晋导演；许之乔编剧；张石川制片)。

对以启蒙思想为核心的经典文化的颠覆性力量。然而，在像中国这样第三世界国家，由于现代化进程的相对滞后，大众文化不但不是反经典，反文化的，相反它却成了对大众进行现代意识启蒙的主导社会力量。精英思想家们往往只注重启蒙的轰动效应、震撼性力量和深度，却忽略被启蒙对象的社会分层，结果是他们的努力在普通大众身上往往不是特别有效。相反，谢晋心怀大众、情依人民，他的电影以道德立场和人际情感为重心，完成了从革命政治到人道政治的转换；以类型化创作程式和高度的技巧性，完成了从精英话语向世俗神话的转换。通过文体功能转换，谢晋电影不仅能从复杂的政治环境中跳脱出来，与普通大众和社会文化成功互动，而且承担起精英思想家所难以担负的大众文化启蒙的主导力量，它以温和包容的启蒙姿态，将中国传统文化精神转化、创造于当下的现实环境之中，对中国现代社会大众文化形成渐进改良，甚至对西方人进行中国文化的大众启蒙，这即是谢晋电影的通俗现代性之核心价值。

如果说，晚清不受重视的通俗文人通过办报撰文完成了晚清现代性的初步想象，“五四”之后的郑正秋电影以其文本杂糅的语义在大众中广受欢迎，成为传播某种启蒙思想的有效载体，① 那么，谢晋电影则在20世纪后半叶成为将精英思想家的启蒙理念向大众普及的重要渠道。我们能够发现鲁迅式的“国民性”挖掘的启蒙理念也散布于谢晋电影，并通过一个个鲜活的人物形象凸显出来。在《天云山传奇》这个表现拨乱反正的社会现实的故事背后，通过吴遥，浸淫封建意识日久的民族性格被挖掘出来。在《老人与狗》中，魏队长等人对上级的决定，尽管有怀疑，但也真诚执行，这也正是那些干部的悲剧所在，中国农民身上往往是勤劳善良的传统美德与逆来顺受的软弱性相互并存。这种对双重国民性的反思，难道不正是与精英思想家也推崇的《黄土地》(陈凯歌，1984)塑造“翠巧爹”这个人物形象的艺术思路如出一辙吗？

精英思想向大众普及的过程中，考虑到社会受众分层，经过文体功能转换之后，某些精英思想家的深奥语意必然会遭到贬值或稀释，但却

① 石川：《作为早期大众文化产品的郑正秋电影》，《当代电影》2004年第2期。

并不与中国现代性的追求背道而驰，相反，谢晋电影通过富于魅力的文本载体携带着大众启蒙的深沉关怀，去反思战争，去拷问灵魂，去挖掘现代社会的现实矛盾和复杂人性。在《高山下的花环》中，谢晋透过战争这一血与火的考验，去写人的灵魂，去写历史留给我们今人的悲哀，去写死亡、写牢骚、写贫困、写官僚主义和不正之风，去写利己主义、贪生怕死与爱国主义、英雄主义的生死搏斗。或许我们可以这样来看，1979年中越边境战争，为和平年代的中国人反思自身的战争观念，反思战争电影的美学内涵，提供了一次难得的历史契机。当代战争片如何才能走出传统的模式和陈套，凸显历史和美学的双重品格，让人们从中看到战争与社会、与百姓民生、情感的关联，从战争行为和人们的灵魂律动中看到现代社会的现实矛盾和复杂人性，这些难道不是《高山下的花环》所真正想要表达的浸透着现代启蒙意识的多样复杂而又细腻入微的内涵吗？

谢晋是艺术家，不是思想家。因而，他所考虑的不是深奥的理性思辨，他更看重是的艺术家的忧患意识和赤子情怀，他更关心的是中国传统文化精神如何能够在中国现代大众身上得以承传，他更关心的是中国电影如何将中国传统文化精神向西方大众进行普及。谢晋曾说："艺术家要有赤子之心，要有历史的忧患感，要像太史公写《史记》那样，要像屈原、司马迁、杜甫、曹雪芹，一直到当代的巴金那样，对民族充满责任感，忧患感、使命感。"①我们能看到《秋瑾》(1983)和《清凉寺钟声》这样充盈着中国知识分子的家国情怀和人文智慧的影片，更能看到《鸦片战争》(1997)这样真正正视和反思中华民族之屈辱历史的影片。而正是《鸦片战争》，让西方大众有了一次对中国传统文化精神和中国近代史基本事实的跨越国界的大众启蒙。西方人第一次听到了由中国人讲述自己的惊天地、泣鬼神的英雄故事，这是和《末代皇帝》(*The Last Emperor*，1987)、《大红灯笼高高挂》(1991)、《霸王别姬》(1993)等在西方流行的讲述版本截然不同的中国故事。这里面的中国人，虽然也穿长袍，蓄发辫，但他们不是受封建传统桎梏的心理压抑、行为变态的猥琐小人，而是懂礼仪、

① 代琇、庄辛：《谢晋传》，华东师范大学出版社1997年版，第61页。

知荣辱、肝胆正义、顶天立地的英雄好汉。这一英雄模式，植根于中国传统文化，从荆轲到张飞到梁山好汉，从屈原到岳飞到辛弃疾林则徐，两千年一脉相承，舍生取义，精忠报国。① 不仅如此，在1998年美国休斯敦举行的“泛文化电影节”开幕式上放映的《鸦片战争》也引起了强烈反响。西方人常有误解，一听鸦片，就以为是中国的邪恶，这部影片正好澄清了这种误解，鸦片是贪婪图利的英商自印度带入中国的。②

谢晋是艺术家，不是思想家。因而，他所考虑的不是复杂的逻辑推理，他更关心的是艺术家的技艺，更看重的是如何将西方现代电影手法融入中国电影，实现本土化、通俗化的文体功能转换。因而，他能一接触意大利新现实主义就先后看了七遍《罗马11时》(1952)，做了长达三万多字的学习札记。③ 我们往往争论谢晋电影到底像美国好莱坞还是意大利新现实主义？其实，正是对各种西方现代技巧不露痕迹的汲取、消化、吸收，乃至重新创造，才使得谢晋电影成其为谢晋电影自身的通俗现代性风貌。难怪威尼斯电影节主席马克·穆勒(Marco Müller)会惊叹于《春苗》(1975)是好莱坞工业化拍摄技巧与中国内容融合的最为杰出的电影之一。而《黄宝妹》(1958)在创作手法上的创新，又很像意大利新现实主义。还有《天云山传奇》的心理叙事结构和“闪念”式剪辑；《秋瑾》中八国联军开进紫禁城和中国石狮画面的快速交错叠化剪辑的“理性蒙太奇”手法；《啊！摇篮》对于西方“方法派”表演模式在中国的最早尝试；《磐石湾》(1976)电影写实性与舞台写意性的融合创造；《青春》(1977)双峰并峙的平行叙事结构……难道这些还不足以说明谢晋既汲纳西方技巧，又植根于中国本土电影内容和普通大众接受习惯的现代创新意识吗？无怪乎连闯劲十足的张贤亮也会说：“谢晋在促使我的精神解放上起了不小的作用。”④

① 加拿大《华侨新报》1997年10月29日文章。参见唐宁(《新民晚报》高级记者)：《谢晋画传》(上海谢晋影视科技有限公司、上海大学谢晋电影博物馆主编)，复旦大学出版社2008年版，第201页。

② 参见唐宁(《新民晚报》高级记者)：《谢晋画传》(上海谢晋影视科技有限公司、上海大学谢晋电影博物馆主编)，复旦大学出版社2008年版，第207页。

③ 谢晋：《〈罗马，十一点钟〉学习札记》，《当代电影》1985年第1期。

④ 张贤亮：《亦师亦友说谢晋》，《文汇报》1999年1月8日。

反观20世纪80年代那场关于“谢晋电影模式”的争论，如果单纯从思想史的角度上看，虽不乏启蒙的姿态和气势，对于中国百姓的思想解放也不无振聋发聩的警示作用，但它却唯独忽视了电影叙事与表达的文化独特性。如果不考虑电影的这种独特性，一味用知识精英的思想价值标准要求电影等大众话语，那么，它就无异于取消电影作为一种独特文艺形式的自主逻辑。大众固然需要理性，需要独立意志，需要反思和批判，也需要现代意识的启蒙，但他们更需要情感的宣泄和抚慰，需要对美好人性的期待和想象，需要道德的宽恕和编织关于真善美的神话。没有这些大众价值作为中介，任何思想启蒙都无法真正融入他们的世俗生活。而谢晋，恰恰是将时代的精英思想传达给大众的最有力的传播者之一。谢晋电影固然没有思想家以及精英现代主义所崇尚的深度，但它足以感动和启蒙大众的通俗现代性正是通过文体功能转换之后的电影本身的多样性、复杂性和细腻之处与普通大众构成功互动。从这个意义上说，作为艺术家的谢晋，与思想家们相辅相成，共同探索、追求着中国的现代性。1998年，谢晋和巴金、贺绿汀、王元化一起接受第四届上海文学艺术奖颁予的杰出贡献奖，或许可以这样说，将谢晋与巴金、贺绿汀、王元化相提并论的意义远远超出这个奖项本身。如果说，中国现代性的追求，不仅需要从康有为、梁启超、陈独秀、胡适直到李泽厚、王元化这样思想家，那么，也同样需要郑正秋、蔡楚生、谢晋这样的艺术家，因为他们的电影艺术正是普通大众所能接受的通俗现代性的最佳载体。

（作者简介：薛峰，武汉大学艺术学院副教授，主要从事中国电影批评研究）

商业语境中的人文坚守

——论贾樟柯的电影诗学及示范意义

王文斌

贾樟柯，当代中国电影的领军人物，被德国著名电影史家乌利希·格雷戈尔誉为“亚洲电影闪电般耀眼的希望之光”，其作品获得了世界范围内的诸多重量级电影奖项：28岁时处女作《小武》扬名国际影坛，获柏林电影节青年论坛大奖；2000年《站台》获威尼斯国际电影节最佳亚洲电影奖，贾樟柯也因此片被多伦多国际电影节评选为新世纪十年全球最佳导演；2002年《任逍遥》首次入选戛纳国际电影节正式竞赛单元；2006年《三峡好人》荣获威尼斯国际电影节最佳影片金狮奖；2013年《天注定》荣获戛纳国际电影节最佳编剧奖；2015年贾樟柯荣获戛纳国际电影节终身成就奖。贾樟柯在国内外电影界的巨大示范意义启迪了很多年轻导演，他们纷纷通过模仿学习贾樟柯作品踏上了电影之路①。同时贾樟柯也在电影界之外产生了广泛的社会影响，造成了积极的模范效应。例如，他曾荣获世界经济论坛评选的2007年度“全球青年领袖”、《南方人物周刊》评选的“中国十大青年领袖”、《JO LEE》杂志授予的“青年英雄勋章”、法兰西共和国“文学艺术骑士勋章”等诸多社会荣誉。总之，贾樟柯不仅是当代中国电影的杰出代表，更是一位德艺双馨的当代文艺名家。贾樟柯所产生的积极文艺影响及示范意义，值得深入探讨。

---

① 这些年轻导演包括中国导演耿长青、美国导演 Jordan Schiele 等。参看“搜狐网：《三伏天》柏林首映 导演称深受贾樟柯影响”，http://yule.sohu.com/20160218/n437725987.shtml；“腾讯网：电影《埋葬》曝海报 导演耿长青：受贾樟柯影响”，http://ent.qq.com/a/20150706/048235.htm.

一、商业语境中的人文坚守

贾樟柯的示范意义之一，在于他在商业主义和功利主义甚嚣尘上的当下社会，始终坚守着艺术电影的创作高地。尤其是在中国电影集体向商业投降、沉沦于拜物教的消费主义题材、“高票房烂片”一统天下、文艺电影则步履维艰的时代语境中，贾樟柯不忘初心的艺术坚守及其对中国社会现实持之以恒的人文关注显得尤为可贵。

贾樟柯电影强烈的人文气息，体现在它们不仅自觉摒弃了商业电影的庸俗格调，并且始终关注并反思“一种普遍性的人类命运”。从《小武》《站台》《任逍遥》到《世界》《三峡好人》《山河故人》等，贾樟柯始终对当代中国的个体存在进行着深切的人文关怀。以《三峡好人》为例，它的伟大就在于，对三峡变迁中“人的生存状况”这一根本哲学命题的深沉思索。三峡工程带来了古老三峡文明的现代转型，这一转型象征着巨大的进步，但同时也伴随着不可避免的代价，造成了人们(尤其是库区人民)某种程度的心灵阵痛：失却故土的怀乡病，(新的心灵家园建立之前)无根的漂泊感，个体(在时代和国家工程面前)的渺小感和无力感，搬迁过程中利益冲突的撕扯感，新旧生活方式交替的痛楚……在人类历史中的任何阶段，每当时代变革或社会转型的重大时期，总是会引发人们对个体命运的强烈关注，这即是“终极关怀”这一人类永恒精神夙求的具体体现。三峡工程带来的翻天覆地的变化，正是处于巨大变革过程中国社会现实的一个最佳缩影，而贾樟柯正是敏锐地抓住了这样一个最具有现实深度和戏剧张力的表现对象。正如巴西著名导演瓦尔特·萨列斯所言：“今天，没有任何一个国家像中国这样经历如此快速而猛烈的变化，更没有任何一个人能够像贾樟柯这么深刻地反映出这种变化。”①事实上，正因为三峡工程的巨大影响力，三峡移民这个题材是许多电影艺术家们都极其关注的对象，在2004年到2007年之间，众多电影导演前来三峡地区，纪录

① 新浪网：“《中央车站》导演将出版研究贾樟柯的专著，http://ent.sina.com.cn/m/c/2012-12-28/14433823151.shtml.

下三峡被湮没前的最后影像。此间内诞生的较有影响力的作品，除了《东》之外，还有《中国鞋子》(2004 年)、《淹没》(2005 年)、《沿江而上》(2007 年)、《秉爱》(2007 年)等。而《三峡好人》的与众不同在于它对当下中国转型社会中每一个个体“存在”的深切凝视与人文关怀，对这个时代中普通人的生活处境和精神状态的关注。

《三峡好人》首先是一个关于家庭的故事。主角韩三明与沈红各自寻找着妻子和丈夫，企图完成破碎家庭的重拾。这种以“寻找家庭”为核心的叙事模式，既呈现了影片人物的寻找亲人之旅，也是当下国人寻求家园感和归属感的象征。在这个意义上，影片是一首怀乡之诗，片中的所有人物几乎都是在外漂泊的孤独个体，他们都在寻找一种即将逝去、不可挽回的、被现代工业文明碾压的前现代亲情。最后，沈红费尽艰辛找到离家两年的丈夫郭斌，却决定和他离婚，一人独自离开奉节，韩三明也找到了 16 年未见的妻子，并决定用一年时间回老家煤矿赚钱来赎回妻子。《三峡好人》同时是一个关于江湖的故事。贾樟柯说：“三峡是一个江湖。来来往往的人，漂泊不定的码头。”影片中，三教九流各色人等在码头交汇，为了寻找各自生命的最终意义，上演了各种关于迷失、彷徨、错过、失去、感悟的故事。以卖苦力为生、最后为了谋生跟着韩三明背井离乡的拆迁工人们，获得的是“群像”式的描摹与写真；因丈夫残疾而独自去广东谋生的中年妇女，想要当保姆谋生的女孩子，因房屋被拆而被迫搬迁的旅馆老板等，展现的是底层普通民众的生活艰辛与凄凉；而以小马哥为首的小混混们则是这个江湖中年轻一代人的代表，影片最后，混码头讨生活的小马哥被掩埋在废墟中的悲剧命运，昭示了中国年轻一代人的迷茫与无助。

《三峡好人》对当代中国人个体命运的人文观照具有辩证性的思想内涵。影片中在大时代裹挟下的小人物们的个体命运固然是令人忧伤的，例如为生存而远走广东的女人、工伤残废得不到救助的独臂男人、年龄小却不得不求当保姆的绿衣女孩、最终惨死的小马哥等等都折射着生活的艰辛，但是，底层人们的精神仍然是高昂的，韩三明毅然决然地回山西煤矿赚钱赎回老婆，就是这种精神的典型体现。韩三明所代表的“好人们”，在一个动荡的时代里，依旧顽强地生存着。贾樟柯用不动声色的镜语，展示了在一个巨大时代里面小人物的生活状态——他们的无奈、辛酸、艰辛、无助和彷徨。贾樟柯的分寸感特别好，虽然影片详细地展现了人们生活中的各种忧伤，但他不刻意去渲染这种伤感，只是进行沉稳、适度的呈现。连忧伤的极致——小马哥的死，也是简单的一笔带过。通过对众存在者存在状态的现象学展示，影片最终呈现了存在本身的荒诞性和残酷性。

总体而言，贾樟柯不愧为一位人文主义的电影大师。在《三峡好人》等电影中，贾樟柯通过对“存在”之思的人文主义呈现，开创出一种独具特色的电影风格。曾拍摄《中央车站》《摩托车日记》等名片的巴西著名导演瓦尔特·萨列斯曾说：“叙述方式的激进性时间和空间的相互作用，发掘事物内在联系的能力，感悟人和环境之间关系的敏感程度凡此种种可以说贾樟柯和安东尼奥尼一脉相承。”①正如同安东尼奥尼对现代工业社会中都市人的内心孤独和精神异化做出的精准描述一样，贾樟柯用人文主义的方式完成了对当代中国人个体存在的深度审视。

二、纪实主义的电影诗学

贾樟柯的示范意义之二，在于他坚持使用现实主义的创作方法，坚持以人民为中心的创作导向，对当代社会的平民生活与底层现象进行了持续性的敏锐观察，对当下中国的时代转型进行了纪实性的影像观照。同时，贾樟柯在现实主义中加入现象学的方法，形成了独树一帜的现象学现实主义风格，也就是一种“纪实主义的电影诗学”。

纪实主义是贾樟柯电影的美学标签，纪实性也使得其作品被誉为“了解当下中国的最佳标本”。从《小武》《站台》《任逍遥》到《世界》《三峡好人》《山河故人》等，所有贾樟柯电影都发挥着一种“时代铭文”的效应。以《三峡好人》为例，首先，影片通过纪录片式的影像以及流行音乐、广播、电视新闻等大众传媒，完整纪录到了我们这个时代的物质痕迹，使

① 新浪网：“《中央车站》导演将出版研究贾樟柯的专著”，http://ent.sina.com.cn/m/c/2012-12-28/14433823151.shtml.

自身成为一部当之无愧的“时代铭文”。例如，流行音乐方面，《老鼠爱大米》和《两只蝴蝶》这些2004年左右在街头巷尾极为流行的烂俗网络歌曲，与奉节县城的乡土味道相得益彰。《上海滩》“浪奔，浪流，万里滔滔江水永不休”的歌词，与以周润发为偶像的小混混小马哥构成巧妙的呼应。地下草根乐团演唱的《酒干倘卖无》，引起了民工群体的欢乐，透露着强烈的时代烙印和底层色彩；电视方面，韩三明和工友们讨论人民币背面的家乡风景时，房间里的电视正播出的电视剧是《三国演义》，巧妙地形成了借古喻今；广播新闻方面，三峡游轮上的广播新闻所描述的三峡工程的“伟大”与奉节的满目废墟形成鲜明对比，讽刺意味十足。

其次，《三峡好人》在纪实主义层面的特点还体现为它对“静物”的真实呈现。影片将英文名定为“静物”(Still Life)是意味深长的。所谓“静物”，原本是一个绘画术语，指“静止的绘画或摄影对象，一般指水果，花草，器物等”。《艺术辞典》的解释是：“(1)静物画，描绘无生命对象的绘画。(2)静物，无生命的物体。”①静物代表着一种事物的秘密，正如塞尚在名作《静物》中一样，贾樟柯企图在对静物的直观中，达到一种对事物奥秘的洞见。贾樟柯在谈到“静物”时曾说：“有一天闯入一间无人的房间，看到主人桌子上布满尘土的物品，似乎突然发现了静物的秘密，那些长年不变的摆设，桌子上布满灰尘的器物，窗台上的酒瓶，墙上的饰物都突然具有了一种忧伤的诗意。静物代表着一种被我们忽略的现实，虽然它深深地留有时间的痕迹，但它依旧沉默，保守着生活的秘密。”②他在2005年曾透露自己的一部纪录片(它正是《三峡好人》的前身)拍摄计划时说：“……名字叫做《静物》，主要是拍一些不爱说话的人，一方面拍这些沉默者的状态，另外一方面拍摄这些沉默者的空间，拍他们的窗台，他们的桌子，他们工作的环境。”③可以发现，贾樟柯所理解的“静物”，并不局限于物体，也包括像物体一样沉默无言的人，正如影片中木讷寡言的三峡民工们，他们像石头一样存在着，用沉默宣告着世界的纪实性

① [英]爱德华·露西-史密斯：《艺术词典》，三联书店2005年版，第193页。

② 贾樟柯：《贾想：贾樟柯电影手记》，北京大学出版社2009年版，第86页。

③ 时代人物周报：《专访贾樟柯：让电影与现实保持很浅的关系》，http://news.sina.com.cn/c/2005-04-25/15386487645.shtml.

诗意。

贾樟柯对“静物”所做的现象学分析，令人联想到海德格尔对凡·高的静物画作《农鞋》所做的现象学分析。在海德格尔看来，农鞋等静物同样具有一种本质直观的力量，是存在本身的自然呈现。本文认为，伟大的电影导演都善于呈现物(包括环境)的力量，摄影机对物的凝视，使物的内在力量自然流淌出来，这就是摄影机的本质直观。《三峡好人》的最大影像特征在于对“物象”和“静物”的呈现——峡江景观环绕中的小县城、长江水中古老的斑驳轮船、破产倒闭的老旧国企工厂里锈迹斑驳的锅炉和机器、肮脏又冷清的车间等等。

以下分析影片中的几个典型物象：三峡、废墟和烟酒糖茶。(一)三峡。三峡风光本身构成了影片的第一主人公。影片多次用充满诗意的长镜头摇向烟波迷离的浩渺江面，扫向云雾缭绕的山头云间，将三峡库区的自然风貌和神秘气质描绘得淋漓尽致，烘托出三峡几千年的历史文化色彩。影片还多次拍摄主角韩三明站在高处眺望远方的镜头，展示了人与环境之间的存在关系，同时将个体在广袤自然面前的渺小感尽情呈现。在影片里，三峡自然环境已经成为一个无所不在的存在。(二)废墟。人类历史上规模最大的水利工程——三峡工程的修建，使得“搬迁”成为了这个有着两千年历史的长江古老县城的最大任务。而白茫茫的废墟和瓦砾堆积的大片荒地，以及在各种废墟里面不停捶捶打打的拆迁民工，构成了《三峡好人》的主要背景意象。影片中，临江边的危楼残墙、背景里依旧静默的长江风光和高海拔处新城区人声鼎沸的市井气息，构成了一幅高低错落、极其古怪的文化景观。在废墟中喷洒消毒水的工作人员，穿过一座座拆迁中的房子——房内遗留下的半面墙上保留着原主人的海报、奖状及照片，从而构成了一种微妙的文化隐喻。总体而言，正在被推倒的楼房、脏乱的旅馆、破旧的街道、忙碌的摩托微面、搬家的大卡车、街边光着膀子的民工们，构成了一个写实主义的底层空间。(三)烟、酒、糖、茶。这是影片四个段落的小标题，也是表达主题的重要物象。烟，是三峡民工分甘同味的奢侈品，也是沟通人际关系不可或缺的物品，韩三明就用烟来向旅馆何老板打听妻子的消息；酒，是男主角韩三明带给亲家的“礼品”，也是韩三明和小马哥沟通友谊的桥梁；茶，是沈红的丈夫留下的唯一物件，找不到丈夫，沈红只好独自品尝他留下的茶“巫山云雾”；糖，是小马哥在赴死之前的美好向往，也是韩三明和妻子在分别之际相濡以沫的食物。烟、酒、糖、茶，用悲情的方式铭记着底层中国的悲欢离合。

三、电影营销与人才培养

贾樟柯的示范意义之三，在于作为国内文艺电影和独立电影的代表人物，他通过国际电影节为艺术电影开拓国际市场的成功探索，为广大文艺电影工作者们提供了极大的营销启示。“对于中国的艺术电影工作者们而言，贾樟柯具有明星效应和示范意义——海外市场和国际电影节的成功，让他展现了不同于主流国产电影的另一条成功道路。”①

在拍片方式上，贾樟柯与其他独立制片人并无二致，他的独创之处在于：走国际融资与发行的道路，基本与本土电影市场不发生任何关系。以获得第63届威尼斯国际电影节金狮奖的《三峡好人》为例，这部电影销售到了75个以上国家，而这部电影是和纪录片《东》一起套拍，投资仅为600万元人民币，但两部片子的海外版权销售额达4000万元。至于《山河故人》，电影在还没开拍的时候，就已经通过版权预售收回成本。贾樟柯很早就认识到国际电影节是一套行之有效运作体系，无论是宣传平台和发行渠道的寻求，其都为青年导演电影提供了一种进入国际市场的机会，因此走进国际电影节就是国际化的第一步。在艺术电影发行与艺术院线建设等方面，贾樟柯认为中国艺术电影的发展需要一个完整的工业体系，丰富终端平台，利用市场力量促进其繁荣发展，而目前最行之有效的方式之一就是丰富年轻导演作品的终端平台，在行业内达成共识，迅速打破院线之间利益的藩篱，建立一个能够支持艺术电影播放的渠道。可见，经过多年积累，贾樟柯已经摸索出一套非常程式化的“文艺片营销模式”，“艺术片是成熟的电影工业中不可缺少的一种类型，如何让艺术片更好的销售海外，如何在电影节系统中找到自己的生存方式？贾樟柯多年的电

① 梁振华编：《光影中国梦：镜语中国卷》，安徽大学出版社2014年版，前言。

影节之路，在这个层面上，是有着非常积极的引导效应的”，“如何在电影节上引起注意，如何找到适合自己的发行渠道，如何让影片得到最大化的利益回报。在一整套的国际电影节系统中，贾樟柯可以说是当代中国导演中运用这个系统最纯熟的人之一”①。总体而言，从电影工业的核心本质上来看，贾樟柯在国际电影节上多年所摸索出的艺术片销售模式已经具有了很强的导向和示范意义。

此外，贾樟柯的示范意义还体现在他对于中国电影教育的重视及对人才培养的大力扶持。当代中国的艺术电影如何盈利？如何培养艺术电影的后备人才？如何建构完备的中国电影教育体系？这是贾樟柯一直在努力思考和尝试解决的问题。早在 2006 年，贾樟柯就发起“首届青年导演训练营”，由西河星汇公司与汾阳市政府联合举办，资助 10 位导演在汾阳拍摄 10 分钟的短片。2010 年，在自己的梦想阶段性地实现了之后，贾樟柯开始帮助后辈去实现他们的电影梦，他在这一年启动了“添翼计划”，扶持韩杰、宋方、权聆等青年导演进行创作。在“添翼计划”的帮助下，韩杰拍出了《Hello！树先生》，宋方导演了处女作《记忆望着我》，丹米阳拍摄了《革命是可以被原谅的》，女导演权聆的《陌生》也在 2013 年面世。这 4 部电影均获得了国际认可，2013 年的香港电影节还为“添翼计划”设立了专题展映，每一部电影面世时，贾樟柯都大声鼓呼，对这些刚入影坛的青年人大加提挈。“添翼计划”之后，贾樟柯又在 2011 年启动了“语路计划”，他带领着由卫铁、陈涛、宋方、陈摰恒、王子昭和陈翠梅等年轻导演组成的导演团队，用纪录短片的方式探访当代中国财经、文化、社会等领域的杰出人士，用摄影机纪录他们在各自领域的努力，让他们讲述自己不为人知的故事，用话语激励年轻人勇敢追求自己的梦想。最终，他们拍摄了周云蓬、徐冰、王克勤、罗永浩等 12 个不同领域的先锋人物的梦想故事。

2015 年 5 月 20 日，贾樟柯又发起成立上海暖流文化传播有限公司，正式启动电影教育的业务板块。随后，暖流文化公司发起“暖流教育计

① 海霞：《贾樟柯的三重效应》，搜狐网，http://yule.sohu.com/20080906/n259405653_2.shtml.

划”，与上海大学温哥华电影学院联合开发国际化、新型的电影教育体系。上海大学与温哥华电影学院合作成立的上海大学温哥华电影学院，是一所以北美师资、英语教学为主，以好莱坞电影工业规范为教学内容的中外合作高等教育学院，聘请贾樟柯为院长。“暖流教育计划”首期将设置电影策展、电影制片、电影字幕翻译专业，二期将扩展到编剧、表演、动作演员表演和剪辑等领域，并根据中国电影产业的实际需求陆续制定周密的教育计划。暖流文化公司的产业链布局旨在发挥电影教育、电影制作和电影消费综合空间三者的协同效应，其电影制作板块还会为‘暖流教育计划’的学员提供真正的实践机会，并设立专项基金，为开发优秀学员的项目提供资金支持。目前来看，“暖流教育计划”的人才培养战略取得了较好的成绩，2015 年 9 月上海大学温哥华电影学院首届 71 名学生毕业，60%的学生进入了上影集团、立鼎影业、米粒影业、东方梦工厂等上海主要电影企业，一年来有 25 人参与了 29 部院线电影和电视连续剧的创作，包括多部国际合拍项目，15 人组队接拍了 16 部网络大电影和网络剧，9 人参加了 13 个电视纪录片、动画片和电视节目的制作。

结　语

“摄影机面对物质却审视精神”，贾樟柯的这句名言完美诠释了他独树一帜的电影诗学。《三峡好人》等贾樟柯电影既是“眼”，也是“心”——“眼睛”客观记录了当下中国社会的结构性变迁，具有社会学的普适性价值；“心灵”探索了以底层民众为代表的个体存在者在当下社会中的精神状态，并通过对“存在者”的关注最终达到对“存在”本身的现象学之思。更重要的是，眼与心之间是一而二、二而一的，贾樟柯电影的影像既是个别的，也是普遍性的，它们通过对物质的呈现，最终达到了对生命存在的本质直观。

总体而言，贾樟柯造成了积极的社会导向及示范意义。示范意义之一，在于他在商业主义和功利主义甚嚣尘上的当下社会，始终坚守着艺术电影的创作高地。尤其是在中国电影集体向商业投降、沉沦于拜物教的消费主义题材、“高票房烂片”一统天下、文艺电影则步履维艰的时代语境中，贾樟柯不忘初心的艺术坚守及其对中国社会现实持之以恒的人文关注显得尤为可贵。示范意义之二，在于他坚持使用现实主义的创作方法，坚持以人民为中心的创作导向，对当代社会的平民生活与底层现象进行了持续性的敏锐观察，对当下中国的时代转型进行了纪实性的影像观照。示范意义之三，在于作为国内文艺电影和独立电影的代表人物，他通过国际电影节为艺术电影开拓国际市场的成功探索，为广大文艺电影工作者们提供了极大的营销启示。此外，他对于中国电影教育的重视及对人才培养的大力扶持，也将对未来的中国电影发展产生积极的影响。

（作者简介：王文斌，武汉大学艺术学院副教授，主要从事电影理论研究）

论宁浩电影的历史叙事及其示范意义

欧孟宏

引　　言

按照本雅明的说法，我们讲故事，是为了整理我们的历史与经验，在相互交流中增进彼此的了解，在时间的流逝中保留鲜活的记忆，让我们在时间的链条或想象的秩序中确认自己的存在。① 历史既关系到往昔，也关系到现时。“传统上，历史的展示(或展现)亦可借由绘画、铭刻、雕像、戏剧、庆典、仪式等。如今，又可加上电影、广告、电视、新闻摄影，以及将历史遗址或建筑商业化，然后展示于公众(通常是无知者)，称之为遗迹历史(heritage history)。”②从最早现实主义元素占主导而略带荒诞色彩的《香火》(2003 年)，到现实主义与诙谐喜剧熔于一炉的《心花路放》(2014 年)，宁浩精心编织了一幅幅人类历史的生活图景，尽管其中大多数作品不乏戏谑之处，但人们轻松之后是严肃而沉重的文化反思。宁浩曾经说道：“电影必须得有故事讲，在这个问题当中，我比较喜欢干主流的事儿。所以我觉得电影应当讲故事。……所以，讲故事肯定是一

① 李云雷：《我们为什么而讲故事？——从〈疯狂的赛车〉说起》，《电影艺术》2009 年第 2 期，第 20 页。

② 迈克尔·斯坦福著：《历史研究导论》，刘世安译，世界图书出版公司 2001 年版，第 9 页。

种技术。"①在笔者看来，宁浩编织故事的过程也是他整理历史经验的过程。其中的历史意识表征于日常生活的感性叙事，既有历史本质真实的表达，也有对历史的戏谑与解构；既有对传统历史的反思，又有对现世历史的嘲弄。

一、历史的本质真实与现实偶然性的矛盾冲突

众多评论者将《疯狂的石头》《疯狂的赛车》从存在主义、精神分析、黑色幽默等层面加以解读，这其中当然不乏真知灼见，其实，在笔者看来，从《疯狂的石头》《疯狂的赛车》到《无人区》，人类生存历史的自然法则和现实偶然性的矛盾冲突往往构成了这些电影作品戏剧冲突的核心。宁浩的"疯狂"系列作品中，欲望的疯狂，情节的荒诞，结局的偶然，搞笑的喜剧场面，只是其表层的特征。从本质上看，无论是作为工厂保卫科长的包世宏，三人行的小偷团伙，还是国际大盗，促使他们行动的并非简单的欲望所推动，而是生存本能使然。围绕一块厕所里挖出来的也许价值并不大的玉石，上述人物按照自己的生存法则展开了激烈的冲突。正是这种激烈的矛盾冲突使得剧情跌宕起伏。就包世宏而言，一个月几百元的薪水对他而言可以满足了，他必须尽职尽责于他保卫科长的岗位。对于三个小偷来说，他们四处行骗和偷盗，但收效甚微，迫使他们不得不铤而走险干票大的(即偷玉石)。至于国际大盗，就更是以偷盗宝物为生了。也就是说，这些小人物围绕玉石所展开的冲突显然是生存法则的历史必然性所造成的。生存的压力使得包世宏精神焦灼不安，乃至时常排尿不畅(前列腺炎的症候)，三个小偷也是因为无法谋生而聚集在一起的。对于他们而言，生存下去是他们所有行为的目的，这是一种小人物生存历史法则的本质真实。但他们这种由生存所产生的必然行为却与现实的偶然性出现了背离，从而使得整个影片的情节显得巧合离奇并产生了荒诞效果。这也是宁浩"疯狂"系列作品之所以产生喜剧色彩的根源所

① 宁浩、吴冠平:《讲故事是一门技术活儿——宁浩访谈》，载《电影艺术》2009年第2期，第72页。

在。影片的结局则意味深长，作为正义一方的包世宏戏剧性地使小偷团伙头目道哥死于非命，后来又在一次偶然机遇中擒获了国际大盗，此时的他精神上的阴霾也一扫而光(表现在身体上的是他排尿特别通畅)。影片最后的镜头段落定格在作为小偷成员之一的黑皮发挥出了他生存的最原始本能：被饿了几天的他抢夺面包之后拼命奔逃。上述这些带有狂欢色彩的偶然性结局并非导演宁浩特意为之，而是他对人类暂时释放生存压力之后重获自由的一种乐观认识。宁浩曾说："偶然性不是随便便用的，偶然性是有一个必然推导的，你在计算故事的时候，会发现偶然性最终还是必然的。世界上的很多偶然性都是有必然原因的。"①事实上，《疯狂的石头》中的小人物为生存苦苦挣扎而又被现实所捉弄的命运早已注定，他们都不过是谢厂长和富翁等人手中的棋子而已。所谓的玉石展览不过是谢厂长和富翁巧设的骗局，他们真正的目标是权钱交易。

与《疯狂的石头》相比，《疯狂的赛车》尽管带有明显的黑色电影的痕迹，但同样透露出当今人类生存历史的利己主义法则，李法拉和老婆的相互雇凶，杀手二人组的见利忘义，毒贩之间的钩心斗角，耿浩为师父伸张正义的四处碰壁，警察为了功名而不问青红皂白，都反映出当今人类的利己主义本质与受到污染的灵魂。如果说《疯狂的石头》的结局可以用"含泪的笑"来概括的话，《疯狂的赛车》的结局则流露出一种"无奈的悲哀"。尽管《疯狂的赛车》中小人物的命运并非人为所操纵，但似乎总有一双无形的"上帝之手"把他们送入深渊而无法脱身。与《疯狂的石头》类似的结局如下：无辜的耿浩也像黑皮一样，骑着赛车漫无目标地狂跑，试图借助自己善于赛车的这种天生本能来摆脱现实命运对他的桎梏，但终究归于失败。

与"疯狂"系列揭示人类生存的历史本质真实时采用的喜剧式手法相异，宁浩 2013 年执导的《无人区》则将人类生存法则之冷酷性与动物的生存法则相提并论，并在一定程度上有过之而无不及。《无人区》一开始就以动物的生存法则作为引子，揭示出人与动物在生存本能方面的相似性。

① 宁浩、吴冠平：《讲故事是一门技术活儿——宁浩访谈》，载《电影艺术》2009 年第 2 期，第 73 页。

影片在这样一种戏剧性情境中展开叙事：以律师潘肖为主要节点，编织出一个类似于丛林结构的人物关系网络，荒凉的沙漠、不规则的景观、野蛮而自私的人性、人与人之间无所不在的矛盾冲突，构成一幅幅令人触目惊心的图景，犹如动物在丛林中的残酷竞争。在笔者看来，“无人区”隐喻着人类为了生存本能而丧失人性的梦魇之地。无论是律师、悍匪、土贼还是加油站的老板，他们在生存本能的驱使下，均无意识地抛弃了法律、道德以及人性，映射出人类在生存本能下的历史真实——人性之恶。律师后来终于在和跳舞女郎李雨欣的交往中逐渐恢复了人性之善，并意识到人与动物的根本区别在于人类会用火。这意味着只有用熊熊大火才能祛除冷酷的人性之恶。因此，在影片的结尾部分，律师借助火的力量消灭了代表冷酷至极人性的悍匪，他本人也在火海中同归于尽，完成了自身的道德救赎。人类世界的冰冷居然只能通过人类引以为豪的发明——火来加以拯救，这不能不说是一种带有反讽意味的悖论。作为见证人性本质真实的目击者，跳舞女郎后来在脱离危险之后心灵上依然留下了深深的伤痕，恍惚呆滞的目光显示出她对人类异化的迷茫之感。

总之，从“疯狂”系列到《无人区》，宁浩借助自己精巧的叙事，描述出了一种人类生存历史的本质真实，它或者与现实的偶然性发生冲突而产生出荒诞色彩，或者因异化而走向极端冷酷，存在主义的“他人即地狱”是人类生存的历史本质的真实写照。从这个意义上讲，宁浩上述电影作品提出了严肃的哲学命题与沉重的文化反思。

二、历史虚构与解构历史

宁浩在多个场合都说过，《黄金大劫案》(2012)是一部关于成长的电影。① 换言之，宁浩意在将其拍成一部关于成长的历史的影片。影片的叙事时间和地点是伪满时期的东三省。一个外号“小东北”的街头小混混，无意中卷入了抗战组织——救国会打劫日本人黄金的革命行动。“小东

① 何亮：《从快感共鸣到感情共鸣的挑战——简评〈黄金大劫案〉》，载《电影艺术》2012 年第 4 期，第 22 页。

北”凭借自己善于偷盗的拿手小把戏获得了救国会领导者芳蝶的信任，在一些行动中也立了一些功劳。但由于他个人的失误和感情冲动，打劫黄金的计划功败垂成，导致他失去了人称“疯爹”的父亲，也使得芳蝶等革命党人全数牺牲。“小东北”化悲痛为力量，借助一批草莽英雄提供的先进武器装备，与他们一起勇斗日寇，毁掉了日军的金库，给父亲和革命党人报了仇。但在这次战斗中，他失去了自己心爱的姑娘。“小东北”经历过这些磨炼之后终于成为了一名真正的革命党人。在笔者看来，《黄金大劫案》尽管揭示了“小东北”成长的历史，但文本的叙事机制采用了戏仿的策略。换言之，《黄金大劫案》中，“小东北”等人的革命行为是对革命英雄成长历史的一种虚构与戏仿。影片中的一些桥段，像日寇追捕抗战志士的惯用伎俩，监狱中革命人士的受刑与巧妙传递情报，芳蝶等人顾府探险与武力劫夺黄金，救国会成员刺杀意大利公使以及“小东北”破坏日军金库等，明显是对 20 世纪 50 至 70 年代占主流地位的革命英雄主义影片的一种戏仿。而宁浩在影片中穿插进了一些喜剧性场面，如“小东北”与伪警察之间的猫捉老鼠式的相互捉弄，“小东北”与神父以及顾小姐之间的滑稽纠缠，疯爹父亲在危难之际重操义和团时期的斗争手法与日寇周旋的那种令人忍俊不禁，革命党人周密的刺杀计划却意外地被“小东北”搞砸的离奇情节，将原本应该严肃而崇高的革命英雄行为解构了。从人类成长的历史来看，个体迈向成熟的过程是一个渐进的过程，离不开外他人的影响以及外在环境的冲击。即便是 50 至 70 年代的革命英雄主义影片也遵循了上述逻辑。然而在《黄金大劫案》中，“小东北”成为真正的革命党人并非受到他人的思想感染，而是因为日寇杀害了他的父亲、爱人以及与他成为朋友的革命党人，简单地说，是仇恨使他成长起来的。在亲人和朋友们被害之前，“小东北”的一系列所作所为显然带有喜剧色彩，他在思想上丝毫不具备一个革命者应有的品质，街头混混的本性一如既往。正因为如此，我们可以明确指出，《黄金大劫案》尽管试图通过虚构一些革命英雄主义桥段来戏仿历史，却不但不能反映历史的真理，反而将真实的历史解构了，这就造成了这部影片必然无法获得观众的思想认同和情感共鸣。

值得玩味的是，如果我们抛开“小东北”与芳蝶等人的那些英雄行为的镜头叙事，转而将视点聚焦于人们的日常生活细节的话，反而能够发现诸多的真实的历史印记。正如安柯斯密特所言：“和科学一样，历史是我们关于日常实在的经验的抽象。”①比如“小东北”在街头自言自语地说：“从大清国到满洲国，都在抓乱党”，从侧面反映出晚清到民国就一直革命运动不断的历史事实；疯爹对疙瘩(肉)稀饭的那种渴望则真实地反映出了普通民众食不饱腹的生活困难；顾宪明书房中历代清帝的画像和溥仪的画像体现了所谓“满洲国”试图复辟大清帝制的幻想；而神父对“小东北”所说的：“现在不信我们了，信天皇了。”意味着伪“满洲国”不仅在地域上沦为了日本的殖民地，连思想信仰也被日本牢牢控制的历史现实。这些“口述的历史”或“生活的遗迹”构成了真正的历史“碎片”。

此外，我们还可以从影片的一些细节描写中窥见宁浩试图将古代历史与现代历史勾连起来的一种努力。像片头出现的草船借箭的典故(以此强调装备的重要性)、镜头画面数次中出现的赵子龙的雕像(意指个人英雄主义)、疯爹自称金镖十三郎以及背上的“扶清灭洋”字样(义和团的象征)绿林好汉对关公的怀念(代表中华民族长期以来重义的优良传统)、革命党人的军师不时从口中说出的孙子兵法术语(暗示中国人历来将孙子变法奉为作战的经典)等，印证了宁浩力求采用拼贴的手法来链接古今历史。

也许宁浩的本意是将《黄金大劫案》拍摄成为一个描述英雄成长的严肃抗战剧，但由于他在戏仿和拼贴的叙事过程中刻意穿插了一些引人发笑的喜剧性场面，使得整个影片的风格逸出了传统革命英雄主义影片的固有界限，而呈现出一种后现代文化色彩，这种历史的虚构方式显然解构了真正的历史。然而我们也不能就此认定《黄金大劫案》是一部解构历史的后现代主义影片，因为其中的一些真实的历史碎片不时发散出来，再加上宁浩将古代历史与现时的历史勾连起来的做法，这只能说明《黄金大劫案》是一部将古今历史、虚构的历史与真实的历史拼贴起来的故事片。我们既不能认为它是现实主义的，也不能说它是后现代主义的，它

① 弗兰克·安柯斯密特：《历史表现中的意义、真理和指称》，周建漳译，译林出版社2015年版，第2页。

只不过是在向观众讲故事，唤起了我们对历史的一些记忆，而与革命英雄的成长主题其实并没有多大的关联。

三、传统的历史与情感的历史

宁浩2005年拍摄了一部以蒙古大草原为背景的现实主义影片《绿草地》，集中反映了他对蒙古民族传统历史的检视与反思。影片以蒙古族少年毕力格的视角展开叙事，既对蒙古民族深厚的传统文化积淀进行了回顾，又揭示了这一民族传统文化被外来流行文化逐渐侵蚀的客观现实。

影片中的人物形象设置带有明显的象征性。毕力格的奶奶是老一辈蒙古族的象征，她经常演唱《北京的金山上》这首歌颂毛主席和社会主义的经典民歌，以此表达她对党和毛主席的感激之情，而她房间里的成吉思汗画像又意味着其固有的民族身份认同。毕力格的父母亲则代表当今蒙古民族的主体，在他们身上，蒙古民族以牧业为生的生存方式、对外来物质与文化的顺从接纳表明了这一草原民族生活在传统与现代之间的真实处境。毕力格父母二人以天安门为背景的合影表明了在他们依然延续了前辈的国家民族观念，但这只有形式上的意义，而并不一定发自内心。与父辈及祖辈不一样，毕力格和他的小伙伴达瓦和二锅头等人因为年幼，也许对国家和民族并没有成熟的理念，但他们在得知自己捡到的神秘小球(其实是一个乒乓球)为国球时，他们为了表达对国球的珍视，加上对北京天安门的向往，不辞辛劳地骑马长途跋涉，想将国球奉还到北京去。因此，影片尽管以几个小孩子捡到一个乒乓球为线索，但引出了一个对蒙古民族的传统历史进行回顾与反思的宏大主题。在孩子们的身上，我们看到了蒙古草原民族的历史痕迹依然得到了代代传承，他们重义轻利、善于骑马摔跤、喜欢酗酒，他们对神灵和父母十分敬畏。震撼人心的是孩子们对国家民族的那种初心，他们与成人世界的那种注重形式的国家民族观念完全不同。孩子们不仅以实际行动来表现一种爱国热情，同时也自觉地抵制外来文化对蒙古传统文化的侵蚀。影片中的斯日古楞这个人物形象是以一个蒙古草原文化的破坏者出现的。他不仅通过贸易对草原上的人们进行盘剥，而且还不遗余力地对传统草原文化进行渗透，给蒙古大草原带来了危机。斯日古楞的到来不但使草原上的人们逐渐习惯和喜欢上了西方的物质和文化产品，也使得毕力格的姐姐冬日娜因爱慕虚荣而被其所诱惑。年幼的孩子们看到了这种危机，他们对斯日古楞的极度厌恶表明了他们反抗西方物质与文化侵蚀的决绝态度。就这一点而言，孩子们显然比那些沉溺于西方物质文化享受的成人更为清醒。从这个意义上而言，《绿草地》显然是对孩子们的一首赞歌。但孩子们毕竟幼小，他们无法摆脱成人世界对他们的思想禁锢与压制，尽管他们不时地抗议父辈们对他们的非人道对待，却也不得不屈服于他们的传统教育方式。影片结尾时，毕力格不得不与好友达瓦分离，又被迫离开了他心爱的大草原，一脸迷茫地待在城里的学校里。从《绿草原》里，我们既看到了蒙古民族厚重的文化积淀与国家民族情怀，又看到了这种草原文化面临被西化的深层危机，传统文明与现代文明的矛盾似乎无法避免，这是一个令人迷惘的现实，正如毕力格的迷茫和无助一样。

2014年的《心花路放》给宁浩带来了11.7亿元的票房收入。这是一部融合了公路漂泊、生活喜剧与屌丝叙事的情感电影。有评论者认为："宁浩导演的《心花路放》以公路电影的叙事模式讲述了笑中带泪的疗伤与治愈之旅，起到了为中产阶级观众弥合创伤、稀释焦虑并抚慰情感的作用。"①由于影片中穿插了大量的当今流行文化景观（主要是"青年亚文化"）与网络文化词汇，使得它带有明显的快餐文化特质，从而获得了广泛的社会认同。影片以离婚后的耿浩在"基友"郝义的陪同下游历湖南、云南等地的所见所闻为线索，展开了一场当代屌丝的情感之旅。前妻康小雨的背叛、"阿凡达"女郎东东的鄙视、"蕾丝边"美女思晴的误导、"杀马特"（英文smart的音译）少女周丽娟的开放、"夜巴黎"小姐的势利使得耿浩觉得无所适从。一路过来的这些"艳遇"终于让耿浩明白了郝义所说的"阴影也是人生的一部分"的真正含义。作为一个感情专一的男人，耿浩在面对急剧变化的人类世界时无法调整自己的心态，这是他内心情感走向困惑的根本原因。正因为如此，我们看到影片中的耿浩不时出现

① 姚睿：《〈心花路放〉：公路、喜剧与屌丝叙事》，载《电影艺术》2014年第6期，第50页。

愤怒和暴躁的情绪，这表明了一种对女性的焦虑。这种焦虑被郝义称之为“loser”(失意者)的特殊心境。为了祛除这种内心的重负，耿浩在面对那些男性暴力者时显然产生了一种被虐的情绪，所以他希望“杀马特”少女的男友用木棒抽打自己却没想到那小伙子认怂；被“夜巴黎”小姐叫来的“摩托党”逼着高唱《路在何方》感到很惬意却被郝义不可理解而搅了局；最后来到大理酒吧被一伙年轻人打得头破血流才真正释放了自己的情感压力。从受骗(康小雨)→受辱(阿凡达女郎)→受惑(大眼长腿美女思晴)→受吓(“杀马特”少女)→受拒(“夜巴黎”小姐)的一系列情感纠葛中，耿浩代表了一个男性失意者在女性面前的挫折经历，这种经历让他逐步发展到了快要精神失常的境地，通人性的宠物狗果汁和类同性恋的“基友”郝义似乎也不能完全医治好他心灵与情感的创伤，吊诡的是，经过一场身体的被虐才使他终于内心复归平静和开朗。《心花路放》本意是指情感失意者的心灵创伤可以通过流浪旅行来加以抚平。笔者在此无意对《心花路放》进行一种好莱坞式的公路片解读，也不打算对整个影片加以社会学的阐释，而仅仅对一个普通男性情感失意者的情感历史轨迹展开追寻与探索，来审视当代多元的社会背景下独特个体的一种情感走向，它并非带有普遍意义，也许它会获得大众的一种情感共鸣，但严格说来并不能称之为“屌丝”叙事，顶多可以称之为“屌丝”叙事之一种。其中是否包含了导演宁浩自己的类似情感经历就不得而知了。

四、结语

如果我们将宁浩电影的历史叙事视为一种面对历史的个人言说的话，那么他心中的历史显然带有一种流动的特质。对历史的表现可以采用多种方式，这也意味着语言在其中充当了一个非常重要的作用。宁浩运用自己独特的电影语言以及编故事的独门技巧，为我们展示了一幅幅历史图景。客观说来，他的“疯狂”系列影片和《无人区》应该是他想象力最丰富、故事也编得最充满悬念的作品，它们代表了宁浩电影独特的艺术风格。上述作品对人的欲望的历史演变轨迹与当今社会的荒诞之处结合起来，暗示了荒诞源于人的生存本能这一哲学命题。对于人类而言，生存的本质就在于弱肉强食的一种过程，至于最后的结果，则远非他们所能掌控。宁浩采用黑色幽默和喜剧的感性方式化解了这种严肃而沉重的主题给人们带来的压抑感，获得了当代大众的认同。从本质上而言，宁浩的“疯狂”系列与黄建新早在1986年拍摄的《黑炮事件》等黑色荒诞色彩影片有着相似性，不同之处在于影片的现实社会背景与观众接受的文化差异。但无论如何，宁浩通过个人独特的故事技巧建构起了一种明显带有个人风格的荒诞美学，在中国当代导演中占据了自己的一席之地，这是不应该怀疑的。至于像《黄金大劫案》和《心花路放》等影片，我们也许将它们视为一种纯商业化的影片更为合适，因为它们的媚俗倾向和当今大量的同期类型片并无多大差异，并不能代表宁浩的电影的独特风格。

（作者简介：欧孟宏，武汉大学艺术学院副教授，主要从事中国电影研究）

论乔治·卢卡斯《星球大战》的示范意义

简　敏

乔治·卢卡斯是当代著名导演，也是一位颇有争议的导演。他声称自己是真正的作者电影，是好莱坞最大的独立电影制作者，而另一部分人坚决否认，批评他的影片是纯粹好莱坞式的商业价值取向；影迷们对他出神入化的尖端技术赞叹不已，对错综复杂的星战编年史如数家珍，而评论界哀叹他智力低下的苛责之声也一直不绝于耳……谈论卢卡斯，不能不提到《星球大战》系列电影，它影响如此深远，受众如此广泛，让你不得不注意到它。卢卡斯一生荣辱可谓全寄于此，虽然2012年，迪斯尼收购了《星球大战》的所有者——卢卡斯影业，但这丝毫无损他“星战之父”的美名。

如果抛开简单的个人好恶，把卢卡斯及《星球大战》放置在不同维度加以考察，或许有助于我们对卢卡斯及其《星球大战》的示范意义做出相对客观的评价。

一、扩展科幻电影的类型愉悦

在古典好莱坞的类型电影发展史中，科幻片从来不是创作和研究的重点，它往往代表了低成本、小制作、粗制滥造等。这种局面直到1950年代，随着《当世界毁灭时》《火星入侵者》《飞碟侵入地球》等作品出现，随着更多的特效、3D技术、宽银幕和彩色技术应用到作品中，强化科幻电影的奇观效果，美国科幻电影迎来了一个创作的小高潮。但是鉴于当时保守的政治氛围和动荡的电影工业，人们对苏联“红色威胁”的仇视、恐惧，被戏剧化放大到银幕上，这波热潮很快就因其露骨的冷战思维和大制片厂的经济困难，而在1950年代中期日渐式微。此后直至1970年代，科幻电影都是惨淡经营。虽然偶有《2001，太空漫游》《人猿星球》这样的科幻佳作出现，尤其《2001，太空漫游》，充满了库布里克对人类的哲学反思，其视觉特效在1960年代处于绝对领先地位，无疑是科幻电影发展史上的一座丰碑，“但它基本上是个孤立的现象。它展示了一条通往以特效为主导的奇观之路，但没有工业基础来把这些新技术发展应用到其他制作上”①，也就是说，它虽是一部高高在上的殿堂级神作，但未能对产业链条产生巨变式的影响。而科幻电影作为一种类型，被观众和学界广泛接受，一跃成为重要的影片类型，甚至投资热点的第二个黄金时代却要更多感谢乔治·卢卡斯和他的《星球大战》系列。

首先，《星球大战》的成功丰富了科幻电影的表现题材，继外星人入侵模式、冷战“他者”模式、灾难毁灭模式之后，充满浩瀚星空、宇宙飞船、尖端武器、外星人种等视觉图谱的星际冒险故事成为科幻电影的主流，并衍生出“银河热”、“太空系列科幻片”、“星球叙事”等概念。《世纪争霸战》《逃离第三星系》《最后的星空战士》几乎是直接模仿《星球大战》，其他如《异形》《星际迷航》《银河护卫队》《外星人》等也都是受其启发的同类型作品。

其次，卢卡斯以其对技术的执著造就了《星球大战》系列电影的成功，并且善于利用这些技术延伸其产业链条，这样一方面强化了特效技术对于科幻电影视觉奇观的重要性，另一方面通过不断涌现的新技术新媒介，不断再生产《星球大战》的亚文化，从而在观众心中确立了其作为科幻类型定义者的角色。

《星球大战》的成功首先得益于卓越特效技术营造的视觉奇观。“影片一开始，当庞大的帝国飞船从观众头上驶过进入太空，星星如钻石般镶嵌在无垠而黑暗的太空深处，人们被震惊了。”②身披黑色长袍的达斯·维达勋爵、长相各异的外太空生物、白色暴风兵持枪挺近的壮观场面、

① 凯斯·M. 约翰斯顿：《科幻电影导论》，夏彤译，北京：世界图书出版社，2016年，第112页。

② 彼得·比斯金：《逍遥骑士，愤怒公牛——新好莱坞内幕》，严敏、钱晓玲等译，文汇出版社2008年版，第406页。

无坚不摧激光剑挥舞时的嗞嗞作响、善恶对决时目不暇接的太空激战、各式飞行器划过星空的奇妙弧线……一个又一个的银幕奇观彻底征服了这群电视机前长大的年轻观众，吸引着他们走出家门，重返影院，并唤起人们对科幻奇观的遥远记忆。

其实从《月起旅行记》起，就奠定了奇观呈现对于科幻电影的重要性，想象力与技术联手打造的奇观呈现一直是科幻电影的应有之意，它是“复合的，被想象性放大和定位的影像化场景。这些场景穿插在故事之间，成为科幻电影最具特色和最富吸引力的构成因素。这是真正属于电影的世界，它炫目的视听价值没有替代性”①。然而由于美国科幻电影长期以来不受重视的B级制作规模，粗糙低劣、简单复制的技术手段，削弱了科幻电影的奇观呈现，降低了类型电影对观众的吸引力，从而造成影片公司压缩科幻电影制作规模，裁剪技术部门的恶性循环。如：1955年，《征服太空》上映时，派拉蒙公司即宣布科幻电影“热”已经退去，并关闭他们的特效部门，其他大公司也纷纷效仿。直到1977年《星球大战》上映，观众一遍又一遍排队买票去领略电影带给他们的视听震撼，人们热烈讨论着电影中激动人心的新奇景观，在“惊奇”的目光中，科幻电影才又一次征服了观众，“《星球大战》所用的特效，对作为一种类型片的科幻电影的复兴至关重要，因为《星球大战》拥有海量观众和极高的票房回报率”②，乔治·卢卡斯重新捡起并放大了电影的奇观本性，也唤起了电影制作对于技术久违的热情。

众所周知，卢卡斯在拍摄《星球大战4·新希望》(1977年)时，成立Industrial light & Magic(简称ILM)公司，创造出运动轨迹控制系统等技术，此后，这家公司成为好莱坞最大的特效制作公司之一，至今仍然是全世界技术最先进的电影后期制作中心，其参与制作的影片几乎构成一部完整的数码特效电影史：《星球大战》《夺宝奇兵》《星空历险记》《回到未来》等系列片以及《外星人》《谁陷害了兔子罗杰》《深渊》《幽灵》《终结者

① 虞吉：《电影的奇观本性——从梅里爱到美国科幻电影的理论启示》，《当代电影》1998年第5期。

② 汤姆·布朗、詹姆斯·沃尔特斯：《电影瞬间——电影批评·历史·理论》，王棵锁译，世界图书出版社2015年版，第266页。

II》《侏罗纪公园》《阿甘正传》《真实的谎言》《龙卷风》《独立日》《山崩地裂》《骇客空间》《指环王》《阿凡达》……

与此同时，卢卡斯还在自己的公司下设立了几个子公司从事电影的高科技开发研究。如Pixar公司专门开发电脑技术，包括CGI(电脑生成图像)技术和非线性电影剪辑系统等数码后期制作技术。天行者音响公司专门研究电影音响，其制定的THX标准成为音响界的最高标准，今天全世界的影院都要由其认可方算达到THX标准。

不仅如此，自1977年始，卢卡斯总是敏锐捕捉最新的技术和媒介，并把它们运用到《星球大战》的制作和营销中，如：1980年代初期就发行了该片的VHS录像带，使之进入家庭，此后宽屏技术、3D技术的推进都曾促使卢卡斯以全新的格式重新发行电影，1997—1998年，为宣传《星球大战Ⅰ：幽灵的威胁》，卢卡斯影业领风气之先，建立电影的官方网站，除用文字、图片展示海报、采访、明星简介等资料，还放出电影相关的纪录短片。“从20世纪80年代一直贯穿90年代，《星球大战》发行的无数版本和续集始终占据着录像带市场，对新一代观众强化了这部电影作为科幻类型定义者的角色。”①一代代观众的科幻电影启蒙从《星球大战》开始，电影技术的发展非但没有削弱《星球大战》的吸引力，反而在一次次再版发行和系列影片上映时，反复强化观众对《星球大战》的电影记忆，培养并扩展其亚文化群体，并最终进入流行文化范畴。

毫不夸张地说，卢卡斯及其《星球大战》系列影片不仅影响了美国科幻电影的创作倾向，挽救了票房滑坡的科幻电影市场，而且引发了1977年后好莱坞电影工业制作的革命，“开创了科幻电影的高科技时代，从此，科幻电影成了最新特技技术的实验场，领导电影特技的方向，科幻大片流行起来，票房价值达到了人们所未曾梦想过的记录”②。《第三类接触》、《超人》、《黑客帝国》等片的成功使科幻电影在类型电影的重要性一次次加强，科幻电影荣登年度票房排行榜前十成为常态。简而言之，

---

① 凯斯·M. 约翰斯顿：《科幻电影导论》，夏彤译，世界图书出版社2016年版，第123页。

② 范志忠：《当代电影思潮》，浙江大学出版社2012年版，第77页。

卢卡斯拓展了科幻电影的类型愉悦，引领了新一代科幻电影奇观化、技术化的潮流，并促成科幻电影的类型复兴。

二、重返童真的流行史诗

与《星球大战》稳坐票房榜首的一致性不同，人们对影片的评价却呈现出两极化的对立。既有全世界星战迷们对其推崇备至的"圣经"殊荣，又不乏专业人士主题肤浅、形式大于内容的批评之声，人们称它为"一座没有思想的里程碑"①，"它就像小孩子的故事那样冒着傻气，像陈旧的周六午后连续剧那样浅薄，像八月份的堪萨斯州那样老套乏味——但也是一部杰作"②，这些矛盾的字眼将引导我们从新好莱坞的维度中审视卢卡斯和他的《星球大战》。

迄今为止，学界对新好莱坞的界定并不一致。如：德国学者乌利希·格雷戈尔将新好莱坞分为三个阶段，第一阶段是60年代初期，以卡萨维斯特、佩恩、科波拉等人为代表的"改革的尝试阶段……第二阶段是1969—1971年间，丹尼斯·霍佩尔的影片《逍遥骑士》开创了'新好莱坞'的黄金时代……最后是70年代重新倾向工业化的阶段"，以沙茨伯格、斯皮尔伯格等为代表。③ 而美国的大卫·波德维尔则将新好莱坞界定为1960年代末至1970年代末涌现的多种多样导演的集合体，既包括阿瑟·佩恩、丹尼斯·霍柏等制作《雌雄大盗》《午夜牛郎》《毕业生》这类"年轻人电影"(youthpics)的导演，也包括以科波拉为代表的"电影小子"，还包括伍迪·艾伦(《安妮·霍尔》Annie Hall，1977)、迈克尔·西米诺(《猎鹿人》The Deer Hunter，1978)、保罗·施拉德(《蓝领阶级》Blue Collar，1978)、大卫·林奇(《橡皮头》Eraserbead，1978)等1970年代末崭露头角

① 江晓园：《江晓园科幻电影指南》，上海交通大学出版社2015年版，第55页。

② 罗杰·伊伯特，《伟大的电影》，殷宴、周博群译，广西师范大学出版社2012年版，491页。

③ 乌利希·格雷戈尔：《世界电影史(1960年以来)》(第三卷下)，郑再新等译，中国电影出版社1987年版，第148页。

的电影人①。英国学者杰弗里·诺维尔·史密斯则只将"新好莱坞"追溯到"1975年史蒂芬·斯皮尔伯那部《大白鲨》的发行，它标志着新一代年轻的好莱坞导演登上舞台。"②

抛开这些争议不谈，绝大多数电影论著都把卢卡斯和科波拉、斯科塞斯、斯皮尔伯格等人划归到"电影小子"行列，然而，卢卡斯对于新好莱坞的意义绝不止于此。

随着20世纪60年代早期安德鲁·萨利斯把"作者电影论"(Auteur-ism)引入美国，随着特吕弗、戈达尔、伯格曼、费里尼、安东尼奥尼等人的作品涌入美国市场，在大学课堂上被讲授，许多"电影小子"都怀揣着制作"作者电影"，发展电影艺术的崇高目标。不论电影语言、叙事结构，还是整体面貌，他们都非常自觉地把自己与传统好莱坞电影区别开来，试图推翻好莱坞的大片场制度，摆脱商业禁锢。

新好莱坞电影表现出了对性与暴力的极大关注：《雌雄大盗》结尾部分对邦妮和克莱德死亡场景慢镜头式的暴力呈现，《日落黄沙》中执法者与强盗团伙近距离交火的激烈场面，都使观众逐渐习惯子弹扫射后血液喷溅的银幕程式，快速剪辑和慢动作成为表现暴力动作的标准方法，甚至发展出"暴力美学"的概念。《毕业生》大胆探讨了青年人成长中"性"的困惑，此时，"性作为一种最终能够说出的秘密而出现在美国电影中"。③这恰如1967年12月，《时代周刊》以醒目标题《新电影：暴力·性·艺术》概括的那样。除此，丹尼斯·霍柏在《逍遥骑士》中实践了戈达尔《筋疲力尽》中的跳切手法，科波拉《教父》中多线索演进的复杂叙事和开放式结局，斯科塞斯《穷街陋巷》极其个人化的半自传风格……从内容到形式，从人物到叙事，从摄影到造型，新好莱坞的开创者们把电影制作视为一项严肃的工作，努力尝试革新。为了使作品凸显个性和具有颠覆性，他

① 大卫·波德维尔和克莉丝汀·汤普森：《世界电影史(第二版)》，范倍译，北京大学出版社2014年版，第671页。

② 杰弗里·诺维尔-史密斯：《世界电影史》第三卷，焦晓菊译，复旦大学出版社2015年版，第28页。

③ 杰弗里·诺维尔-史密斯：《世界电影史》第三卷，焦晓菊译，复旦大学出版社2015年版，第56页。

们不约而同地向彼时欧洲的艺术电影学习。“由于 1960 年代的经济衰退和大学观众的探求，好莱坞越来越热衷于研究欧洲艺术电影所开发的故事讲述技巧。医治好莱坞电影滑坡的一剂良药，似乎是注重气氛的营造、人物的刻画和暧昧复杂的心理揭示。”①跳跃的时空、无畏的性爱、复杂的道德、模糊的性格、无因的行动等几乎成为大家创作时争相模仿又彼此默认的新规则，这些变革和实验共同演绎出新好莱坞初期生机勃勃而又鱼龙混杂的作者电影浪潮。

然而，南加州大学毕业的卢卡斯在经历了《THX1138》的失败和《美国风情画》的成功后，坚定地走上了一条回归经典好莱坞、争取观众认同的转型之路。

他说：“我也许应该为更年轻的孩子们拍一部这样的影片。《美国风情画》是拍给 16 岁的孩子看的，而这部《星球大战》是拍给 10 到 12 岁的孩子看的，他们失去了少年时期应该拥有的更有意义的东西。”②当他把《星球大战》的拍片计划告诉新好莱坞的“教父”，也是那一代电影人导师的弗朗西斯·科波拉时，科波拉嗤之以鼻地评价他“荒唐”；初稿完成后，他的朋友们科波拉、休伊克、卡茨和罗宾斯等，没一个支持他。“他们说：‘乔治，你该搞些更艺术化的东西。’”卢卡斯回忆道，“人们说我应该在《美国风情画》之后拍《现代启示录》，而不是拍《星球大战》。他们说我应该拍摄像《出租车司机》那样的影片。”③

顶着这些压力和不解，卢卡斯完成了他的《星球大战》。在电影里，我们没有看到肆意宣泄的性与暴力，欧比旺、尤达大师的离世仅留一袭轻袍，西斯大帝的灭亡也仅以高空坠落的镜头一扫而过，在经历了十多年的肉体展示和血腥洗礼后，《星球大战》难得地把新好莱坞作者们津津乐道的性与暴力收敛了起来，含蓄而有克制。在电影里，人们又看到了

① 大卫·波德维尔和克莉丝汀·汤普森：《世界电影史（第二版）》，范倍译，北京大学出版社，2014 年，第 674 页。

② 彼得·比斯金：《逍遥骑士，愤怒公牛——新好莱坞内幕》，严敏、钱晓玲等译，文汇出版社 2008 年版，第 385 页。

③ 彼得·比斯金：《逍遥骑士，愤怒公牛——新好莱坞内幕》，严敏、钱晓玲等译，文汇出版社 2008 年版，第 392、393 页。

熟悉的戏剧式结构，每一部《星球大战》的开头都会简要介绍故事背景和主要矛盾，随着剧情的逐层推进，主要人物经历挫折直至最后的戏剧高潮，解决矛盾，整部影片是一个完整的封闭式结构，并离不开大团圆结局。没有科波拉、斯科塞斯电影中复杂的人性探索和暧昧的价值判断，《星球大战》回归扁平角色的类型化倾向，“人物形象被确立为正反两个阵营，正面人物包括主人公、导师或盟友和信使，反面人物则由坏蛋及其帮凶组成”①。正义的天行者卢克和邪恶的西斯大帝分别代表正反双方，二者泾渭分明，没有丝毫犹豫与模糊。

谁也没有想到，这部成本不过950万美元，没有超级明星参演，没有性与暴力的噱头，没有复杂深刻叙事立意的电影就凭着线性叙事、大量的动作、原型化人物而大获成功，它如此简单鲜明却又让人印象深刻。上映当年的11月就以1.935亿美元的惊人业绩把《大白鲨》挤下榜首，成为有史以来最赚钱的影片。就像一次电影的轮回，卢卡斯重新找回了明明白白、简简单单叙事的快感，他把观众变成孩童般的好奇旁观者，重新肯定了古典好莱坞的价值，也吹响了新好莱坞“电影小子”们群体分化的号角。

《星球大战》成功后，卢卡斯和斯皮尔伯格合作，制作了商业上极为成功的“印第安纳·琼斯三部曲”，他们二人成为最早从新好莱坞电影中突围的作者导演，也是最成功的电影企业家。而新好莱坞的“作者明星”、先驱者——科波拉在《教父》大获成功后，并没有借势转入商业电影创作，而是投入到更加私密、矛盾的艺术电影《对话》《现代启示录》《棉花俱乐部》制作中，不幸的是，这些电影严重超支，却票房惨淡，观众冷漠，科波拉不得不卖掉他的电影公司、制片厂还债，直至破产。“科波拉要对整个一代负责……你无法过分强调他具有的重要性。如果这一代是要改变美国电影，那就得归功于他，或者归咎于他。”②正是科波拉的成功鼓励制片厂和发行商到那些刚投身电影制作的青年导演中碰运气，为新好莱坞的神童们争取了拍摄机会，而今天恰恰是他的一败涂地让制片厂和发

① 游飞、蔡卫：《电影艺术观念》，北京大学出版社2009年版，第8页。

② 托马斯·沙兹：《旧好莱坞·新好莱坞：仪式、艺术与工业》，周传基、周欢译，北京大学出版社2013年版，第240页。

行商看到了作者电影潜在的危机。形成对比的是，卢卡斯与斯皮尔伯格的成功则让陷入困顿的制片厂商们发现了一座新的金矿，他们开始改变经营策略，降低电影产量，重点制作场面恢宏的大片。至此，“一个新时代，当代电影制作的新时代开始了。界定它的是大片。也就是说，一旦发现一个热卖影片，导演就复制和重复。这些影片成本昂贵，但正如多版《星球大战》证明的那样，它们非常挣钱和受欢迎。……大片成为新好莱坞工业的核心所在”①。

如果把20世纪六七十年代美国作者电影黄金时代的没落归咎于卢卡斯和他的《星球大战》，未免武断，但可以肯定的是，卢卡斯向主流商业电影的转型，与经典好莱坞的和解，确实对新好莱坞群体的分化，对电影工业向高预算特效大片的转向，都起到了不可比拟的示范作用。

三、复归保守的文化转型

克拉考尔说，“电影比其他艺术媒介更直接地反映了一个国家的心理状态”②，1977年，《星球大战4·新希望》上映时，万人空巷的票房奇迹或许预示着一个新的文化转型已经来临。

20世纪60年代是“一个幻想破灭、愤怒和恐惧的年代”③，这个年代的标记“就是政治激进主义和文化激进主义。这两种激进主义由一个共同的反叛冲动连接在一起。”④应对着20世纪60年代美国社会面临的前所未有的动荡和危机：越战、肯尼迪遇刺、学生运动、经济滞缓……新自由主义把民众的生存焦虑和不安愤怒转化为对美国传统的坚决否定和毅然决裂，得到青年人积极响应，这股激进主义在政治上表现为民权运动、

---

① 道格拉斯·戈梅里、克拉拉·帕福-奥维尔顿：《世界电影史(第2版)》，秦喜清译，中国电影出版社2016年版，第283、284页。

② 齐格弗里德·克拉考尔：《从卡里加利到希特勒——德国电影心理史》，黎静译，上海人民出版社2008年版，第3页。

③ 阿瑟·林克、威廉卡顿：《1900年以来的美国史》中册，刘绪贻等译，中国社会科学出版社1983年版，第345页。

④ 丹尼尔·贝尔：《资本主义文化矛盾》，严蓓雯译，江苏人民出版社2007年版，第120页。

反战运动、女权运动、环保运动等，而在文化上则表现为反主流社会的“反文化”(Counter Culture)。

《嚎叫》的狂放不羁、惊世骇俗在新左派和嬉皮士那里找到知音，艾伦·金斯伯格因此被誉为“垮掉的一代”鼻祖。这十年最流行的小说是约瑟夫·海勒的《22条军规》、库特·冯尼格的《猫的摇篮》、威廉·巴勒斯的《裸体午餐》。多少人吟诵着凯鲁亚克《在路上》“我还年轻，我渴望上路”的诗句，热泪盈眶。多少人怒吼出鲍勃·迪伦的硬摇滚《鼓手先生》，声嘶力竭。他们愤世嫉俗却又玩世不恭，饱含激情却又悲观厌世，疏离社会却又陷入虚无。他们憧憬着在哈雷摩托的轰鸣声中当个“逍遥骑士”，去寻找美国；他们因为“雌雄大盗”在逃亡路上，朝向警察打出的砰砰枪响而激动万分；他们同《毕业生》一样，轻易拒绝了所有试图控制或改变他们的人，并最终反抗他们。一言以蔽之，“反文化”成为主流。

然而20世纪70年代中后期，随着越战结束、里根执政，美国国内形势发生变化，矛盾趋于缓和。尤其里根政府采取的削减税率、裁减政府管理人员和压缩政府开支等政策对经济复兴意义重大。从1982年秋天起，美国经济保持了60个月的连续增长，这对于经历了“二战”后一系列政治动荡、经济低迷的美国民众来说，无异于一剂强心针。“如同罗斯福总统带领美国人民走出了经济大萧条，里根总统则使美国这个遭受精神创伤的国家摆脱了巨大的心理抑郁。”①

一般认为20世纪60年代是自20世纪30年代罗斯福新政以来，美国新自由主义的一次胜利，而20世纪70年代中后期随着形势的变化，特别强调传统道德价值观的新保守主义则开始崛起。

卢卡斯在20世纪70年代初期就捕捉到时代氛围、公众趣味的微妙变化，他注意到观众开始厌倦20世纪60年代狂热的激进运动，“他们对新好莱坞电影所散布的大量性爱、暴力和厌世情绪已感到疲乏，而对老好莱坞生气勃勃的价值十分留恋”②。这个判断并非空穴来风：1973年，他

① 李·爱德华：《现代美国保守主义运动简史》，庄俊举 摘译，《国外理论动态》2006年第2期。

② 彼得·比斯金：《逍遥骑士，愤怒公牛——新好莱坞内幕》，严敏、钱晓玲等译，文汇出版社2008年版，第277页。

那部充满怀旧气息，把背景设定在肯尼迪和马丁·路德金被刺杀之前，美国人民尚未经受“越战”和水门事件所带来的政治危机的《美国风情画》意外大卖，收获千万美金。另一部值得一提的电影是1976年的《洛奇》(Rocky)，讲述一位底层拳手凭自我奋斗和超强意志，打败所有对手，成为世界拳王的励志故事。剧情很老套，但成本100万元，票房过亿的惊人业绩和奥斯卡最佳影片的殊荣，证明普通民众和主流媒体对这类鼓吹个人成功的“美国梦”依然很欢迎。两部影片的巨大成功使卢卡斯坚信自己的判断是对的。

于是，我们看到卢卡斯在《星球大战》中呈现出与1960年代激进的“反文化”潮流截然不同的“保守”文化诉求：

肯定宗教的价值。《星球大战》中提出“原力”概念，它具有光明与黑暗两面，神秘莫测却又威力无穷，须以敬畏之心爱之信之。《星球大战5·帝国反击战》(1980)中，又老又弱的尤达大师使用原力使卢克的飞机离开水面，卢卡惊叹：“简直难以置信”，而尤达回答他：“那正是你失败的原因”。这与《圣经》中讲到的“凡信我的，不住在黑暗里”，“凡信他的人，必因他的名得蒙赦罪”等语如出一辙。

强调家庭作为社会柱石的作用。当大反派达斯·维达勋爵说出：“我是你父亲”，并拼尽最后一丝力气将西斯大帝扔下深渊的时候，当卢克失去还击之力，一遍遍呼唤“父亲、父亲”，寻求帮助的时候，这对父子终于和解，维达勋爵得到救赎，卢克则通过了成为绝地武士的最后一个考验，家庭又一次显示它强大的凝聚力和道德净化功能。

重塑美国英雄神话。《星球大战4·新希望》《星球大战5·帝国反击战》《星球大战6·绝地归来》三部电影组成的一个系列，完整勾勒了天行者卢克从塔图因星球上一个普通农家少年，经历重重考验，到最终成为拯救银河系英雄的过程。继传统的西部片英雄之后，卢卡斯成功塑造了一个新的太空英雄，他的成长轨迹与著名神话学家约瑟夫·坎贝尔概括的神话中英雄的冒险公式：“分离——传授奥秘——归来”①完全吻合。

① 约瑟夫·坎贝尔：《千面英雄》，张承谟译，上海文艺出版社2000年版，第24页。

其他诸如：重申个人对共同体价值的义务、捍卫个人自由和财产的正当性等内容无不是保守主义的文化主张。这里的“保守”，“实际是一种以基督教为背景的个人主义：既尊重个人的道德自主性，同时个人又对家庭、社群、国家和上帝负有责任”①。这些主张试图补救激进自由主义所造成的道德沦丧、社群关系缺失，试图弥合反叛思潮所造成的文化决裂、时代创伤，更重要的是强化传统价值观的确定性，以此恢复民众信心，重塑美国梦。

史学家们一直试图解释为何1960年代的激进运动在1970年代末突然遭到保守主义者的抵制，保守主义是如何复兴的。有学者提出“反冲说”，即新左派的激进主义、黑人暴力反抗运动的兴起、日益激化的反战运动及女权主义和同性恋权利的挑战都激起了美国主流社会的激烈反冲，导致整个社会舆论向右转；也有学者不以为然，而是强调战后保守主义运动的长期性和持久性，认为保守主义在80年代以后的强劲势头部分是因为它已经积聚了几十年的力量。但不容否认的是，1950年代后半期至1970年代前半期，是美国的多事之秋，政治的动荡、经济的衰败、“反文化”的冲击，给社会气氛和民众心理造成巨大负面效应：失败的个人奋斗，破碎的核心家庭，蒙尘的社会正义，昔日神话的彼此否定，都凸显了意识形态霸权的危机。就像一次文化的反拨，到1970年代末，民众渴望有稳定秩序和新的胜利来鼓舞人心，《星球大战》就这样适时地出现了，而观众则以一张张电影票热烈回应了卢卡斯趋向保守的文化转型。他们渴望出现卢克这样的英雄，带领大家冲破黑暗，重建光明；他们愿意相信“崇高”、“正义”、“爱情”、“家庭”这些曾经被大家抛弃的字眼，依然是有价值的；他们歌颂冒险，在个人奋斗的神话中回顾经典、获得抚慰。在这一次重要的文化转型中，虽然不能说卢卡斯主导，但《星球大战》所引起的始料未及的广泛反响，确实对1970年代末社会思潮向“右”转及新保守主义的兴起，起到了推波助澜的作用。

乔治·卢卡斯在好莱坞导演中，作品不是最多的，立意不算最深刻的，但却是被大家谈论最多、最有争议的一个。他总能领风气之先，起

---

① 许纪霖：《两个美国与政治自由主义的困境》，载《读书》2006年第6期。

到巨大的示范效应，引追随者无数。时至今日，电影技术如火如荼，一部部打着特效奇观的影片震撼观众眼球，美国还在源源不断输出蜘蛛侠、钢铁侠、蝙蝠侠等超级英雄大片，希拉里·克林顿竞选总统时，也不忘幽默地甩出一句"愿原力与你同在"。可以预见，在未来的《星球大战8》、《星球大战9》上映时，全球星战迷们会一如既往欢迎这个节日，会继续呼朋引伴、拖家带口地为卢卡斯喝彩，这些影片依旧会傲视群雄，占据各大排行榜首位。这就是卢卡斯的魅力，这就是《星球大战》的魅力。

而你只能微翘嘴角，默默看着一个时代铺展开来。

（作者简介：简敏，武汉大学艺术学院讲师，主要从事中西电影研究）

论民族歌剧《八月桂花遍地开》的示范意义

刘进清

由文化部、湖北省政府主办的第二届中国歌剧节从2014年10月29日至11月13日在武汉早已拉下帷幕，由湖北省歌剧舞剧院创作导演的歌剧《八月桂花遍地开》(编剧：著名文学家熊召政；作曲：著名作曲家王原平；导演：著名戏剧导演张曼君；舞美设计：国家一级舞美设计师修岩；主演：总政歌舞团青年歌唱家王庆爽等)获得了优秀剧目奖、优秀音乐创作奖、优秀导演奖、优秀编剧奖、优秀表演奖等7个奖项，成为此次歌剧节最大赢家。该剧充满戏剧冲突的故事结构，具有鄂东民歌元素的音乐展开，凸显鄂东民间色彩的舞美设计，构成了此剧鲜明的艺术特色，它是由文艺名家共同打造的又一民族歌剧精品。

一、充满“爱恨情仇”的戏剧性结构

对歌剧戏剧结构的选择，它需要剧作家的综合考量，即要整体的把握，也需要作者对舞台规律“内心视像”的戏剧性预见。一部歌剧对戏剧结构的范式处理，实际上就决定了这部歌剧的基本表现手法。故事新颖独特，情节丰满曲折，戏剧冲突具有强烈的动力性，人物形象鲜明且内心情感复杂，是欧洲古典主义歌剧和浪漫主义歌剧戏剧美学的重要基础之一。但在20世纪的歌剧中，由于近代多元戏剧思潮的影响，歌剧中传统的戏剧品格和它的呈现方式出现了很多革命性的变化，特别是戏剧结构的变化——如淡化情节、淡化人物的现代戏剧手法在歌剧中的广泛应用，对中国歌剧的创作产生了较大的影响。很显然，歌剧《八月桂花遍地开》充满“爱恨情仇”的戏剧性结构，无意中契合了欧洲传统歌剧的审美理想。但作为欧洲艺术舶来品的歌剧，在这里讲述的却是充满戏剧张力的本土化中国故事，使之更接地气。

全剧具有宏大的历史背景：通过一个女性（桂花）的成长和命运选择、众多大别山人的理想和信仰追求，再现了土地革命时期大别山区“铜锣一响，四十八万”的火热场景。

全剧的人物形象鲜明，情节、动作、场面充满戏剧性；阴森的唐家，仆人们道出了唐家面临的多重危机，富甲一方的唐老太太由于病重卧床不起，她的两个儿子外出情况不明，佃农们由于天灾人祸饥民遍地，唐家粮仓已被人觊觎，整个唐家内外交困，山雨欲来风满楼。此时的剧情将唐家18岁的养女桂花，推到了命运的风口浪尖上。唐母在弥留之际向桂花托付家产，并指配桂花为唐家长媳，“亲上加亲做长媳”。但桂花心乱如麻，只因她“从小只把二哥恋……”。唐母病逝，外出的唐家两兄弟同时回家，但此时的兄弟俩分属国共两党阵营。围绕着桂花的婚姻以及开仓放粮、分田分地等事件发生了激烈冲突，导致兄弟反目。桂花心仪二哥，却不满某天深夜二哥带领饥民抢自家粮仓的举动，两人心生裂痕，最后导致决裂。经历了一连串的家庭变故之后，在唐家做了18年长工的桂花生父“哑叔”突然开口说话，揭开了桂花的隐秘身世：桂花生母由于未婚生女而遭受家族“沉潭”酷刑，而这酷刑正是唐家做的“局”。接后是唐家蓄谋已久的地契争夺阴谋，如梦方醒的桂花烧毁唐母所托的田约地契，接过二哥留下的苏维埃匾牌，坚定地投身革命浪潮，与千千万万的大别山儿女一起，去共同开创“八月桂花遍地开，鲜红的旗帜竖起来……”的新世界。

爱情与信仰，身世与阴谋，弱女子与革命者等戏剧冲突中最重要的元素相互交错，构成了歌剧《八月桂花遍地开》“一剧之本”的戏剧结构。整个剧本将时代变迁与人物命运、情感转变交织在一起，既充满戏剧张力，又具有丰富人物思想蕴涵。但难能可贵的是，歌剧在情节的展开上、在悬念的设置和人物内心的刻画上，剧作家既考虑了我国当代观众的欣赏趣味，但又符合歌剧艺术的共性规律——剧本避免了一些戏剧性结构情节太过曲折、描写过于细节繁杂且故事的发展过快及大量话剧式的对话存在的“情节剧”结构。歌剧艺术讲述了一个地道的中国故事。

二、基于鄂东民歌元素的音乐特色

作曲家在对剧本歌剧化改造后，音乐创作是否成功就决定了一部歌剧的成败。歌剧是用音乐展开的戏剧，欧洲歌剧用以推动戏剧张力的是自古典音乐时期以来就已形成的高度专业化的声乐、器乐的多声部创作技法，这就决定了它的戏剧形态与结构是具有空间维度的立体层次。中国作曲家创作歌剧时，要么是选择对欧洲歌剧范式的“民族化”改造，要么是基本按照中国传统戏曲思维方式进行创作。显然《八月桂花遍地开》的作曲家选择了前者，歌剧的戏剧结构显然为独唱、重唱、大合唱等不同声乐体裁的创作留下了很大的空间。

《八月桂花遍地开》的音乐是在鄂东民歌、长调、东路花鼓戏、民间小调的基础上发展而成。在歌剧中，根据剧情戏剧性的发展需要，各种唱腔的设计大胆采纳了西方歌剧中合唱、重唱、咏叹调等不同声乐演唱类型和形式，仅合唱就有 40 多个唱腔，使之成为戏剧发展的重要手段。

全剧的主题曲《桂花调》：“桂花岭上桂花开，桂花树下望哥来，望哥来把桂花采，哥哥不来花不开……”音调的辨识度很高，它由鄂东民歌发展而成，在全剧共出现 9 次，每一次出现都表现出迥异的情感，在不同角色的演绎下，生发出不同的规定情景，主题曲本身就构成了全剧戏剧发展的重要手段。序幕时，男女合唱的桂花调，烘托全剧的情感基调作为全剧开篇；第一幕桂花在唐母弥留之际接受其重托，于无人处演唱时，是 18 岁少女的内心凄婉；第三幕饥民在分到了粮食和田地，《桂花调》则充满了活泼和俏皮；第四幕哑叔用沧桑的声音和着桂花清丽的声音是悲愤，而桂花的生母跨越时空教女儿的这一曲调时，歌声充满柔情和悲愤，令人柔肠百转，心绪难平……

歌剧中的合唱创作也颇具特色，除了像主题曲《桂花调》那样渲染气氛、烘托情感的合唱外，作曲家还大胆尝试用合唱直接或间接的介入戏剧冲突，推进情节展开，突破了我国歌剧创作中多以合唱描写情景、衬托色彩的单一戏剧功能。在具体创作上，作曲家根据戏剧性发展的需要，运用灵活的复调手法强化不同声部的旋律承载更多的戏剧意味，推进音乐的戏剧性发展，增加戏剧表现力。如第二幕的尾声，独唱与合唱“一支火把一盏灯”，反映了主人公之一的二哥(唐剑啸)向老百姓激情呈现的情景，演员们需通过细微表情和声音的变化，表现百姓们由彷徨到充满希望的状态。当唱到：“山路不明借不走，心路不明谁指引”时，只听合唱声音低回，表情暗淡忧伤，而唱到“众人跟着亮无走，跟着亮无赶前程”时，合唱声铿锵有力，声音充满光泽，让人感受到积极向上的澎湃激情。合唱既抒发了主人公的人物情感，也渲染了戏剧气氛。

在创作中，作曲家还大量运用了欧洲音乐中主导动机展开的手法，来表现主要人物的性格、心理变化及情感变化。这些具有代表性的动机贯穿于全剧，随情节的戏剧性变化而展开，使得观众在观剧时能通过这种动机的提示而感受到剧中人物的遭遇及情感变化。在桂花、二歌的咏叹调以及桂花与哑叔的二重唱时，都能感受到这种创作手法的运用而带来的戏剧性张力。

由交响乐队演奏的场景音乐对全剧的戏剧性发展也起到了很好的情感烘托，避免了不少中国歌剧中器乐只是“托腔保调”的伴奏以及渲染烘托、描绘应景式的单一功能，使器乐音乐尽可能地介入戏剧冲突，使器乐与音乐戏剧的构思形成统一性和有机性。无论是唐家仆人们“叮叮儿咚咚儿叮叮儿咚”传递出的压抑，山野饥民们“嘿啰呼、嘿啰呼”表现的紧张，族人们喊出的“沉潭、沉潭、沉潭”所表现的冷漠都使得土地革命时期中国鄂东地区的历史巨变的画面鲜活地在舞台上再现。

三、凸显鄂东地域色彩的舞美设计

歌剧中的舞美设计具有极强的表现力，舞美中的造型性品格对歌剧艺术来说具有重要的表现意义。不论是以色彩和光线为基本素材的服装、道具、布景、灯光等主要诉诸视觉器官的单位，还是以声音为基本材料的拟音和音效等主要诉诸听觉器官的单位，都是需要二度创作的去再现歌剧剧本所规定的历史场景和歌剧人物生活的环境和空间，这些场景的组合和变换又必须同歌剧故事赖以发生的时代、地域、风俗、文化等规定性相契合，要模拟和再现出歌剧人物生存与活动的总体外部环境，这其中渗透了舞美设计者的艺术旨趣和美学品格。

国家级舞美设计师修岩的舞美设计凸显了鲜明的鄂东地域色彩：错落有致的白墙黑瓦的古建筑，古朴典雅的雕花，简陋地再现了鄂东土地革命乡野之景；叙卧的石狮，简单的木桌木椅，唐家从主人到仆人的整齐服装再现了特定时空和特定人物的外显印迹。特别是整个舞台的设置不是按平面设计的吊顶，而是采用我国歌剧舞台上较少使用的墙面设计与地面形成30角度，增强了舞台呈现的立体感和纵深感。全剧整个舞台和服装的设计，以力求接近地域历史的真实色调而与全剧的写实风格相统一，再现了80多年前的乡野规定情景。

歌剧舞美设计有表有里，其表是外在形态的物化、器物、建筑、衣服等，它们能直接勾起观众对发生在80多年前鄂东乡村的规定情景的视听联觉，虽是外在的显现，但却是由表及里的重要手段，它们带有鲜明的鄂东地域性文化指向，其里是文化内在属性的气韵，情景、意蕴、空间等，它们能间接地引发观众联想的意象，这是中国文化特质中最本质的属性，是文化内核的外在显现。舞台美术家修岩的舞美设计用写实主义手法体现了中国之意象，成为歌剧综合美的重要组成部分。

但笔者以为，该剧在音乐上还有可完善之处：该剧如《哥哥不来花不开》的桂花调等唱段的地域色彩辨识度很高，在歌剧中这既是特色，但也为音乐的戏剧性展开带来难题。该剧如何在民歌、戏曲的旋律基础上，使得中西方的音乐语言更加融通，使得音乐发展与戏剧性情节契合，音乐的发展与人物鲜明个性的契合，在对比中又力求统一，这是曲作者需要去综合考虑的东西；再者剧中由于大量采用了鄂东方言，如何使音乐的处理与语言更加“妥帖而不生硬”也是需要仔细推敲的地方。但瑕不掩瑜，作为创作出经典民族歌剧《洪湖赤卫队》的湖北省歌剧舞剧院，由各位文艺名家共同联手打造的《八月桂花遍地开》在中国民族歌剧的创作实践中，又作出了诸多非常有价值的探索。

（作者简介：刘进清，武汉大学艺术学院教授，主要从事表演艺术与歌剧艺术研究）

大师的示范效应：从叶小纲、郭文景作品音乐会说起

景作人

2016年11月，两位堪称中国音乐界代表人物的作曲家，在津京两地分别举行了作品音乐会。一位是现中国音乐家协会主席，著名作曲家叶小纲，另一位是中央音乐学院作曲系主任，著名作曲家郭文景。他们二人都是中国作曲界的先锋人物，其作品有着引领般的影响力，其教学有着桃李满天下的成果。二人的资历、经历、能力都有着深厚的积淀，堪称大师为之必然。

既然称之为大师，就必须要有大师的号召力和凝聚力，在艺术上则必须给人们带来深刻的启示和教益。叶、郭二人是具备以上条件的，他们经过多年的艺术实践，已经在中国甚至世界上形成了自己的艺术风格和体系，这是非常不容易的。而他们的艺术思想及创作理念，则深深地影响了中国下一代甚至下两代作曲家，这样的事实，应该说是颇具说服力的。

无巧不成书，在2016年11月，叶小纲，郭文景同时举办了个人作品音乐会，而且时间相距仅有八天。叶小纲的音乐会于11月18日在天津音乐厅举行，由青年指挥家张艺指挥天津交响乐团演奏。郭文景的音乐会于11月26日在国家大剧院音乐厅举行，由夏小汤、焦淼、陈琳指挥国家大剧院管弦乐团及合唱团演出。

两场音乐会我均在现场，观后所受教益颇深，最主要的，是两位作曲家在音乐创作中对民族性的体现，对民族乐风的把握，以及他们对音乐与诗词相融合的全方位理解。叶、郭二人虽都是音乐家，但身上却有着诗人的气质、诗人的素质和诗人的潜质。无论对待古诗词还是现代诗

词，他们都有着内在而独特的理解，且能够在创作中以音乐的特殊手段对其解释之、修饰之、表达之。我想，这可能就是大师在艺术上的展现与示范给我们带来的思想动力。

以下我谈五点对大师音乐会及大师示范效应的看法与体会：

一、叶小纲音乐的魅力

11 月 18 日，叶小纲的音乐会展示了他四部作品，首先是他受天津交响乐团委托创作的《天津组曲》。当晚，这部作品完成了它的世界首演，并受到了天津观众的尤衷喜爱和热烈欢迎。

我从这部《天津组曲》中，听到了叶小纲创作风格的一丝变化，而这种变化则是作曲家适应时代、表现时代的一种具体理念。叶小纲是一位全面的作曲家，他善于将思想性与民族性进行融汇和整合，善于将民俗与诗意进行交叉和嫁接。这其中，《天津组曲》就是一个极好的例子。

我将这部组曲的音乐特点概括为“工整、俗韵”四个字。

《天津组曲》是一部用音乐概括天津历史、自然景色和人文景观的作品。它的结构成“四方形”，其四个乐章写得十分工整，有着内在的对比性和对称感。整部组曲分为：盘山天光，杨柳青，北塘暮色，大沽风。全曲颇为紧凑，风格上既相异又相同，带有一定的对立统一感。

组曲充满民俗性，其中曲艺的说唱因素时有体现，特别是曲中对天津时调素材的采用，给整部组曲带来了强烈的民俗韵味(俗韵)。

人们注意到，在《天津组曲》中，作曲家并未采用过多的现代技法，而是紧紧抓住传统民歌及小调的元素，以现代的宏观性处理手法，表现出天津这一具有浓厚历史积淀和丰富文化色彩的津门之港的风貌，同时也展示了这一世界闻名的城市的时代前进步伐。

其实，叶小纲在《天津组曲》中同样体现出了诗性的魅力，尤其是四个乐章的均衡结构，以及各乐章之间的音乐脉络关系，好似工整的诗词格律，很有诗韵的味道。

音乐会的第二首作品是《悲欣之歌》，这是叶小纲根据李叔同的诗作而创作的一首交响声乐套曲。我听之后，也将其概括为四个字“吟诵、抒怀”。

《悲欣之歌》是一首非常别致，音乐风格古朴，但却有着艰深的现代技法的作品。套曲共分四个乐章：日夕登轮，津门清，重游小阑亭口占，七月七夕。

当晚，这首作品由著名男低音歌唱家沈洋演唱。通过他的演唱，我深感这部作品悲哀之中带有抒怀，古朴之中藏有韵味，写得特别玄妙和内在。李叔同的诗词是浪漫和多情的，但却含有愁绪满满、欲诉不尽的味道，其中的隐蕴感十分恍惚。

叶小纲的音乐写得很聪明，它虽然没有过多的旋律美感，但却以吟诵的方式“附合”着诗词，听来颇有“空悬”之感，风格上亦有着写意般的、寓意性的展示。

吟诵、抒怀，人们从叶小纲的音乐中，体会到了心理上的慰藉和感叹，品味出借古喻今，借情抒怀的超脱手法。

音乐会的第三首作品是《锦绣天府》选曲，这是一首色彩丰富，民风淳朴的作品。我听之后，同样送给它四个字“色彩、民风”。

《锦绣天府》虽是一首交响音画，但却是为电视画面而做的，故而段落十分短小，有的甚至只有十几秒长。作曲家在这里，力争以交响的形式，对“天府之国”四川做一个音画般的描绘。全曲共30段，概括和表现了四川各地的风土人情及美丽景色，同时从人文内涵的角度，对四川人民的内心感想及生活方式进行了生动的描写。

当晚张艺指挥天津交响乐团演奏了30段中的12段，分别是：序，四川回忆；巴山；竹影；远山合川；嘉陵江畔；激流川江；眉山；北川；汶川夜雨；遂宁迷雾；梦回川南；凉山。

这12段音乐有着不同的，变幻的色彩，还有着独特的，稀奇的民风。我听此12段音乐，如同听人吟诵了12首小诗，句句动情，句句神妙。在这里，作曲家分别采用了不同的四川民歌和民族戏曲素材，并以娴熟的管弦乐技法加以修饰和表现，取得了“山水如音、风景如画、境界如诗”的艺术效果。

音乐会的最后一首作品是叶小纲著名的代表作品《地平线》，这是一首为女高音、男中音和管弦乐队而创作的交响曲。其特点同样被我概括为四个字“壮观、震撼”。

《地平线》是一部真正的交响乐力作，他利用戏剧表现力极强的管弦乐团，结合富有穿透力的女高音和宽厚沉稳的男中音，展现出日出东海、大鹏翱飞、大漠顿开、祥云升天的壮观情景。音乐从开始时的弱进到最后时刻的轰鸣，彰显出人声与交响乐相结合的巨大张力。此时，一种精神、一种信念、一种意志骤然升起，在观众的心中产生出壮观的效果和震撼的场景。

这就诗的力量，乐的激情。叶小纲非凡的创作气魄，巨大的创作能力，为我们展现出了音乐宏伟的史诗境界。

二、郭文景音乐的魄力

11 月 26 日晚，国家大剧院音乐厅上演了《天地回声——郭文景交响声乐作品音乐会》，这是郭文景近年来举办的最重要的一场个人作品音乐会。

郭文景是一位务实的作曲家，多年来他笔耕不辍，勤奋创作，写了包括歌剧、交响乐、大合唱在内的大量作品。他是年轻作曲家的楷模，是中国最重要的中生代作曲家之一。

当晚的音乐会，我与现场观众一起受到了极大的启示，在思想上，感官上都得到了意想不到的领悟。

对于这场音乐会，我的印象和评价只有六个字：“诗意、诗境、诗魄”。在这场音乐会中，郭文景为大家奉献了 9 首作品，而每一首作品，都与诗的内涵、诗的感悟息息相关。人们由此深叹道，这样一位作曲家，他的思想、他的感情、他的艺术取向是多么的独特，多么的别致。

其实在我看来，郭文景就是一位诗人。他的音乐，是一种将诗的“细胞”与乐的“灵魂”相依相融的载体，更是一种“诗乐合一”，“诗乐升华”意境的体现。下面依次分析：

1. 诗意

当晚的音乐会上，《春花秋月何时了》《清平调三首》之一“云想衣裳花想容”、《李白与月》《春天——十个海子》是体现“诗意”的音乐。这四首作品，前三首出自作曲家的歌剧《夜宴》和《诗人李白》，后一首是为早夭诗人海子的最后一首诗而作的，故而风格不尽相同。

郭文景对待这四首诗，给予了不同的音乐形式和音乐架构，他用不同的音乐“点缀”方法和表现手段，将四首诗的内在诗意表现殆尽。

如第一首《春花秋月何时了》，它采用了交响合唱的形式，以残暴音响与凄婉音律之间的对比，达到并加深了诗人彷徨沮丧的心理。

第二首《清平调三首》之一“云想衣裳花想容”，他以独唱加乐队的形式，采用半吟诵，半歌唱的手法，表达出李白青春涌动般的浪漫之情(尤其是戏曲小生的加入，更加强了音乐的豪迈与直白)。

第三首《李白与月》，他采用了男女声对唱与重唱的形式，加之乐队忽隐忽现的“效果”，表现出了“人神”沟通的玄妙境界以及对宇宙天国的幻想。

第四首《春天——十个海子》，他采用了女高音与管弦乐队的形式，以凄厉的人声，伴随管弦乐队悲怆而惨淡的音响，是音乐迸发出了苦难与彷徨的情感。

2. 诗境

音乐会下半场的无伴奏合唱《天地的回声》以及女高音与乐队《远游》，是表现“诗境”的音乐。在这两首作品中，音乐与诗之间的结合，更多地体现在意境的层面与高度上。

如《天地的回声》，东方哲学的元素、东方佛学的元素、东方文学的元素皆融其中。合唱团不协和的和声音响及东方打击乐的神秘色彩，给人们带来了意境上的感触和思考。它是无形的，无影的，但却是内在的，深邃的。

《远游》是虚幻的，又是现实的，它带有质问苍天的气魄，却又有着灵魂面前的无奈。这是一种诗到迸发之时才能够达到的境界……

作曲家为女高音和管弦乐队而创作的这首作品，尽显了这种意境的真谛，隐形的愤怒与悲哀，是音乐中最根本的情绪。而在这其中，无论如何是没有“美轮美奂”可言的。

3. 诗魄

当晚音乐会中的最后一首作品，《蜀道难》，是一首真正展示“诗魄”

的作品。《蜀道难》是郭文景青年时期，根据李白的同名诗而创作的一部男高音、混声合唱团与管弦乐队的作品。

人们都知道，李白的诗写的气魄凛然，豪情满怀，而郭文景的音乐写的同样惊心动魄，栩栩如生。乐曲中，独唱男高音以近乎假声的超高音，唱出了“危乎高哉”的音调，之后，合唱团的积极呼应及乐队的随之轰鸣，将“蜀道难，难于上青天”的诗句表现得淋漓尽致。随之，合唱、独唱、乐队的交织性变化和交响性发展，时而惊叹，时而凄厉，时而喘息，时而咆哮，勾勒出“连峰去天不盈尺，枯松倒挂倚绝壁……朝避猛虎，夕避长蛇，磨牙吮血，杀人如麻”的险峻之状。

郭文景的《蜀道难》，是表现李白这首自然豪情诗作之“诗魄”的最好见证。他充满着自然主义、浪漫主义、象征主义的综合气质，体现出极大的音乐想象力和音乐艺术张力。由此看来，“诗魄”之作，非其莫属。

郭文景作品音乐会上还演出了他的歌剧《骆驼祥子》中的两首合唱，即《庙会》和《北京城》。

我一直认为，《骆驼祥子》是我国民族正歌剧的楷模，它的成功，在于它从一开始就走上了一条正确的道路。《庙会》和《北京城》可谓真正的歌剧合唱，它们有抒情张力，有内在表现力，还有特殊的戏剧动力。而这三种力，都是衡量歌剧合唱标准的必要条件。

“诗意、诗境、诗魄”，此三点为郭文景作品音乐会中的三个重点、三个特点、三个亮点。对于这场音乐会，我永远会记忆犹新的。

三、大师的艺术示范性之必要

通过叶小纲，郭文景两位作曲家的专场音乐会，人们从中得到了一个鲜明的启示，那就是大师的影响力和示范性是多么的重要。叶、郭二人在创作中对民族音乐素材的借鉴运用，以及将音乐与诗歌相融会，相结合的理念与技法，都是对后代作曲家产生重大影响的宝贵经验。有人说创作要靠才能，靠天赋，然而我认为，除才能和天赋外，创作还要靠一代一代的良好传承，这一点非常重要。没有传承，断代式的创作是不会有任何前途的。

前面我简单分析了叶、郭二人的专场音乐会，其目的并非纯粹的评论。我真诚地希望，我们的专业音乐学子们，能够通过我的分析与评述，找到大师在创作中的先进理念和先进技术，继而加强自身的专业素养和创作技能。

根据以上两位作曲家作品音乐会的特点，我认为有以下两点是需要我们年轻作曲家学习和借鉴的。

（一）民族性探讨与运用的真正意义

无论是叶小纲的作品还是郭文景的作品，他们其中都有着真正的，鲜活的民族因素，这种因素是靠多年学习、采风、积累而形成的，是通过自身消化吸收，最终变为内在的民族音乐基因所释放而出的。正因为如此，他们创作的旋律才具有真实的民族风味，而并非简单借用和拼贴民歌的做法。举例来说，郭文景在创作歌剧《骆驼祥子》时，为了获取音乐上的民族说唱因素，竟然走街串巷拜访老艺人，从他们那里录来了整整一摞京韵大鼓的录音。他终日学习消化，使之与自己创造的音乐在情感、韵味和特色上相符，如此才创作出《骆驼祥子》中那京味十足的音乐（音乐会上演唱的《北京城》是最典型的）。

再如，叶小纲创作的《天津组曲》，其音乐充满"津腔"，尤其是天津时调素材的运用非常成功，从而使这部作品真正成为天津市自己的作品。据说叶小纲为获取素材，曾不止一次亲临天津曲艺团，向老一辈曲艺演员拜师学艺，求取真经。

综上所述，要想使自己的创作具有艺术生命力，就一定要在掌握民族性的节点上多下工夫。当然，我们首先要在思想理念上明确这个创作原则，不要认为有了技法就有了一切，创作时寄希望于走捷径，随便找一首民歌拼凑一下就算交差。其实大家都知道，这是一种敷衍的态度，如此浅薄的形式主义和实用主义做法，是经不起任何艺术上的考验与推敲的。

在我写这篇文章时，很多欣赏过这两场音乐会的作曲系学生都对我说，他们真的被《地平线》和《蜀道难》所震惊，然而在他们自己的思想中，却很难找到这样的创作动机与激情，更谈不上在此基础上的超越。其实我认为，年轻作曲家们假若真正把两位大师对民族性的探讨与运用的经验吃透，再加上他们并不缺乏的技法，是一定会写出至少是富有价值的作品的。

（二）诗意想象与诗境体现的技巧

我听了叶小纲的《悲欣之歌》，也听了郭文景的《李白与月》，从中品味到了两位作曲家用音乐与诗作完美结合而构成的艺术境界。综合来看，其中有着非常“隐性”而又娴熟的技巧。这种技巧首先体现在作曲家对诗体、诗韵、诗境的深入了解。可以说，叶、郭二人都是在诗歌词赋方面颇有造诣的，他们读诗、品诗、赏诗，有着与诗结缘的不凡经历。再有，叶、郭二人很会将音乐的形式结构与诗体的文学性相融合，例如吟诵、半吟诵、半歌唱等，还有着将诗词韵律与音乐韵律彼此“附合”的写作技法。正因为如此，他们写的诗体音乐才令人感到如此的自然贴切和游刃有余。

说到此，叶小纲的《悲欣之歌》是最为典型的，这首作品，男低音独唱的音调并非唯美的旋律，而是附和着诗韵的，朗诵般的长叹之声。这首作品颇具古诗词的味道，加上交响乐队后，古诗长叹般的张力显得十分紧张，它长吟长叹，唏嘘不已……如此便加深了原诗所要表达的复杂寓意。

郭文景的《春天——十个海子》则充分体现了诗的呐喊效果，曲中，女高音近似哀号的声音及“歇斯底里”式的情感迸发，伴随着交响乐队不断的递进与衬托，很好地表达了原诗的内涵与情绪。这其中，声乐写作技巧和乐队写作技巧都非常高超。可以说，若没有这样高水平的技巧，像《春天——十个海子》这样的诗篇，是很难用音乐来表现的。

（三）音乐家气质与音乐家风格的展现与示范

叶小纲、郭文景二位大师是中国最具独特风格的作曲家之代表，他们的作品数量多，体裁全，题材广，音乐中所要表达的中心思想非常明确。相比之下，叶小纲的气质偏“贵族化”，郭文景的气质偏“朴实化”，但二人都是认真的、忠诚的、正直的作曲家。其实在中国中生代的作曲家中，还有很多像他们一样的优秀人物，他们都是我国音乐艺术中的栋梁之才。

如何学习大师们的音乐气质和音乐风格，对于后代作曲家，特别是目前在校的音乐学子们来说是非常重要的。以叶、郭为例，他们良好的音乐气质和鲜明的音乐风格，绝不是凭空而来的，而是在长期的艺术实践和艺术探索中磨炼出来的。为此，我们的未来学子们，一定要沉下心来刻苦学习和钻研，同时不放过任何观摩、学习和研讨大师作品的机会。例如11月中的这两场音乐会，就是两次绝好的观摩与实践机会，如有机会，我们一定不要随意放弃这样的机会。

当然，大师的作品音乐会不是经常举办的，很多学生和青年教师没有条件亲临现场欣赏。鉴于此，我认为我们一定要抓住以下几个重点，才能达到间接学习、间接提高的目的。

1. 抓住理念

要通过多渠道的学习(研究总谱、听唱片、看评论文章等)，逐渐摸清和掌握大师的创作理念，对他们认识艺术，从事创作的规律加以掌握，这样往往会事半功倍。因为，只有掌握了大师的创作思想和创作理念，才能够真正读懂大师，了解大师，从而深入到大师的艺术创作中。

2. 分析作品

认真利用可利用的音频、视频、唱片、网络、总谱等诸多辅助条件，仔细研究大师的创作方向、技法、手段、特点(必要时要对作曲家的身世、学历、其他爱好等加以了解)，做到过细的分析，过细的品味，过细的掌握。

3. 抓住机会

聆听大师班的讲座。随时掌握最新的专业动态。要多与各种专业人士交流，还要加强全方位的文化学习(如历史、哲学、文学、美术等)，丰富各方面的艺术修养。

4. 大胆实践

在专业上要放开手脚，加强民族采风等田野作业，真正掌握丰富的民族音乐素材，掌握富有生命力的、质朴的民间艺术灵魂，如此才能为自己日后的创作积累出必要的“本钱”。

四、加强自身提高，领悟大师精神

叶小纲、郭文景二位作曲家，以他们的创作为后代音乐学子们提供了榜样，他们的音乐会就是一堂全面的艺术示范课，而我们的后代作曲家，理应自觉地、严肃认真地学习和领悟大师的精神。

然而，要想正确地、真正地领悟大师的艺术思想和精神，加强自身的提高是非常重要的，我们要掌握吸收能力，学会分析能力，在“悟性”方面加强自强自律。在聆听作品时，要善于丰富自己的想象力，对作品要尽快产生出自己的理解和认识，继而分析出大师采用的技术手段和所达到的效果。当然，若能产生与大师不同的看法，甚至是批判性看法，那就是更好，更有成效，所谓更上一层楼了。

在此，我要郑重地提醒大家，大师的影响力是巨大的，他们的作品的示范性效应更是鲜明的。但是作为一个年轻作曲家或者其他音乐家，在对待艺术学习和艺术实践时，不应该养成行为懒惰、思维呆板的习惯。要主动掌握要领，提高自身修养，在实践中学习，在实践中磨炼，在实践中提高，最终收获到真正的成果，这才是值得称赞和鼓励的。而那种一味依赖大师，强调客观，没有机会就自暴自弃的做法，绝对是一种浅薄而不可取的做法。

五、铭记示范效应，树立超越意识

叶小纲、郭文景作品音乐会的举办，是2016年中国音乐界中的一件大事，人们通过音乐会，看到了中国当代一流作曲家真实水平，了解了中国作曲界部分领头人物的创作风格与成就，这对发展我国作曲事业，提高我国音乐艺术在世界上的知名度，有着极大的作用和意义。叶、郭二人是中国作曲界中旗手式人物，他们的专业动向及创作成果，无一不成为后代作曲家们追随和效仿的对象。现在，二位大师手下可谓“门庭若市”，来自全国各地的学生均拜其门下，一时间，叶、郭各自的教学体系遍布各地，其影响甚为广泛，甚为深远。

然而我们的年轻学子们应当记住，学习大师的专业技能，铭记大师的示范效应，这些都是正确的，但除此以外，作为新世纪的音乐人才，中国新一代的专业作曲家，理应在思想上树立起更加高远的目标，这个高远的目标就是超越意识。具体来说，是站在前人肩膀上的超越，跨过前人脊梁的超越。也就是说，我们的年轻学子们现在应当虚心学习，争取从老一辈大师手中学到扎实的技艺，练就成过硬的功力，然后就要树立起强大的信心，面向着更高的艺术山峰腾飞。

大师“麾下”，豁然“心悟”。我们就是要沿着这条道路前进，在大师手中旗帜的指引下，激发出内心的全部悟性，用我们自己的创作，去开创中国音乐艺术新的时代，用我们更高的艺术境界，去赢得中国音乐在世界范围内的巨大腾飞。

（作者简介：景作人，著名音乐评论家，音乐学家，中央歌剧院中提琴演奏家。中国音乐家协会会员，中国音乐评论学会会员，中国歌剧研究会会员，中国音乐剧协会会员，文化部专家，西安音乐学院客座教授，上海《音乐爱好者》杂志特约驻京记者）

后　记

也许从古希腊开始，人们就期盼着文学艺术家能够在城邦、在社会上发挥引领示范作用。这种期盼在当代中国尤其殷切。但在现实生活和创作实践层面，文艺名家究竟是否产生了示范效应，或在多大程度上发挥了引领示范作用，却是需要用客观的事实、可靠的数据来加以论证、阐明的。当我们从中国文艺评论家协会获悉“当代文艺名家示范效应研究”这个课题已经立项时，我们既深感该课题极具研究价值，也预感到完成这个项目将非常不易。

关于文艺名家及其作品的作用，自古至今都至少存在两种声音，褒之者将其推至“立心树人、经国济世”的高度，贬之者甚或要将其打入十八层地狱。这种“双重奏”几乎从未消歇，而何者为是何者为非，最好的办法是用客观的事实来判定。因此，我们最希望找到的，是说明文艺名家确实产生了示范效应的事实。但在调研中，我们不能不注意到，文艺名家及其作品对人的影响，犹如春天的毛毛雨，“随风潜入夜，润物细无声”，更多的是对人的心灵产生浸润、启迪或陶冶、净化作用，看不见摸不着，不太容易获得确凿的实证。即便某些事实的发生与文艺名家及其作品有关，但一个结果的背后，往往有很多原因在综合起作用，很难判定该结果一定跟某个作家、艺术家或其作品有直接的因果联系。故此事聚讼千年，实在不是没有原因的。我们能做的，只能在某种程度上为解答此问题提供一些事实和分析。

在项目进展过程中，我们基地的成员多次开会研讨，文学院、艺术学院及其他单位的热心学者积极参与其中。仿如登山，大家从不同的起点向着共同的目标攀登，视角不同，所见风景也很不一样。经过半年多的调研、思考与写作，大家交来了研究成果。其质量如何，只能交由读者评说了。

本项目得以实施，要特别感谢中国文艺评论家协会和中国文联文艺评论中心的资助，也要感谢武汉大学人文社会科学研究院的配套支持。一切不足之处，只跟我们自身有关；希望以后能推出更好的成果。

编者

2016 年 12 月